KB211454

법정에 선 기독교

Christianity on Trial

Originally published by InterVarsity Press as *Christianity on Trial* by W. Mark Lanier.
ⓒ 2014 by W. Mark Lanier
Translated and printed by permission of InterVarsity Press, P.O. Box 1400, Downers
Grove, IL 60515, USA.
www.ivpress.com
License arranged through rMaeng2, Seoul, Republic of Korea.
All rights reserved.

This Korean edition Copyright ⓒ 2015 by DMI Publishing, a division of SarangPlus,
Seoul, Republic of Korea.

이 한국어판의 저작권은 알맹2 에이전시를 통하여 InterVarsity Press와 독점 계약한 (사)사랑플러스에 있습니다.
신저작권법에 의하여 한국 내에서 보호받는 저작물이므로 무단 전재와 무단 복제를 금합니다.

법정에 선 기독교

미국 최고의 변호사, 기독교 신앙을 변호하다

Christianity on

Trial

마크 러니어 지음 | 이지혜 옮김

국제제자훈련원

추천의 글

법정과 인생에서 증거의 중요성을 보여주는, 재치 있고 매력적인 책이
다. 마크 러니어는 기독교 신앙이 믿을 만하고 합리적이라는 사실을 설
득력 있게 보여준다.

알리스터 맥그래스 Alister McGrath

옥스퍼드 대학교 석좌 교수, 《알리스터 맥그래스의 기독교 변증》 저자

마크 러니어는 법정과 텔레비전 인터뷰에서 수십 년간 보여준 전문 지
식과 의사소통 방식, 대상을 향한 순수하고 열정적인 기쁨을 이 책에서
도 고스란히 담아냈다. 대다수 사람들은 그가 변호사로서의 명성에 버금
가는 신학자요 강연가라는 사실을 잘 모른다. 여러 면에서 조쉬 맥도웰
이 쓴 《기독교 변증》의 현대판이라 할 만한 이 책을, 기독교 신앙의 객관
적 진실에 대한 증거를 찾는 모든 사람들에게 추천한다.

존 마이클 탤벗 John Michael Talbot

음악가, 《예수 기도》 저자

마크 러니어는 우리 교회의 성경 교사이다. 덕분에 나는 매주 그의 가르침을 받는 즐거움을 누린다. 그는 자신의 탁월한 해설과 통찰력을 학생들에게 심어주기 위해서라면 그 어떤 수단과 방법도 가리지 않는 전형적인 교사이기에, 나는 그가 가르친 모든 내용을 인쇄해서 보관하고 있다. 이 책을 읽고 내가 유익을 얻을 뿐만 아니라, 그리스도를 인격적으로 알고 싶은 사람들, 기독교 신앙 가운데 성장하고자 하는 사람들에게도 그 유익을 전해줄 수 있을 것이라고 기대한다.

도로시 켈리 패터슨 Dorothy Kelley Patterson

사우스웨스턴 침례신학교 여성 신학 교수

유명 변호사요 성서학자인 저자는 기독교에 대한 설득력 있는 재판 과정으로 독자들을 초대한다. 기독교 신앙을 지지하는 핵심 목격자들의 증언과 반대 신문을 통해, 저자는 납득할 만한 주장을 펼친다. 공정한 독자라면 나사렛 예수의 삶과 죽음, 부활에 대한 신약 성경의 주장을 지지하는 우세한 증거들에 설득당할 것이다.

제임스 호프마이어 James K. Hoffemeier

트리니티인터내셔널 대학교 구약학, 고대 근동 인류학 교수

마크 러니어는 오늘날 하나님에 대해 해명할 만한 자격이 있는 사람이다. 변호사로서의 명성뿐 아니라, 변증학에 기반을 둔 설득력과 호감 가는 전달력을 갖추었다. 이런 재능들이 결합하여, 변호사가 기독교의 주장을 검토하고 복음주의자가 결정을 촉구하는 내용을 독자들에게 들려준다. 이 책은 예수 그리스도에 대한 설득력 있는 증거를 검토하고 그분이 주장한 내용에 판결을 내리고 싶은 사람들을 위한 책이다.

사이먼 비버트 Simon Vibert

옥스퍼드 대학교 위클리프 홀 부학장

변호사는 예리한 분석과 방대한 지식 그리고 상대방의 주장에서 약점을 찾아내는 능력이 있다. 저자의 이런 재능이 이 책 구석구석 배어 있다. 그가 갖춘 성경 전문 지식은, 이 책에 등장하는 쉽지 않은 질문들을 던지고 거기에 답할 수 있는 독특한 자격을 그에게 부여해준다. 기독교의 지적 타당성을 신선한 관점으로 제시하는 이 책은 목회자와 신학생과 교인들은 물론 기독교를 비판하는 사람들까지도 만족시킬 것이다.

페이지 패터슨 Paige Patterson
사우스웨스턴 침례신학교 총장

마크 러니어는 웬만한 성서학자보다 성경을 더 많이 읽고, 이 지식을 변호사로서의 경험에 접목했다. 그 결과, 이렇게 흥미진진한 책과 기독교에 대한 설득력 있는 주장이 탄생했다. 이 책은 다양한 주장을 다루고 있기에, 어느 누구라도 이 만찬에서 유익을 얻게 될 것이다.

피터 윌리엄스 Peter Williams
케임브리지 대학교 틴데일 하우스 소장

미국 최고의 변호사가 쓴 《법정에 선 기독교》는 진실을 밝혀내는 소송절차를 끌어와서 기독교 변증학을 읽기 쉬우면서도 매우 설득력 있게 제시해준다. 변호사가 써 내려간, 루이스의 《순전한 기독교》라고나 할까. 마크 러니어는 아무나 흉내 낼 수 없는 독특한 방식으로 법정 변호사의 전문 지식과, 성서학자의 심오한 지식과, 일상의 적용을 엮어냈다. 신앙의 난제들을 대담하게 공략하는 이 책은 법정과 도서관과 일상을 가리지 않고 진리를 찾는 모든 사람들에게 유익할 것이다.

켄 스타 Ken Starr
베일러 대학교 총장

역사학자와 과학자, 변호사는 모두 같은 것을 좇는다. 실제로 벌어진 일이 무엇인지 알아내는 것이다. 미국 최고의 변호사 중 한 명인 마크 러니어는 인류의 가장 중대한 질문들과 관련이 있는 역사상의 전문가들을 증인으로 세워 우리에게 소개하고, 어떤 배심원단도 확실히 설득할 수 있을 만큼 강력한 이야기를 들려준다.

데이비드 케이프스 David B. Capes

휴스턴 침례대학교 토머스 넬슨 연구 교수

마크 러니어는 미국 법조계에서 진실을 찾고 수호하는 일로 나무랄 데 없는 경력을 쌓았다. 이제 그는 법조인의 눈으로 성경을 변호하면서, 신앙이라는 근본적 진실을 체계적으로 밝히고 있다.

마이클 카드 Michael Card

음악가, 《땅에 쓰신 글씨》 저자

감사의 글

아내 베키와 특별한 다섯 자녀 윌, 그레이시, 레이첼, 레베카, 사라에게 이 책을 바칩니다. 가족은 하나님이 내 삶에 주신 은혜로운 선물입니다. 이들이 내게 얼마나 큰 기쁨이요 사랑인지 모르겠습니다.

하나님 나라에서 우리를 기다리시는 신실한 부모님에게도 감사드립니다. 두 분은 내게 하나님을 가르쳐주셨고, 진리와 실재에 대해 질문을 던지고 생각해보도록 늘 격려해주셨습니다.

내가 이 내용을 처음으로 가르쳤던 우리 교회의 목회자 데이비드 플레밍과 스티븐 스태멀을 비롯하여, 나를 지지해주는 많은 지인과 친구들에게 고마움을 전합니다. 매주 소그룹에서 내가 직접 쓴 내용을 가르치는 동안 조언을 아끼지 않은 분들에게 감사드립니다. 그분들의 목소리 덕분에 더 좋은 책이 탄생할 수 있었습니다.

이 책을 출판해준 미국 IVP 편집진, 그중에서도 특히 앨 슈와 드류 블랭크먼에게 감사합니다. IVP 편집진은 러니어 신학도서관의 찰스 믹키와 함께 책의 내용을 발전시키는 데 크게 기여했습니다.

책 내용을 담은 영상과 기타 자료를 포함하여, 내 수업에 대한 자세한 정보는 아래 웹사이트에서 확인할 수 있습니다.

www.biblical-literacy.org

www.LanierTheologicalLibrary.org

마크 러니어

정신없는 한 주였다. 일요일 아침에는 교회에서 성경 공부를 인도하고, 점심때는 친척 모임에 갔다. 식사가 끝나자마자 휴스턴에서 비행기를 타고 시카고로 날아가 오후 6시 회의에 참석했다. 변호사들이 소집되어 다음 날 있을 증언 녹취 준비를 도와주기로 한 자리였다. (증언 녹취란, 장소만 판사가 있는 법정이 아닐 뿐, 실제 재판 상황처럼 선서를 하고 증인을 조사하는 것이다. 비디오카메라가 증언을 녹화하고, 법정 속기사가 한마디도 빠짐없이 기록한다. 나중에 법정에서 이 증언을 비디오로 재생하거나 읽어서 증거로 채택하게 된다.)

우리는 자정이 넘도록 호텔 회의실에 꼼짝없이 갇힌 신세였다. 동료인 후안 윌슨이 저녁을 가져다주어서 시간을 아낄 수 있었다. 금속 인공 고관절 개발팀을 이끈 설계 기사의 증언 녹취를 준비 중이었다. 우리는 애초에 인공 고관절 설계가 잘못되었고, 경영진이 회사에 막대한 수입을 가져다줄 세계 시장을 확보하고자 뻔히 보이는 안전 경고를 무시했다고 판단했다. 그 인공 고관절은 위험하다는 이유로 시장에서 철수했지만, 아무것도 모르는 수많은 피해자가 이미 발생한 후였다. 이 증언 녹취에서는 금속 부식, 사용자 테스트, 신체에 남은 금속 잔해의 영향, 이온과 나노 입자 등의 문제를 다룰 계획이었다.

월요일 아침, 마지막 준비를 위해 일찍 일어났다. 오전 9시 3분에 시작한 증언 녹취는 정오를 지나 오후 3~4시경에 끝났다. 공항 근처에 호텔을 잡은 터라, 녹취가 끝나자마자 시카고를 떠나 다음 행선지로 향할 수 있었다. 그날 밤에는 애리조나 주 스코츠데일에서 연회가 있을 예정이었다.

연회는 별 탈 없이 진행되었지만, 저녁 8시 30분에는 다시 공항으로 출발해야 했다. 캘리포니아 주 산타아나에서 밤늦게까지 회의가 잡혀 있었다. 다음 날 오전 8시에 시작되는 연방 법원 공판을 준비하는 회의이다. 변호사들 사이에서는 다우버트 심리(Daubert hearing)라고 하는데, 이는 유명 사건의 원고 이름에서 따온 명칭이다. 한마디로 전문가의 증언이 법정에서 허용될 수 있는지 여부를 결정하는 과정이다.

미국 법정에서 판사는 배심원단의 문지기 역할을 한다. 즉, 판사가 증언의 신빙성을 확인해주지 않으면 배심원단은 전문가 증언을 들을 수 없다. 그렇게 하는 목적은 법정에서 엉터리 증거를 걸러내기 위함이다. 이 건은 유명 자동차 회사의 급발진과 관련되어 세간의 이목을 끄는 재판이었다. 방청석에서 언론 매체들이 지켜보는 가운데, 판사는 각 분야 전문가들의 견해를 면밀히 검토할 예정이었다.

아침 7시 15분, 잠깐 눈을 붙이고 일어나 법원 입구에 설치된 금속 탐지기를 통과하기 위해 줄을 섰다. 공판은 중간에 10분씩 두 차례만 휴정하고 오후 1시까지 계속되었다. 공판이 끝나고 우리 팀은 법원 카페에 모여 커피와 다이어트 콜라를 들이켜며 한 시간 넘게 머리를 맞댔다.

법원에서 일을 마치고는 다시 애리조나 주 스코츠데일로 가는 비행기에 서둘러 몸을 실었다. 법조인 세미나에서 저녁 식사 연설을 해야 했다. 도착하니 간신히 옷 갈아입을 시간은 있었다. 기진맥진한 채 저녁 식사 자리에 들어갔다. 지난 주 내내 과로한 데다 며칠째 두어 시간밖에 잠을 못 잔 상태였다.

적당한 시간에 연설을 시작했다. 연설을 끝내고 식사를 마치니, 빨리 방으로 돌아가고픈 마음뿐이었다. (다음 날 아침에도 두 시간짜리 발표가 있고, 뒤이어 전문가를 만나 의약품 판매 문제를 상의할 예정이었다. 발표에 사용할 파워포인트 자료를 마무리하려면 아침 일찍 일어나야 하는데, 그 전에 잠시나마 눈을 붙이고 싶었다. 내일 일정을 시작하기 전에 미리 읽어야 할 91면짜리 전문가 보고서도 있었다.) 주변 사람들에게 양해를 구하고 자리에서 일어나 방으로 돌아가려는 참이었다. 나가는 길에, 전날 밤 연회에서 만난 한 변호사가 자리에서 일어나 내 쪽으로 걸어오더니 다우버트 심리는 어떻게 되어가느냐고 물었다. 내가 잘돼간다고 대답했더니, 어젯밤 나를 만나고 나서 내 웹사이트에 들어가봤다고 했다. 어서 쉬고 싶은 마음에 예의를 갖춰 미소로 답했는데, 그가 내 로펌 웹사이트뿐 아니라 '성경 웹사이트'에도 들어갔다는 것이다. 뜻밖이었다. 그는 내 눈을 뚫어져라 쳐다보며 이렇게 말했다. "저는 불가지론자인데, 하나님에 대한 다우버트 심리가 궁금해요!"

그는 법조계의 전문 용어를 사용해서 하나님에 대한 신앙이 적법한지에 대한 증거를 요구하고 있었다. 나는 얼굴에 미소를 띤 채 그의 요구를 곱씹어보았다. 대답을 채 꺼내기도 전인데, 근처에 있던 변호사 다섯 명과 변호사의 배우자 한 사람이 다가와서는 한목소리로 "맞아요. 우리도 궁금하네요!" 하고 웅성대기 시작했다.

누군가 내 안에 있는 스위치를 누른 것만 같았다. 하나님이 하신 놀라운 일을 선포할 때는 이상하게도 힘이 솟는다. 물론 충분한 수면도 중요하기는 하다. 아무리 복음을 전할 수 있는 좋은 기회라 해도 졸리면 어쩔 수가 없다. 그렇지만 복음을 전하는 것이 힘이 나는 일임에는 틀림없다.

피로감은 온데간데없이 사라졌다. 거기 모인 관심자들에게 내 신앙에 대한 다우버트 심리를 들려줄 의향이 충분하다고 말해주었다. 우리는 자리를 잡고 앉아 한 시간 넘게 하나님과 신앙, 과학, 성경, 아담과 하와, 창조와 진화, 가장 중요하게는 예수님의 사역과 그분이 가능하게 하신 관계들에 대해 세밀한 질문을 주고받았다. 모인 사람은 무신론자 한 명, 불가지론자 한 명, 개혁파 유대교인 두 명, 뉴에이지 신자 한 명, 잘 모르겠다는 사람 한 명이었다. 대화는 더할 나위 없이 풍성했고, 나는 그 자리에 함께할 수 있어서 감사하다는 마음이 들었다. (지금도 그들 중 몇 사람과는 이메일로 연락을 주고받는다.)

그날 밤 대화를 마무리하면서 사람들에게 이 책 이야기를 해주었다. 이 책이야말로 기독교 신앙의 핵심 요소에 대한 다우버트 심리가 아니고 무엇이겠는가. 하나님을 믿는 것이 타당한가? 그렇다면 그분은 어떤 종류의 신인가? 그런 신앙이 함축하는 바는 무엇인가? 그 신앙이 우리의 정체성과 하는 일에 영향을 미치는가? 그 신앙이 우리 인생을 설명해주는가? 인생에 의미를 가져다주는가?

다들 이 책을 읽고 싶다고 했다. 이 책이 그들을 포함한 독자들과 더 깊은 토론을 하게 해주는 촉매제가 되었으면 한다. 하나님이 이 대화를 어디로 이끌고 가실지 몹시 기대가 된다.

하나님을 믿는 것은 합리적인가? 하나님은 무한하고, 인격적이고, 윤리적인 분인가? 사람이 그분의 형상을 따라 창조되었다는 것은 무슨 뜻인가? 성경을 하나님이 인류에게 주신 계시로 믿는 것은 지적으로 정직한가? 사람에게는 제대로 된 선택을 할 수 있는 능력이 있는가, 아니면 사람의 의사 결정은 사람의 DNA와 환경이 결합한 산물에 불과한가? 죽었다가 몸으로 부활하신 역사적 예수에 대한 믿음은 상식 테스트를 통과할 수 있는가? 우리는 예수님의 재림과 사후 세계를 기대해야 하는가?

이런 질문들은 기독교 신앙의 핵심을 파헤친다. 진짜 세상에 살고 있는 진짜 사람들이 던지는 진짜 질문 말이다. 이런 질문들은 변화를 가져온다. 이것이 내가 이 책에서 탐색해보려는 기본 질문들이다.

법정 변호사가 무슨 권리로 기독교 신앙을 변호한단 말인가? 그건 신학자들의 고유 영역이 아닌가? '전문가'가 이미 충분히 자세하게 다룬 논쟁에 변호사가 무엇을 더 보탤 수 있단 말인가?

이런 도전적인 질문들이 인류 최고 지성들의 마음을 사로잡은 것은 어제오늘의 일이 아니다. 신의 존재 여부나 그 신이 어떤 신인지에 대한 토론은 새로울 것이 없다. 성경이 하나님의 말씀이냐는 질문도 마찬가지이다. 수천 년 동안 위대한 지성들은 진리를 발견하고 '옳고 그름'의 기준을 찾으려 애썼다. 사람들은 법정 변호사가 이런 질문들을 다뤄주기를 진심으로 원할까? 이런 문제들을 법정에 세워서 새로이 얻는 게 있을까?

아마도 아닐 것이다. 하지만 이런 제안을 일축하기 전에, 이 변호사에게 기회를 한번 주면 어떨까. 미국 법정은 놀라운 기관인데, 그 목적은 오직 한 가지, 진실을 찾는 것이다. 모든 배심원의 질문은 '실제로 무슨 일이 벌어졌는가?'로 압축된다. 사람들은 진실을 찾으려면 몇 가지가 꼭 필요하다는 것을 알게 되었다. 가장 중요한 것은 공평한 경쟁의 장이다. 배심원과 판사가 공정해야 한다. 변호사도 증거를 찾아 제시할 때는 공정하고 정직해야 한다. 이 때문에 법원은 변호사가 증거를 찾고 공개할 수 있는 자유를 부여하기 위해 엄격한 규칙을 개발해왔다. 이런 증거 제시를 통해 배심원단은 증거를 살피고 판단할 수 있다. 믿을 수 있는 결과를 도출하기 위해 이만큼 정보를 꼼꼼하게 살피고 따져보는 기관은 없다.

이 책을 읽는 독자들 중에 "변호사님, 이의 있습니다!"라고 말할 사람이 있을지도 모르겠다. "과학자의 실험실이나 수학자의 계산이야말로 진실을 발견하는 최고의 장소가 아닌가요?" 그렇기도 하고 아니기도 하다. 자연 과학과 수학은 '2+2=4'처럼 입증 가능한 사실을 알려주지만, 우리는 실험실에서 입증할 수 있는 것과 그렇지 않은 것을 구분해야 한다.

실험실은 화학, 물리학, 생물학 관련 질문들에 답을 주는 놀라운 장소이다. 하지만 시험관과 계산기로 '누가 적색 신호를 켰는가?'라는 질문에 답할 수 있을까? 분명히 적색 신호를 켠 사람이 있다고 확신하는 경우에도 그 답은 '아니요'이다. 그 답은 증거 조사, 증인 진술, 사진, 현장 조사, 타이어가 미끄러진 흔적을 감정해야 알 수 있다. 이 조사 결과는 편파적이지 않고 공정한 배심원단이나 판사에게 전달된다. 판사와 배심원단은 제출한 증거를 바탕으로, 상식과 논리, 그동안의 인생 경험에 근거해 결론을 이끌어낸다.

판사와 배심원단이 늘 올바른 판단을 내릴까? 그렇지 않다. 법 체제도 무너질 때가 있다. 그러나 대다수 법학자들은 연구 결과가 반복해서 사실로 밝혀주는 내용을 확인해줄 것이다. 규칙에 따라 제대로 작동하기만 하면 미국의 사법 체제는 사회가 그런 질문들에 대답하기 위해 고안해낸 최고의 체제이다. 법정이 무너지면, 그것은 체제에 문제가 있다기보다는 대개 배심원단이나 판사의 문제이다. 판사와 배심원단이 공정하기만 하다면, 사법 체제 자체는 훌륭하게 작동한다. 판사와 배심원단은 공정하게 증거를 판단해야 한다.

그렇다면 과연 과학은 신앙을 시험할 수 있는 실험실인가? 아니다. 신앙에서 역사 문제는 핵심이라고 할 수 있는데, 역사와 관련된 문제들은 실험실에서 답을 얻기가 힘들다.

법정 변호사들은 실험실에서 처리할 수 없는 커다란 문제와 질문의 세계에 산다. 물론 법정 변호사의 세계에서는 실험실에서 나온 진실이 무척 유용하다. 이런 것들은 좀 더 복잡한 요리의 재료로 쓰인다. 과학의 엄연한 사실은 배심원단의 판단 근거가 된다. DNA 증거는 용의자의 범죄 가담 여부를 결정하는 도구이다. 물리 법칙은 차량 충돌 당시 운전자의 과속 여부를 밝히는 데 도움이 된다.

정말로 어려운 결정은, 이런 과학을 활용하여 누가 그 일을 저질렀고 실제로 무슨 일이 있었는지를 결정하는 것이다. 이런 결정은 한 사람의 인생이나 생사까지 좌지우지한다. 사람을 교도소에 보내거나 파산에 이르게 할 수도 있다. 이런 결정을 할 때 과학의 도구를 활용하지만, 결론은 실험실에서가 아니라 배심원단이 내린다. 평범한 사람들이 자리에 앉아 증거를 분석하고, 의견을 개진하고, 진실을 결정하는 것이다.

이 과정에서 변호사는 중요한 역할을 한다. 먼저, 변호사는 증거를 수집하고 정리한다. 이 단계가 얼마나 중요한지는 두말할 필요가 없다. 이를 재판 '준비 단계'라고 한다. 나는 법정에서의 1시간을 위해 40시간 이상 조사와 수사에 매달린다. 머리말에서 이야기한 설계 기사의 증언 녹취를 예로 들 수 있다. 나는 마지막 준비를 하기 전까지 이 사안을 조사하는 데 어림잡아 5

백 시간을 쓴 것 같다. 문서를 꼼꼼히 검토하고, 여러 날에 걸쳐 세계 최고의 설계 기사 여덟 명을 만나 이야기를 듣고, 수많은 연구 보고서를 읽고, 이 분야를 철저하게 연구했다. 이 모두가 '준비 단계'의 일부이다.

준비 단계의 목표는 두 가지이다. 첫째, 상대편 증인들을 반대 신문하는 데 부족함이 없도록 이 분야를 꿰뚫고 있어야 한다. 예를 들면, 최근에 변호한 벤젠 노출 사건에서는 이 젊은이가 벤젠 때문에 백혈병에 걸린 이유를 설명할 수 있는 정도로는 부족했다. 벤젠이 무관하다고 주장하는 상대측 전문가들을 반대 심문할 수 있는 수준이 되어야 했다.

둘째, 변호사는 전문가의 복잡한 증언을 비전문가가 알아들을 수 있게 제시할 수 있어야 한다. 그러면서도 정확도가 떨어져서는 안 된다. 지나친 단순화 때문에 엄밀한 정확성에 흠이 가서는 안 되는 법이다. 항소 법원이 배심원의 결정을 되돌려보내 5년이 넘는 노고를 무력화하는 데 필요한 것은 이것뿐이다.

이 '준비' 단계는 광범위해서, 변호사들은 적합한 증거뿐 아니라 적합한 증거를 이끌어낼 수 있는 증거까지 채택할 수 있다. 물론 법적 신문은 될 수 없지만, 정식 재판과 달리 모든 질문이 직접적으로 연관되어야 하는 것은 아니다.

재판은 다르다. 재판에서는 배심원단에게 적절한 증거만 제시해야 한다. 증거의 적절성 여부를 결정하는 것은 판사의 책임이다. 내가 재판에서 증거를 제시하면, 법정은 재판 과정에서 증거의 적절성 여부를 설명해달라고 요구할 때가 많다. 그때 적절한 해명을 하지 못하면 "이의 있습니다. 관련성이 없습니다"라는 상대방의 이의 제기를 받고, 판사의 "인정합니다"까지 이어지게 된다.

머리말에서 언급한 고관절 소송이 좋은 예이다. 나는 금속이온과 나노 입자 잔해가 인체에 미치는 영향을 다룬 문헌들을 준비하고 있다. 금속 소켓에 금속 골두를 넣은 인공 고관절 치환술을 받은 사람들 중에는 이 금속 때문에 주변 조직의 괴사율이 상승하는 경우가 있다. 나는 상세한 조사를 통해, 이 손상이 불러올 위험에 대해 인공 고관절 회사가 이미 알고 있거나 알고 있을지도 모를 내용을 알아내야 한다. 20년간 쌓인 이메일과 발표, 서신 왕래, 파일과 실험 등을 철저히 조사한 끝에, 이 소송과 꼭 관련이 있다고는 볼 수 없지만 흥미진진하고 악영향을 미칠 수 있는 증거를 많이 찾아냈다. 이 증거가 배심원단에게 전달될까? 아니올시다이다.

바로 그런 이유로 이 책은 지금과 같은 형식을 띠게 되었다. 어떤 장에는 논거가, 어떤 장에는 정보가 담겨 있다. 교육적인 내용은 뒷부분에서 쓸모 있을 법한 주요 문제와 틀을 제시한다. 본론에 들어가기도 전에 '관련성'이 없다는 이의 제기를 막으려는 내 노력인 셈이다.

재판이 변호사의 말장난에 지나지 않는다고 생각하는 사람들도 있을 것이다. 변호사가 교묘한 속임수(나 달변으)로, 방심한 대중을 꾀어서 자기 입장을 지지하도록 만드는 양 말이다. 이런 생각은 사실과 거리가 멀다. 법정에는 규칙이 있어서 그것을 엄격하게 집행하고, 이를 변호사의 주장뿐 아니라 검토 중인 증거에도 적용한다. 판사들은 지난 6백 년간 형성된 규칙에 따라 어떤 증거의 진정성과 권위, 관련성과 적절성 여부를 결정한다.

말도 안 되는 결과가 나오기도 하는가? 가끔 그럴 때도 있지만, 생각하는 것만큼 자주는 아니다! 대중은 법 체제가 제대로 작동하는 수많은 소송 대신, 어쩌다 한 번 발생하는 이상한 경우만 듣기 때문이다. 게다가, 이 보기 드문 소송은 늘 항소심 대상이다. 이렇게 되면 판사들은 재판의 잘못 여부를 확인하기 위해 증거와 관련 법규를 재심사한다.

시간이 흐르면서 변호사들은 자기 일을 처리할 수 있는 좋은 습관을 개발한다. 이때 우리가 따라야 할 규칙이 있다. 불확실한 출처는 믿지 않는 게 좋다. 타블로이드 신문 머리기사는 진실성이 떨어진다. 전해들은 말보다는 직접적인 증거가 백배 낫다. 일관성은 중요하고, 일관성이 떨어지는 것은 끔찍하다. '오캄의 면도날 원리'는 법정에도 적용되어, 대개 단순한 설명일수록 불필요하게 복잡한 설명보다 더 신뢰할 만하다(단순한 설명이 모든 증거를 고려한 경우에 한해서). 증인의 의견에 오점을 남길 수도 있는 문제는 주의해야 하고, 각 증인의 신뢰성도 따져봐야 한다.

나는 30년 동안 변호사로 일했지만, 학부에서는 성서 언어를 공부했다. 일상적인 소송은 물론 〈뉴욕 타임스〉 1면에 실리는 소송들을 맡아 전국을 누비면서도, 성경 연구는 변호사 생활 내내 꾸준히 이어졌다. 사람들은 내 강연을 듣기 전에 검색 사이트에서 나에 대해 찾아보곤 한다. 법 관련 강연이 끝나고 나서 접근해오는 사람들 중에는 "구글에서 찾아봤는데, 변호사님이 성경을 가르치는 그리스도인인 줄은 몰랐네요"라고 말하거나, 신앙이나 성경을 주제로 강연을 하고 나면 "구글에서 찾아봤는데, 선생님이 존경받는 변호사인 줄은 몰랐어요"라고 말하는 사람들이 있었다. 이 책은 내가 평생 관심을 놓지 않은 두 영역, 즉 신앙과 법이 만나는 프로젝트이다.

자, 이제 이 변호사에게 법정에 설 기회를 줘보자. 법정의 기본 접근법과 함께, 30년 경력의 실용적인 판단력을 믿어보자. 이 도구들을 활용해 기독교의 핵심 신념에 의문을 제기해보자. 그런 다음, 당신이 배심원이 되어 표를 던져라. 어느 쪽이 합리적인지 결정해보는 것이다.

모든 재판은 변호사의 모두 진술로 시작한다. 그 다음에 변호사는 사건을 설명하고, 증인을 소환하고, 증거 서류를 제시한다. 일단 증거를 제출하면, 변호사에게는 최종 변론이나 최후 진술을 할 수 있는 기회가 있다. 이때부터 심의가 시작되고 배심원은 결정을 내린다.

이 책에서도 이 과정을 따라가려 한다. 재판 형식으로 진행하지만, 편의를 위해 몇 가지만 바꾸었다. 재판처럼, 책의 서론 역할을 하는 모두 진술로 시작할 것이다. 모두 진술에서는 우리가 다룰 문제와 증인들을 대략적으로 소개한다. 재판의 증거가 어느 쪽을 뒷받침하는지 설명한 다음, 증거를 제시한다. 재판에서는 '증인들'을 질문과 대답 형식으로 신문하지만, 여기에서는 이야기 형식으로 다루려고 한다. 재판에서와 똑같이 과학과 문헌 그리고 사회도 고려할 것이다. 마지막으로 최종 변론이나 최후 진술을 통해 모든 증거에서 도출된 결론을 내릴 것이다.

이 책에서는 재판의 주요 요소인 반대 신문이 빠져 있다. 그렇다고 해서 반대자들의 도전을 피할 수 있는 것은 아니다. 세상에는 기독교 신앙에 회의적인 사람들이 넘친다. 내 견해에 반대하는 사람들은 가만히 입을 다물고 있지 않는다. 기독교 신앙의 합리성에 의문을 제기하거나 우습게 여기는 텔레비전 프로그램을 주변에서 흔히 볼 수 있다. 인터넷에는 기독교의 면면에 반박하는 기사와 유명 사이트, 블로그가 홍수를 이룬다.

이제 재판 단계에 따라 내용을 전개해보려 한다. 책의 준비 과정에서는 법정 준비 단계에서 준수하는 규칙들을 따랐다. 이제 남은 것은 독자이자 배심원인 당신에게 모두 진술과 내 소송을 지지하는 증거를 제시하고, 최종 진술을 하는 것이다.

자, 그럼 시작해볼까. "존경하는 배심원 여러분…."

1장

모두 진술

검은 가운을 입은 판사가 "러니어 변호사, 모두 진술을 해주시기 바랍니다"라고 하는 말을 지금까지 수도 없이 들었다. 매번 시작하는 내용은 별 차이가 없다. 먼저 시간을 내준 배심원단에게 감사를 표한다. 그 다음에는 이 사건이 어떤 사건인지, 누가 증인으로 나오는지, 어떤 절차가 이어질지 간단히 요약해서 설명한다. 배심원은 변호사가 말할 내용의 리듬과 논리를 알 때 사건을 가장 잘 파악한다. 이렇게 재판에서는 내가 달성하려는 목적과 실행 계획을 설명하는 것으로 말문을 연다.

모두 진술

기독교 신앙의 탐색은 하나님의 존재 여부와, 하나님이 계신다면 어떤 종류의 하나님인지를 탐색하는 것으로 시작해야 한다. 기독교 신앙은 하나님, 인간, 진리, 실재, 옳고 그름, 인간 선택의 책임, 성육신하신 그리스도, 그분의 죽음과 장사와 부활, 모든 것이 바로잡히고 그리스도의 통치가 온 천하에 드러날 시대에 대한 핵심 신념들에 기초한다. 이런 문제들이 우리가 검토할 수 있고, 검토해야 할 것들이다.

이런 문제들은 성경의 가르침뿐 아니라 주변 세상의 관점에서 이해해야 한다. 성경이 진리라면, 주변 세상에서도 그 진리를 찾아볼 수 있어야 한다. 성경적 세계관은 매일의 일상을 설명해주는 세계관이어야 한다. 이것은 대다수 일상에 적용되는 상식 테스트로, '스멜 테스트'(smell test, 상식을 활용하여 어떤 것의 진정성 여부를 판단하는 비공식 방법—옮긴이)라고도 할 수 있겠다. 뭔가 이상한 낌새는 없는가? 일상 체험에 비추어 이해가 되는가?

변호사가 법정에서 제시하는 증거에는 직접 증거와 정황 증거, 이렇게 두 종류가 있다. '직접 증거'는 사람이 직접 확인하여 알 수 있는 증거이다. 예를 들어, 밖에 있으면 비가 온다는 사실을 직접 확인할 수 있다. '정황 증거'는 다르다. 내가 건물 현관에 서 있는데 들어오는 사람마다 옷과 신발에 물기가 있고 젖은 우산을 들고 있다면, 직접 비가 내리는 장면을 보지 못했어도 밖에 비가 온다고 짐작할 수 있다. 내가 본 것은 비가 내린다고 짐작하게 해주는 정황이 전부이다.

정황 증거는 직접 증거를 확인해줄 수도 있고, 반박할 수도 있다. 누군가 내게 비가 내린다고 말해줬는데, 건물로 들어오는 사람마다 우산과 옷과 머리가 젖어 있다면, 이런 정황은 내가 들은 말이 맞다는 것을 확인해준다. 그런데 누군가 내게 비가 온다고 말해줬는데, 들어오는 사람들 손에 우산이나 우비도 없고 물 한 방울 찾아보기 힘들다면, 정황상 비가 온다는 주장이 거짓일지 모른다고 의심해볼 수 있다.

우리가 문제들을 살필 때는, 특히 회의주의자들의 우려를 판단할 때는, 삶의 현실이 해당 관점과 일관되거나 모순되는지를 반복해서 질문해야 한다. 2장에서는 이 접근법을 사용하여 하나님의 존재를 믿는 것이 과연 합리적인지를 논의하려 한다. 우리는 삶의 증거를 면밀히 검토함으로써 이 궁극적 질문을 탐색할 것이다. 하나님은 물리적으로 검사할 수 있는 대상이 아니시기에 그분을 직접 살펴볼 수는 없다. 대신 정황 증거에 의지해야 한다.

그러나 거기에서 그치지 않는다. 많은 사람이 일종의 신적 존재가 가능하다고는 생각하지만, 성경의 하나님이 실재한다고 믿지는 않는다. 하나님이든 신(들)이든 그런 존재가 만약에 있다면, 우리는 그(녀)나 그들을 어떻게 알 수 있을까?

하나님은 영화 〈스타 워즈〉에 나오는 '포스'와 유사한 존재이신가? 모든 인간이 올라가려 애쓰는 산꼭대기에 어떤 신적 존재가 앉아 있는 것은 아닌가? 하나님은 흔들의자에 앉아 지구를 내려다보고 있다가, 지나치게 저속한 죄나 가끔씩 지적하는 노인일 따름인가? 하나님은 복잡한 계산을 처리하고 우주를 감시하는 슈퍼컴퓨터인가? 하나님은 남성인가, 여성인가? 아니면,

미지의 존재라 인간은 아무것도 상상할 수 없는가? 하나님을 상상하는 것보다 그분의 특징을 그려보는 편이 나을지도 모르겠다. 하나님은 친절하신가? 사랑이 많으신가? 성급하신가? 우울한 편이신가, 아니면 쉽게 분노하시는가? 당신의 역할은 무엇이고, 그분과의 관계는 어떠한가? 당신은 하나님을 무시하는가? 하나님을 두려워하는가? 하나님과 관계를 맺고 있는가? 그 관계가 껄끄럽지는 않은가? 하나님은 삶에 풍랑이 일 때 안전한 항구이신가? 늘 당신 편을 드는 인자하고 사랑 많은 부모이신가?

우리는 하나님에 대한 이런 개념들을 생각하고 표현해보아야 한다. 널리 알려진 관점이더라도 그것이 성경의 하나님을 가리키지 않는다면 그 관점은 제외하는 것이 중요하다. 여기에서 살펴볼 것은 성경의 하나님이다. 우리는 삶에서 마주하는 현실에 대비하여 성경의 하나님을 판단하려 하기에, 가장 먼저 그분을 관찰하고 이해해야 한다. 이것이 중요한 이유는, 많은 사람들이 기독교의 하나님을 오해하는 까닭에 그분을 믿지 않기 때문이다. 이런 오해들에 주목해야 한다.

물론 백지 상태에서 시작하지는 않는다. 여러 증인이 직간접적으로 이 문제와 관련해서 이미 논의한 내용을 바탕으로 하나님에 대한 관점들을 살펴볼 것이다. 먼저 이제는 고인이 된 성공회 사제 J.B. 필립스의 저작을 살펴보려 한다. 그는 많은 사람들이 하나님에 대해 성경과는 동떨어진 관점을 가졌다고 믿었으며, 그런 비성경적 관점들을 세심하게 파헤쳤다. 그의 저작을 통해 많은 사람들이 생각하는 하나님과 성경이 설명하는 하나님이 어떻게 다른지 알아보겠다. 할리우드와 언론에서 신을 어떻게 표현하는지도 살펴볼 것이다. 〈라이프 오브 파이〉와 〈스타 워즈〉가 신의 이미지를 어떻게 표현하는지 함께 보도록 하자.

4장과 5장에서는, 하나님이 어떤 분인지 성경에서 직접 증언하는 내용을 제시하려 한다. 3장이 하나님에 대한 오해를 지우는 작업이라면, 4장과 5장에서는 하나님에 대한 성경적 가르침을 제시하여 그 자리에 새로운 내용을 채워 넣을 것이다.

성경은 사람들의 일상과 세상에 뿌리를 두고 있기에, 성경을 살피는 것만으로는 부족하다. 그래서 이 작업에는 자연에 대한 관찰이 빠질 수 없다. 증인으로는 성경과 함께, 현대 천문학이 말하는 하늘, 알베르트 아인슈타인, 영국의 물리학자 존 폴킹혼이 등장한다. 4장에서 이 증인들이 성경의 하나님에게 이야기하는 방식은, 성경적 하나님에 대한 우리의 이해에 큰 영향을 미칠 것이다.

5장에서는 하나님의 성품에 대해 증언해줄 마지막 증인들을 소환할 예정이다. 사도 요한의 가르침과 함께, 고대 그리스 철학자 헤라클레이토스의 증언과 아원자 입자를 증거로 제시할 것이다.

하나님의 존재 여부와 성품을 결정한 후에는, 그분이 성경을 통해 의사소통하신다는 개념(6장)으로 넘어간다. 신의 영감으로 성경이 기록되었다는 것이 말이 되는가? 성경은 하나님이 인간에게 주신 책인가, 인간이 하나님에 대해 꾸며낸 이야기인가? 증인으로는 인문학자 토머스 헉슬리와 세계적 언어학자 노암 촘스키 그리고 의사 전달 이론가들의 가르침을 채택할 것이다. 이 학자들은 인간의 지성 그리고 뇌와 언어 능력, 의사소통, 사고의 상관관계에 대한 저술로 유명하다.

7장에서는 실재와 진리에 초점을 맞추려 한다. 우리가 사는 세상은 영화 〈매트릭스〉가 묘사한 세상과 비슷한가? 우리는 〈트루먼 쇼〉 같은 리얼리티 쇼 안에서 살고 있지 않나? 우리의 경험은 정말 진짜인가? 이 주제와 관련해서는 고대 그리스 철학자 플라톤과 17세기 프랑스 철학자 르네 데카르트를 증인으로 소환한다. 우리가 살아가는 실재에 대해 대담한 주장을 한 옥스퍼드 대학교의 젊은 철학자 닉 보스트롬도 증언대에 설 예정이다. 보스트롬은 인간이 자의식이 있는 컴퓨터 프로그램 안에서 살고 있다는 주장을 널리 퍼뜨렸다.

8장에서는 옳고 그름에 대한 질문들을 검토하려 한다. 찰스 다윈과 프리드리히 니체가 증언대에 설 것이다. 플라톤의 전임자 소크라테스가 제기한 증언과 개념도 다룰 것이다. 이 증거는 히틀러와 제3제국이 저지른 끔찍한 행동을 다루면서, '어떻게 그들은 자신이 하는 일이 옳거나 고상하다고 생각할 수 있었을까?'라고 묻는다. 우리는 나치 정권을 정신 나간 사람들로 치부할 것인가? 그 사람들과 그들의 동기를 면밀히 살펴보고, 그 증거를 토대로 어떤 결론을 내릴 수 있는지 지켜보아야 한다. 나치의 도덕성 배후에 있는 생각들을 검토해서 성경적 진리와 비교해볼 것이다. 무엇보다 중요한 문제는, 오늘날에는 옳고 그름을 어떻게 판단할 것인가 하는 점이다. 그 기준은 성경의 원리인가,

아니면 제3제국의 원리인가?

9장에서는 결정론과 선택 문제에 접근하려 한다. 우리가 어떤 일을 하는 것은 스스로 그 일을 선택해서인가, 아니면 운명에 따라 이미 결정되었기 때문인가? 인간은 의지가 있어서 다양한 선택지를 비교하고 자신의 행동을 결정할 수 있는 피조물인가, 아니면 뇌와 외부 환경이 결합하여 이미 정해진 대로 결정하는가? 다시 말해, 인간은 화학 반응의 산물에 불과한가, 아니면 정말로 선택을 할 수 있는 존재인가? 이 주제에 대해서는 20세기 행동 심리학자 스키너를 증인으로 세워서, 반대 신문을 할 예정이다. 스키너는 인간은 이미 정해진 환경에 반응하는 화학 물질 덩어리에 불과하다고 했다. 인간에게는 자유나 존엄성이 없다는 것이다. 이런 관점은 인간의 윤리적 책임을 면제해준다. 스스로 의미 있는 선택을 하지 못하는 존재가 어떻게 도덕적 책임을 질 수 있겠는가?

인간에게 선택과 도덕적 책임이라는 것이 있다면, 모든 사람은 도덕적 하나님 앞에서 책임을 져야 한다. 이는 어마어마한 문제를 낳는다. 성경은 이 문제에 해결책이 있다고 가르치는데, 예수님의 성육신과 죽음, 부활이 바로 그 답이다. 그러나 예수님의 죽음과 몸의 부활은 많은 사람들이 받아들이기 힘든 내용이다. 지금 살아 있는 사람 중에 그 부활을 목격한 사람은 아무도 없으니, 언뜻 봐서는 말도 안 되는 이야기인 것 같다. 따라서 10장에서는 이 내용을 가장 엄격하고 철저하게 조사하여, 믿을 만한 합리적 근거가 있는지 판단하려 한다. 증인으로는 마태와 마가, 누가, 요한을 비롯한 여러 사람이 있다. 법정 규칙을 채택하여 증거를 제시하며, 무엇이 믿을 만한 내용이고 아닌지를 독자들이 판정하게 할 것이다.

책을 마무리하기 전에, 11장에서 천국과 영생의 개념을 살펴보려 한다. 천국과 영생은 죽을 수밖에 없는 인간이 만들어낸 가짜 희망인가? 험난한 인생길을 버틸 수 있게 도와주는 몽상에 불과한가? 아니면 천국과 영생은 정말 있는가? 우리가 아는 세상과 실재의 타당한 결론인가?

각 주제를 다룰 때는 내가 소환한 증인들과 함께 성경이 주장하는 내용도 판단해볼 것이다. 그렇게 하는 목적은 이 모든 정황을 철저하게 검토한 후에 아래 내용을 믿는 것이 과연 타당한지를 살피는 것이다.

- 무한하고, 인격적이고, 윤리적인 하나님은 그분의 형상을 따라 인간을 창조하시고, 계시를 통해 인간과 교제하신다.
- 인간은 살면서 의미 있는 선택을 할 수 있는 피조물이다.
- 예수님은 인간으로 죽고, 몸으로 부활하셨으며, 영원히 통치할 나라 가운데 다시 오실 것이다.

그래서 이렇게 묻는다. 기독교는 전반적으로, 또 세세한 부분에서, 우주에 대한 타당한 설명을 제공하는가? 기독교는 인간과 만물이 이렇게 존재하는 이유를 설명해주는가? 기독교는 인간의 경험을 설명해주는가?

마지막으로는, 법률 용어로 최후 진술이라고 하는 최종 변론을 하면서 재판을 마무리 지을까 한다. 12장에서는 이 책에서 제시한 증거에서 도출해낼 수 있는 결론을 정리할 것이다. 성경의 가르침과 주변 세상을 살펴볼 것이다. 과학과 최신 지식, 상식이 결합하여 하나님에 대한 풍성한 이해와 신앙의 기초를 낳을 수 있는지 보려 한다. 그러면 배심원단이 판결을 내릴 수 있다. 그리고 이제 각자 자신이 도달한 판결에 따라 어떻게 살지를 결정해야 한다.

신(들)은 과연 존재하는가

오늘 목표는 두 가지이다. 하나는 이 장을 쓰는 것이고, 다른 하나는 두어 주 뒤에 있을 재판의 모두 진술을 쓰는 것이다.

이 장은 하나님의 존재 여부를 묻고, 재판은 존이라는 여성이 '의도치 않은 급가속'을 경험했느냐의 여부를 묻는다. 이 여성이 가속 페달을 밟지 않았는데도 차가 급가속을 했는가? 그녀는 우회전을 하려고 정지 신호에 서 있었다고 한다. 브레이크에서 발을 떼고 가속 페달에 발을 올려놓으려는 찰나, 차가 '비행기처럼 출발' 했다고 한다. 차가 총알처럼 튀어나가는 바람에 우회전을 할 수 없었다. 차는 앞쪽 갓돌을 뛰어넘어 학교 운동장으로 돌진했고, 6초 만에 체육관 벽을 들이받았다.

존은 차가 돌진하자마자 즉시 브레이크를 밟았지만, 아무런 소용이 없었다고 한다.

2장 신(들)은 과연 존재하는가　**37**

자동차 회사에서는 차에는 아무 문제가 없다고 주장하면서, 운전자가 가속 페달을 브레이크로 착각한 것 같다고 했다.

운전자의 발을 찍은 동영상은 없다. 본인의 증언 이외에 다른 직접 증거는 없는 셈이다. 차에 동승한 목격자도 없었다. 내게는 다음과 같은 '정황 증거'(1장을 보라)밖에 없다.

운전 당시, 이 여성의 건강 상태는 양호했다. 응급 처치 요원이 병원에서 하는 것과 똑같이 운전자의 상태를 점검했다. 그녀는 당뇨가 있었지만, 혈당 검사 결과는 문제가 없었다. 정신도 말짱했다. 운전자가 브레이크를 밟았다면 응당 남아 있어야 할 타이어 자국도 있었다. 사고 현장에 있었던 사람들은 하나같이 그 여자가 반복해서 "차가 안 멈춰요. 차가 안 선다고요"라고 말하는 것을 들었다. 제조사가 이 차보다 조금 앞선 모델부터 설치한 전자 제어 장치는, 가속 페달에서 카뷰레터로 이동하는 구식 케이블이 아니라 컴퓨터로 차의 속도를 올렸다. 체제가 바뀌면서, 존과 비슷한 불만 사항 접수량이 37,900건으로 폭주했다. 존은 사고 당시 운전에만 집중하고 있었다. 운전 중에 전화를 받거나, 음식을 먹지도 않았고, 라디오도 꺼진 상태였다.

이제 배심원단은 정황에 기초해서 존이 엉뚱한 페달을 밟았는지, 아니면 차가 잘못되었는지를 결정해야 한다.

오늘 써야 하는 이 모두 진술과 2장 내용은 크게 다르지 않다. 눈에 보이는 형체가 있든 없든, 하나님을 직접 목격한 사람들은 내 앞에 없다. 하나님이든 유령이든 실험 대상이 될 수 없고, 내가 하나님을 모시고 다니면서 사람들의 믿음을 증명해줄 수도 없는 노릇이다.

머리말에서 이야기한, 스코츠데일에서 저녁 식사 후 만난 변호사들은 내게 하나님의 존재를 증명해달라고 했다. 그중 한 사람은 불가지론자였는데, 대화 도중 내게 손을 내밀면서 "저희 편으로 오세요. 확실한 신앙을 버리고 미지의 세계를 받아들이세요! 저랑 같이 불가지론자가 되자고요. 변호사님이라면 가능해요!"라고 말했다.

나는 진지하게 대답했다. "죄송합니다. 제 믿음이 그 정도까지는 아니라서요. 하나님에 대한 신앙을 저버리려면 제 믿음이 훨씬 더 커야 할 것 같네요."

그는 몹시 놀란 눈치였다. 그는 하나님을 믿는 데 믿음의 비약이 필요하다고 생각했지, 자신의 불가지론도 믿음의 비약이라고는 생각해보지 못했을 것이다. 믿음이 지적으로 더 타당하다는 내 생각은, 그 사람을 포함하여 거기 있던 사람들에게는 낯선 개념이었던 것이다. 하지만 내게는 전혀 그렇지 않았고, 내 말은 진심에서 우러난 것이었다. 그러자 그는 내게 증거를 요구했다.

하나님을 증명하려면 정황 증거를 가지고 풀어내는 것 외에는 달리 방법이 없다. 우리 주변과 내면을 살피고 '신은 과연 존재하는가?' 하고 물어야 한다. 신의 존재는 가능할 뿐 아니라, 그 신은 우리가 보고 체험하는 세상에 대한 가장 논리적인 해답이라는 것이 내 생각이다. 우리 외부의 다른 사람들을 보든, 우리 내면의 자신을 보든, 하나님이야말로 인생이라는 정황에 대한 최고의 설명이다.

증인 목록

재판에서는 증인을 증인석에 '세운다'고 말한다. 과거에 증인들은 서서 증언했기 때문이다. 지금은 앉아서 증언을 하지만, 말은 그대로 남았다. 우리는 여전히 '증인을 증인석에 세워서' 질의응답 형식으로 증언을 이끌어낸다. 법원의 특별 허가가 있으면, 증인은 보고 형식으로 증언할 수도 있다. 변호사들은 증인의 증언과 함께 문서를 읽는 것도 증거로 채택할 수 있다. 법원에서는 변호사들이 요약 형식으로 증거를 제시할 수 있게 허용하기도 한다. 이 책에서 '증인들'은 참고인 자격으로 등장하지만, 질의응답 형식이 아니라 보고 형식을 취하기로 한다.

영국 존 왕 King John of England, 1167~1216 1199년부터 죽을 때까지 영국의 왕으로 통치했다. 마그나 카르타를 승인한 왕으로 유명하다.

G. K. 체스터턴 Gilbert Keith Chersterton, 1874~1936 철학과 기독교 신앙을 비롯하여 다양한 주제에 대해 글을 남긴 영국의 작가이다.

아시리아 아슈르바니팔 왕 King Ashurbanipal of Assyria, 주전 668~627 현재 북 이라크에 해당하는 티그리스 강 동쪽 유역에 위치한 도시 니네베를 다스렸다. 그의 통치 기간에 니네베는 세계 최대 도시로 발전했다.

C. S. 루이스 Clive Staples Lewis, 1898~1963 옥스퍼드 대학교와 케임브리지 대학교에서 가르쳤다. 영문학과 중세 및 르네상스 문학을 연구한 학자요 소설가, 방송 진행자, 평신도 신학자로 여러 분야에서 커다란 족적을 남겼다. 오랫동안 무신론자로 지내다가 성인이 되어서야 신의 존재를 인정하게 되었고, 이후 기독교로 개종했다.

인류 문명사를 보면 사람들은 역사적 진실을 밝혀내기 위해, 특히 논란의 여지가 있는 주장을 내세우는 경우에 다양한 접근법을 활용했다. 한동안 역사에서 이런 질문들은 하나님(또는 신들)을 겨냥했고, 그에 대한 답을 분별하려고 종교 의식을 만들어 냈다. 과거 오랫동안, 목격자가 없고 둘 이상의 당사자가 상반된 주장을 내세우는 소송은 결투나 결투 재판으로 결정되었는데, 그 배경에는 신들이 진실한 사람을 보호한다는 생각이 깔려 있었다. 문명이 발달하면서, 지혜나 힘이 있는 사람들이 진실 여부를 결정하게 되었다. 대개의 경우, 세속 권력 구조(왕이나 귀족)나 종교 권력 구조(성직자)가 관여했다.

11세기에 정복자 윌리엄(William the Conqueror)이 시민들의 검토로 재정 문제를 결정하고 기록하기 시작하면서, 서양 문명은 획기적인 단계에 이르렀다. 법 체제에서 평범한 시민에게 맡겨지는 역할은 점점 커졌고, 1215년에는 영국 존 왕이 강압에 못 이겨 서양 사회의 핵심 법 문서를 승인하게 되었다. 라틴어로 쓰인 이 문서의 이름은 마그나 카르타(Magna Carta, 라틴어로 '대헌장'이라는 뜻)로, 아래에 소개하는 39조를 포함한 이 헌장의 주요 부분은 아직도 영국 법에 기록되어 있다.

어느 자유민도 **지위가 동등한 사람들의 적법한 판결**이나 국법에 의하지 않고서는, 체포·감금·압류·법외 방치 또는 추방되거나 기타 방법으로 침해당하지 않는다. 짐도 그렇게 하지 않으며, 그렇게 하도록 시키지도 않는다. (강조한 부분은 저자가 표기한 것이다.)

자료 2-1 마그나 카르타 (사진 출처: Wikimedia Commons)

이것은 배심원단에 의한 재판이 법적 권한으로 자리 잡는 계기가 되었다(자료 2-1을 보라).

법원은 평범한 제3자인 시민 집단(초기에는 백인 지주에 국한되었다)이 진상 조사를 하는 곳으로 변했다. 논쟁에서 진상을 조사하는 시민들의 가치는 1776년 미국인들이 영국 왕에게서 독립을 선언한 한 가지 이유가 되었다. 미국 독립 선언문은 "공정하게 사리를 판단하는 세계에 이러한 사실들을 표명한다"라고 하면서 미국의 독립 선언을 정당화했는데, 그 사실 중에는 영국 국왕이 "수많은 사건에서 배심 재판을 받는 혜택을 박탈했다"라는 내용도 포함되었다(자료 2-2를 보라).

당연하게도, 미국 건국 직후에 헌법은 권리 장전으로 수정되었고, 거기에는 배심 재판을 받을 권리를 보장해주는 수정 헌법 제7조가 포함되었다. "관습법상의 소송에서… 배심에 기초하여 심리를 받을 권리가 있다. 배심에 의하여 심리된 사실은 관습법 규정에 의하는 것 외에 미국 어느 법원에서도 재심받지 아니한다." 미국 재판 제도의 이 주춧돌은 찬성파와 반대파가 있다. 배심 재판은 확실히 완벽하지는 않지만, 여전히 진상 자료의 공정성을 결정하는 가장 믿을 만한 체제로 여겨진다. '팩트 파인더'(finders of fact)란, 법조계에서 배심원을 가리킬 때 자주 사용하는 문구이다. 법학자인 판사는 법을 알고 적용해야 할 책임이 있다. 그러나 사실을 결정하는 사람, 역사에서 실제로 어떤 일이 발생했는지를 결정하는 사람은 오로지 배심원이다.

자료 2-2 미국 독립 선언문
(사진 출처: Wikimedia Commons)

6인일 때도 있지만 대개 12인으로 구성된 배심원단은 집단 기억과 공동 경험으로 의사 결정 과정에 영향을 행사하는 평범한 사람들이다. 어떤 사건이 벌어졌는지를 결정하는 데 있어(진상 자료), 이 평범한 사람들은 훈련된 학자들과 세계 최고 지성들의 가치를 능가한다.

자료 2-3 G. K. 체스터턴
(사진 출처: Wikimedia Commons)

훈련된 학자들은 배심원단이 역사적 사건의 사실성을 밝히는 능력이 더 뛰어나다는 데 동의하지 않을 수도 있지만, 이 전문가들은 대개 학자의 관점에 치중하여 편향성을 보인다는 데 역사적으로 의견이 일치한다. 반대로, 배심원은 전문가의 의견과 찬반양론을 듣고, 사실 여부를 이해하고 평가하고 결정할 수 있는 기회가 주어진다는 점에서 유리하다.

영국인 저술가 체스터턴은 철학과 정치학, 기독교를 비롯한 여러 방면의 글을 썼다(자료 2-3을 보라). 그는 배심원 제도와 관련해서 이런 글을 남겼다.

우리 사회는 한 사람의 범죄 유무를 결정하는 일이 무척 중요한 문제라서 훈련된 사람들에게 위임할 수 없다고 결정했는데, 그것은 매우 정당한 결정이었다. 우리 사회가 그 끔찍한 문제를 밝히고자 한다면, 법 지식은 나와 다를 게 없지만 내가 배심원석에서 느꼈던 것을 느낄 수 있는 사람들에게 물어야 한다. 도서관 정리나 태양계 발견 같은 하찮은 문제라면 전문가들을 활용하면 될 일이다. 그러나 정말로 심각한 일을 처리할 때는 둥글게 선 열두 사람을 부른다. 내 기억이 맞다면, 기독교의 창시자도 똑같이 했다.[1]

어쨌든 다 사람이 하는 일이니, 배심원들이 틀릴 때도 있다. 시간이 지나면서 배심원단의 타당한 결론을 보장해주는 다양한 규칙과 구조가 발전했고, 미국 사법 제도는 규칙 아래 제대로 작동하기만 하면, 시민의 권리를 지켜주고, 엇갈리는 주장들 배후의 역사적 사실을 결정해주는 파수꾼임이 틀림없다. 배심원단의 결정은 신성불가침이어서, 미 헌법과 권리 장전은 사소한 예외를 제외하고는 재심사를 할 수 없도록 보장한다.

이제 하나님의 존재 여부를 놓고 본격적인 '배심원 토론'으로 들어가면서, 최종 결론을 내리기 전에 개별적으로 다루고 이해해야 할 몇 가지 영역을 살펴보려 한다.

입증 책임

배심원단 결정에서 핵심은, 배심원이 무슨 근거로 진실을 찾으려 하는가이다. 최근에 미국 대법원의 한 판사와 낚시를 하면서 이 점을 토론할 기회가 있었다. 우리가 탄 배에는 저녁거리를 찾아 루이지애나 바다로 우리를 안내하는 가이드가 있었다. 시간이 가면서 대화는 '왜 하나님을 믿는가?'라는 문제로 흘러갔다. 학식이 높고 똑똑(하고 단순)한 판사님은 독실한 기독교 신자이다. 나는 질문을 상정(토의할 안건을 회의 석상에 내어놓음―표준국어대사전)하기 전에, 심의 과정을 상정하는 것이 가장 중요하다고 말했다. 이 말이 무슨 뜻인지 한번 설명해보겠다.

도량형 단위는 다양하다. 갤런과 쿼터(또는 리터)는 액체를 측정하는 단위이다. 인치, 피트, 야드, 미터, 킬로미터, 마일은 거리를 나타낸다. 화씨와 섭씨는 온도를 표시하는 단위이다. 각 용어는 해당 분야에만 유효하기에 그 범주를 벗어나서는 의미가 없다. 바깥 온도를 화씨 72도(섭씨 22도)라고 젤 수는 있어도, 기온이 6갤런이라고는 할 수 없다. 반대로, 차에 기름을 넣을 때는 6갤런이라고 말할 수는 있어도, 화씨 72도라고 말할 수 없다. 분류나 재려는 항목에 맞는 올바른 측정 단위를 유의해서 사용해야 한다.

마찬가지로, 하나님의 존재 여부를 토론할 때도 엉뚱한 증거 단위를 사용해서는 안 된다. 하나님을 실험실의 과학 용어나 계산기의 수학적 정확성으로 증명하려는 것은 갤런으로 거리를 재는 것처럼 터무니없는 일이다. 하나님의 존재 같은 궁극적 질문들은 그에 걸맞은 증거 단위를 채택해야 한다. 나는 미국 배심 제도의 증거 측정법을 제안한다.

역사를 통해 배심 재판은 세밀하게 조정되어 진실을 결정하는 효과적이고 공정한 방법으로 발전했다. 민사 사건에서는 '증거 우위'라는 입증 책임을 도입했다. 배심원이 '신뢰할 만한 증거가 더 무거운' 쪽에 설득을 당해야 '입증 책임'이 있는 쪽에 유리한 판결을 내릴 수 있다는 뜻이다. 이는 곧 '어느 쪽이 더 개연성이 높은가?'로 규정할 수 있겠다.

이 방법이 진실을 측정하기에 적절하다고 생각하기 때문에, 나는 이 방법으로 하나님의 존재 여부를 고려해보자고 제안한다. 우리가 킬로그램이나 파운드로 시간을 정하지 않듯이, 하나님의 존재를 확인할 때도 과학적 증거에 매달려서는 안 된다. 오히려 이처럼 단순하게 묻는 편이 더 적절한 방법이다. 하나님이 있다고 믿는 것과 없다고 믿는 것 중에 어느 쪽이 더 타당한가? 이 질문에 대한 입증 책임을 갖고, 우리가 고려해야 할 직접적인 질문들을 생각해보자.

황금률 무신론자와 나눈 대화

내 오른편에 앉은 마이크 변호사는 원래 성직자가 되려고 관련 분야를 공부하기까지 했지만, 지금은 신앙을 잃어버렸다. 중년인 그는 우리 모임에서 종종 공공연하게 말했다. "저는 황금률 무신론자입니다." 그는 황금률은 믿지만, 그것을 가르치신 하나님은 믿지 않는다고 했다. 나는 그에게 황금률이 뭐냐고 물었다. 그의 대답은 정확했다. "남에게 대접을 받고자 하는 대로, 너희도 남을 대접하라." 나는 호기심이 발동했다.

그는 몰랐겠지만, 사실 그는 하나님의 실재를 증명해주는 전형적인 환경을 연출하고 있었다. 그것을 그에게 깨닫게 해주는 것이 내 몫이었다.

"변호사님은 왜 황금률을 믿고 그에 따라 살려고 하시죠?"

그는 황금률이 세상의 법칙이며, 자연에 내재되어 있다고 답변했다.

나는 의심하는 눈빛으로 되물었다. "대단하십니다! 정말 그렇게 생각하세요? 아니면, 그렇게 말하면 고상하고 괜찮아 보이니까 그렇게 말씀하신 겁니까?"

그는 고상하게 보이려고 하는 말이 아니라, 사회와 삶의 원리가 그렇다고 대답했다.

"하지만 진화를 믿지 않으십니까?" 내가 물었다.

"물론 믿지요." 그가 이렇게 대답하자, 그 자리에 있던 두어 사람은 내가 무슨 말을 하려는지 눈치챈 듯했다.

나는 촌철살인 같은 질문을 던졌다. "변호사님은 정말로 동물들이 자기가 대접받고 싶은 대로 다른 동물을 대접한 결과로, 다윈주의와 진화를 통해 인류가 탄생했다고 믿으시나요? 그 점에 대해서는, 황금률이 인간들의 규범적 행위라는 것을 인류 역사가 보여주지 않나요?"

대화를 진행하면서 그는 동물들이 황금률을 모토나 윤리로 받아들이지 않았다고 인정할 수밖에 없었다. 배를 채우려고 새끼 가젤을 어미와 떼어놓는 사자는, 자기가 대접받고 싶은 대로 새끼 가젤을 대접하는 것이 아니다. 같은 이유로, 마이크는 채식주의자가 아니기 때문에 저녁으로 나온 스테이크를 아주 맛있게 먹고 있었다.

그러자 마이크는 입장을 바꿔서, 인간의 양심이 이 새로운 윤리를 가능하게 했다고 주장했다. 인류 초기에는 우주에 존재하지 않았던 황금률이, 최근 2~3천 년 사이의 인류 문명에서 갑자기 나타났다는 것이다. 하지만 그 근원이 어디인지를 묻는 질문에는 대답하지 못했다. 황금률의 타당성을 어떻게 알 수 있느냐는 질문에도 대답하지 못했다. 그것이 갑자기 나타난 이유도

대지 못했다. 황금률이 계속될지의 여부도 자신 있게 말하지 못했다. 그가 이야기할 수 있는 단 한 가지는, 자신이 믿는 그 윤리에 따라 살지 못했다는 것뿐이었다.

마이크는 황금률이 옳기는 하지만, 날마다 매 순간 실천할 수는 없는 이상에 불과하다고 순순히 인정했다. 마음속으로는 확실히 옳고 적절하다고 믿었지만, 도달하기 힘든 목표였다.

나는 마이크에게 황금률이 핵심 신념으로 자리 잡은 이유를 타당하게 설명해보라고 했다. 황금률이 확실히 인간에게만 나타나는 것이라면, 그 이유를 설명해야만 했다.

마이크는 선뜻 답을 하지 못했다. 만약 그가 그 이유를 생각해본 적이 있다면, 황금률은 공감이 가능한 뇌를 가진 인간에게만 독특하게 나타나는 윤리나 특징이라고 대답했을지도 모르겠다. 인간은 상대방의 입장에서 생각할 수 있기 때문이다. 이렇게 공감할 수 있는 능력을 가졌기 때문에 공감할 책임도 따른다고 답할 수 있다. 하지만 그가 그런 답을 내놓았더라도, 나는 그를 더 몰아붙였을 것이다. 황금률에 따르면, 공감할 수 있는 능력을 가졌다고 해서 반드시 공감해야 할 책임이 있는 것은 아니다. 그것은 타당한 추론이 아니다.

내 속의 변호사 기질은 이렇게 말했을 것이다. "이의 있습니다! 이것은 인과의 오류와 유사합니다." 다시 말해, 어떤 사건이 다른 사건보다 선행한다고 해서, 첫 번째 사건이 두 번째 사건을 일으켰다고 볼 수는 없다는 뜻이다. 인간에게 공감할 수 있는 뇌가 발달했다고 해서, 대접받고 싶은 대로 남을 대접할 책임이 있는 것은 아니다.

공감할 수 있는 능력은 남보다 앞서기 위해 사용하는 무기로 비칠 수도 있다. 정도의 차이는 있지만, 대다수 인간에게는 타고난 경쟁심이 있다. 지고 싶어 하는 사람은 별로 없다. 어쩌면 공감이란 우리가 다른 사람의 생각을 상상해서 상대방의 행동을 예측하도록 도와주는 도구인지도 모른다. 공감은 인생이라는 게임에서 승리하는 비결이 될 수 있다. 체스 선수가 상대방의 수를 미리 알면 당연히 승률이 올라갈 것이다.

마이크가 비록 자신이 실천할 수는 없지만 어떤 윤리를 인식하고 있다는 사실은 그와 우주를 초월하는 세계, 선과 악을 규정해주는 무엇인가가 있다는 표시인 셈이다.

비채식주의 채식주의자와 나눈 대화

나는 화제를 조금 바꿔보았다.

식사를 마치고, "스테이크 맛있게 드셨나요?" 하고 물었다.

"네, 아주 훌륭하네요!" 그가 대답했다.

나는 의외라는 표정으로 물었다. "와! 근데 죄책감은 없으신가 봅니다."

그는 내게 무슨 의도가 있다는 것은 알아차렸지만, 그게 무엇인지는 깨닫지 못했다.

"왜 제가 죄책감을 느껴야 합니까?"

"살아 있는 걸 드셨잖아요. 변호사님은 변호사님의 할머니를 드시겠습니까?"

"설마요." 그는 정답을 말했다.

"하지만 저는 변호사님이 황금률을 지키시는 줄 알았는데요. 변호사님은 본인이 저녁 식사로 식탁에 오르는 걸 원치 않으시겠죠?"

"아, 황금률은 사람에게만 가치가 있습니다."

"하지만 변호사님은 사람은 동물의 일종이라고 믿지 않으시나요? 변호사님이 모르는 노인들은 어떤가요? 그런 사람들은 드시겠습니까?"

"그런 말씀 마세요!"

진짜 답을 원하는 나는 여기에서 만족하지 않았다. "왜 안 됩니까? 변호사님은 사람이나 소나 똑같은 에너지와 물질로 구성되어 있다고 믿으시잖아요."

"그게, 그러니까⋯." 그는 말하려는 내용을 곱씹으면서 천천히 대답을 꺼냈다. "사람은 의식이란 게 있잖습니까?"

나는 한 번 더 밀어붙였다. "그러면 뇌사 상태로 병원에 있는 사람이 소생 가능성이 없으면, 그 사람을 먹는 건 아무 문제가 없습니까? 굶주려서 영양실조에 걸린 사람에게 혼수상태인 사람을 먹이는 건 괜찮습니까?"

그는 이 질문도 불편해했다.

나는 그가 다른 생물과는 대조적으로, 원자와 에너지의 조합에 불과한 '인간'에게 지나치게 큰 의미를 부여하고 있는 것 같다고 지적했다. 그는 인간이 고귀하다는 말 이외에는 타당한 설명을 하지 못했는데, 정작 왜 인간이 존엄한지는 몰랐다.

우리는 마이크의 삶과 핵심 신념이, 다른 동물과 달리 인간을 특별하게 만든(성경에 나오는 "하나님의 형상대로"라는 말과 같은 뜻이다) 하나님이 존재한다는 개념에 맞춰져 있다는 사실을 다른 각도에서 살펴보았을 뿐이다. 물론, 하나님이 계시지 않으면 '형상'도 없고, 거기에서 비롯되는 인간의 독특함도 사라져버린다. 이것이 정황 증거이다.

객관적 주관주의자와 나눈 대화

'객관성'과 '주관성'은 어느 재판이나 진실을 논할 때 매우 중요한 두 단어이다. 객관성은 한 사람의 외부에 있는 것이 진실을 정의하거나 만든다는 뜻이다. 주관성은 어떤 사람이나 대상에게서 진실이 나온다는 뜻이다.

다음 두 예를 살펴보자.

- 증인이 존이 심장 마비로 죽었다는 객관적 증거를 제시할 경우에는, 산소 부족으로 죽은 심장 세포와 혈관에 생긴 혈전 등 심근 경색을 보여주는 일련의 부검 결과를 언급할 것이다. 다시 말해, 부검에 의한 객관적 소견이 심장 마비를 보여준다.
- 증인이 존이 심장 마비로 죽었다는 주관적 증거를 제시할 경우에는, 확실한 이유는 모르지만 존이 쓰러진 이유가 심장 마비 때문인 것 같다고 말할 것이다.

판사는 재판에서 객관적 증거는 인정하겠지만, 특별한 이유가 없다면 존의 사인에 대한 주관적 견해는 채택하지 않을 것이다. 주관적 견해를 증거로 인정할 타당한 근거가 없기 때문이다. 개인의 사견은 대체로 엇비슷하다.

객관성과 주관성은 내가 마이크를 비롯해 그 자리에 함께한 사람들과 나눈 대화에서 매우 중요한 개념이었다. 황금률은 마이크에게는 핵심 윤리였지만, 다른 사람들에게는 아니었다.

거기 있던 한 사람이 자신은 황금률에 따라 살지도 않고, 그럴 이유도 없다고 지적했다. 그러면서 우리는 치열한 경쟁 세계에 살고 있기 때문에, 무조건 최고가 되는 것이 목표라고 했다. 그렇다고 사람들을 함부로 대하지는 않겠지만, 그의 목표는 분명했다. 남들보다 더 많이 갖는 것이다. 그의 윤리 나침반은 사회 발전이 아니라 철저히 자기 이익을 향하고 있었다.

그는 피도 눈물도 없는 사람으로 몰리지 않기 위해, 자본주의는 황금률이 아니라 자신이 믿는 윤리에 기초한다고 응수할지도 모르겠다. 근면과 자기 이익을 기회로 삼으려는 욕구야말로 전 세계에서 서양 문명과 미국을 첨단 기술과 발명, 생산성을 선도하는 자리로 올려놓은 추동력이 아닌가. 우리는 돈을 많이 벌어서 물건을 더 많이 사려 한다. 그 돈을 손에 넣으려고 열심히 일한다. 돈을 많이 벌어서 동산(개인 재산을 가리키는 법률 용어)보다는 안전과 특권을 얻으려는 사람도 있겠지만, 어쨌든 자신을 위해 무엇인가를 추구한다는 점은 마찬가지이다.

여기에 마이크의 딜레마가 있다. 마이크는 객관적 윤리를 원한다. 옳고 그름을 판단하는 자신의 법칙이 자기 머리의 혼합물이나 마음의 고상한 욕구 이상이기를 바란다. 실제로 그의 온몸 세포 하나하나가 객관적인 옳고 그름이 있다고 외쳐댄다. 마이크가 "왜 옳은지는 모르지만, 아무튼 이게 옳다니까요!" 하고 반복해서 내게 말한 것처럼 말이다.

마이크는 그런 객관적 관점에 대해 마땅한 근거를 갖고 있지 않다. 하나님 또는 옳고 그름에 대한 외부의 객관적 근거가 없다면, 마이크의 윤리는 그것이 어떤 이상이거나 진실로 옳은 내재적 진리여서가 아니라 자기가 선택했기 때문이라는 이유 외에는 아무런 설득력을 가질 수 없다.

치열한 경쟁 사회를 믿는 사람들조차 신이 있다는 강력한 정황 증거를 제시했다. 나는 그들에게 내가 몰래 그들의 '물건'을 가져간다면 기분이 언짢을 것 같냐고 물었다. "당연하죠! 그건 도둑질이잖아요!"

"그러면 도둑질은 잘못입니까, 아니면 그냥 기분 나쁜 일인가요?"

다들 도둑질이 잘못이라고 생각했다.

나는 조금 더 밀어붙였다. "그럼, 물건을 도둑맞았으니 여러분에게는 잘못이라는 말씀이네요. 언짢은 일이니까요. 그런데 이 세상은 치열한 경쟁 사회이고, 저는 여러분 물건이 욕심나니, 저한테는 옳은 일이지 않습니까?"

아니다. 그들은 동의하지 않을 것이다. 난제였다. 다들 속으로는, 외부의 무언가가 옳고 그름에 영향을 미친다는 확신이 있었다. 그들의 세계관을 무색하게 만드는 어떤 객관적 윤리성이 자리하고 있었던 것이다.

모두 변호사였는데, 아무도 "그래도 그건 불법이에요!"라고 말한 사람이 없었다는 건 의외이다. 물론, 그들은 '합법'과 '옳음'이 다르다는 걸 알았을 것이다. 노예제는 합법이었지만 옳지 않았다. 히틀러의 행동은 합법이었지만 그 행동을 지지하는 사람은 아무도 없을 것이다.

'창조 대 진화'에 관한 대화

닉은 우리의 토론을 '창조냐 진화냐'라는 좀 더 구체적인 주제로 끌고 갔다. 그의 질문은 간단했다. "변호사님이 아는 상식과 창세기를 어떻게 조화시키실 건가요? 우리도 아담과 하와를 믿어야 합니까? 진화에 대한 증거들은 어떻게 생각하십니까?"

우선, 그의 질문이 마음에 든다고 말해주었다! 그러나 내 안에 있는 변호사는 이 질문에 두 가지 반대를 제기할 수밖에 없었다. 첫째, '다방면으로 생각해야 한다'. 두 질문은 별도의 질문이라서 따로 대답해야 한다는 뜻이다. 둘째, '분명하지 않은 사실을 전제한다'. 나는 아래와 같이 반대 의견을 제시하면서 내 대답을 설명했다.

"닉, 이렇게 대답해보면 어떨까요? 어떤 식으로든 진화와 관련된 질문은 제외하고, 내용에만 충실하게 창세기를 읽을 수 있습니다."

"그게 무슨 말씀입니까?" 그가 되물었다.

나는 창세기를 사실로 믿지만, 닉과 나머지 사람들은 창세기를 읽으면서 본문에는 있지도 않은 진실을 찾으려 하지 않느냐는 말이었다. 창세기는 과학 문헌이 아니라, 의미를 담고 있는 문서이다. 과학의 발달은 지난 5백 년 사이의 일에 불과하다. 3천 년 전, 이교도 민족과 국가들 틈에 살던 이스라엘 백성에게 과학은 관심 밖의 문제였다. 현재의 관점으로 성경을 읽기 전에, 먼저 고대인의 관점에서 읽어야 한다. '세븐 업'(7 up)이라고 하면, 탄산음료를 말하는 것일 수도 있고, 점수나 다음으로 나오는 숫자를 말하는 것일 수도 있다. 이처럼 상황에 따라 뜻이 달라지는데, 그 상황이 역사적 배경인 경우가 많다.

우리는 창세기가 오늘날 우리에게 무엇을 말해주는지를 묻기 전에, 최초 독자인 이스라엘 사람들에게 말한 내용이 무엇인지를 물어야 한다. 창세기는 이스라엘 사람들에게, 창조는 사람의 가치와 역할이라는 측면에서나 하나님의 존재와 본성을 반영한다는 측면에서 이웃 나라들의 생각과 다르다고 알려주었다.

여기에서 우리는 아시리아의 아슈르바니팔 왕을 증인으로 부를 수 있다. 그가 2,500년 전에 세운 도서관에는 점토 판 수천 개가 있었다. 이 점토 판에 담긴 내용은 일상적인 것에서 고차원적인 것까지(법전, 상거래 등) 다루지 않은 주제가 없을 정도였다. 그러나 왕이 죽고 제국이 무너지고 세월이 흐르면서 도서관과 장서들은 땅에 묻히고 말았다.

아슈르바니팔이 통치한 도시인 니네베는 덥고 건조해서 점토 판을 보존하기에 완벽한 기상 조건이었다. 그래서 1800년대 중반 고고학자들이 이 점토 판을 발견하여 고대 이야기들이 발굴되자 구약학은 대변화를 맞았다.

설형 문자 점토 판 형태로 발견된 고대 메소포타미아 이야기 중에 중요한 두 사료가 바로 〈아트라하시스〉(Atrahasis)와 〈에누마 엘리쉬〉(Enuma Elish)이다. 이 두 이야기에서 이스라엘의 이웃들이 신의 창조를 어떻게 생각했는지 엿볼 수 있다. 신이 창조된 후 가장 먼저 한 일은 혼돈과 싸우고 세상에 질서를 가져온 것이었다. 신들이 계속 늘어나면서, 규모만 더 컸을 뿐 인간이 하는 온갖 일을 그대로 했다. 흙을 파서 티그리스 강과 유프라테스 강을 만들고 그 파낸 흙으로 산을 쌓는 노동 신들이 있었는가 하면, 서로 싸우는 전쟁 신들이 있었다. 전쟁 신들은 죽은 여신을 반으로 쪼개 절반을 던져 둥근 하늘을 만들었다. 이런 이야기들을 보면, 신들은 자신이 만들거나 소유하게 된 피조물의 양상을 지녔다. 그래서 폭풍을 소유한 신은 날씨를 관할하고 통제했다. 바다를 소유한 신은 바다가 되었다. 땅의 일부분을 소유한 신은 그 땅이 되어 그 지역을 관장할 수 있었다.

이 이야기들은 인류의 기원도 설명해주었다. 인간은 신의 부담을 덜어주려고 창조되었다. 신들이 하는 일은 쉽지 않았다. 일이 점점 더 견디기 어려워지자, 사람을 만들어 자신들이 하던 일을 맡겼다.

이런 관념과는 전혀 상반된 성경의 창조 이야기가, 이런 관념을 기초로 형성된 문화권으로 편입되었다. 성경에는 여러 신이 아니라 한 하나님이 계신다. 하나님은 만들어지지 않은 창조자이시다. 하나님은 질서를 잡으려고 혼돈에 맞서 싸우지 않으신다. 오히려 세상을 질서 있게 창조하시고, 그 안의 모든 것을 "보시기에 좋게" 만드시고 채우신다. 하나님은 창조 세계의 일부분만 창조하여 다스리지 않으시고, 모든 창조 세계를 만드신다. 모든 것을 지으신다. 어느 부동산 한편에 내몰려 있지 않으시고, 땅의 모든 곳에 주재하신다. 창조는 하나님의 존재나 몸의 일부가 아니다. 창조 세계는 하나님과는 별도의 영역이다. 그분은 말씀으로 그 세계를 만드셨다.

이웃 나라들의 이야기와 달리, 하나님은 창조 때문에 지치지 않으셨다. 개울 또는 강을 파거나 산을 만드는 일에 아무 어려움이 없으셨다. 하나님은 말씀으로 만물을 만드셨다. 피곤해서가 아니라 일을 마쳤기 때문에 쉬셨다. 그 모든 것은 "보시기에 좋았다". 하나님은 자신의 부담을 덜기 위해 인간을 창조하지 않으셨다. 우리는 그분과 교제하고 동행하기 위해 그분의 형상대로 창조되었다.

역사적 배경을 볼 때, 창세기는 과학과 역사적 의미에서가 아니라, 다른 창조 이야기들과 상반되는 실재를 가르치기 위한 이야기로서, 하나님과 창조에 대한 진리를 담고 있다.

창세기와 관련해서는 더 복잡한 논쟁도 많지만, 닉과 나눈 대화에서는 이 정도만으로 훌륭한 출발점이 되었다. 그래서 창세기와 진화론 중에 어느 쪽이 옳으냐는 쟁점은 일단 넘어갈 수 있었다. 나는 자연스럽게 다음과 같은 과학적 질문을 던졌다.

"빅뱅이라는 주제가 정확히 어디에서 나왔다고 생각합니까?"

그는 빅뱅과 관련해서는 여러 이론이 있다고 대답했다. 나도 동의했다. 나도 여기저기에서 그런 이론들에 대해 읽었고 생각도 해봤지만, 내가 던진 질문은 하나님이 세상을 창조하셨다는 사실보다 더 타당하게 다가온 이론이 무엇이냐는 뜻이었다.

"그냥 원래부터 있었던 게 아닐까요?"

나는 그런 신념의 근거를 물었다. 도대체 그는 무엇이 그냥 존재할 수 있다는 것을 어디에서 봤을까? 그런 믿음에는 상당한 비약이 필요하다. 물론, 그는 하나님에 대한 믿음도 마찬가지라고 반박할 수 있었다. 그러나 내게는 닉이 놓치고 있는 것을 확인해줄 즉답이 있다. 시공간 밖에 존재하는 하나님이라는 개념에서는 더 이상 처음과 마지막이 문제가 되지 않는다. 시간도 피조물이기 때문에 영원히 존재하지 않는다. 우주라는 관점에서, 시간은 공간과 물질이라는 기본 요소와 불가분의 관계로 엮여 있다. 그러나 시공간 연속체 밖의 하나님이라는 개념은, 곧 그분이 시간 밖에 계심을 나타낸다.

이제 창조 대 진화라는 우리의 토론은 닉의 두 번째 질문으로 이어진다.

아담과 하와에 관한 대화

닉의 질문은 아담과 하와에 대한 논란도 포함하고 있었다. 그가 사용한 표현을 그대로 옮기면 이렇다. "한 여자와 한 남자가 있었다는 걸 어떻게 믿을 수 있죠?" 재미있는 질문이다. 질문을 조목조목 살펴보라. 한 여자와 한 남자가 있었다는 걸 어떻게 믿을 수 있죠? 두 사람 혹은 세 사람, 아니면 백 사람이 있었다고 말할 수 있을까?

나는 한 남자와 한 여자에게서 왔다. 그 두 사람은 내 부모님이다. 부모님도 한 남자와 한 여자, 곧 우리 조부모님에게서 왔다. 조부모님 역시 한 남자와 한 여자에게서 왔다. 자기 혈통만 보더라도, 어떤 사람이 한 남자와 한 여자보다 많은 사람에게서 왔다고 말할 수 있을까?

역사로 돌아가면 어떤가? 최신 통계에 따르면, 세계 인구는 약 71억 명이다. 학자들은 1350년에 있었던 대기근과 흑사병 이후 인구가 꾸준히 늘었다는 데 대개 동의한다. 그 당시 인구가 3억 7천만 명 정도였다.[2] 거기에서부터 역사를 거슬러 올라가면, 인구를 정확히 측정하기가 더 어렵다. 그렇지만 어느 시점에 이르면 인구는 (진화론을 믿는 사람들 사이에서도) 한 어머니와 한 아버지로 귀결될 것이다.

진화한 초기 현대인은 유전학적으로 영장류와 굉장히 유사하여 이종 교배가 있었다는 유전학상의 증거도 있지만, 그때조차도 어머니는 하나이다.

현대인이 한 남자와 한 여자의 직계 후손이라는 성경의 가르침은 진화론이 제시한 개념보다 설득력이 떨어지지 않는다. 내가 보기에 이런 문제는 토론할 가치는 있지만, 하나님의 존재 유무와는 관련이 없는 문제들이다. 따라서 닉과 이 문제를 토론하고 싶은 마음은 굴뚝같았지만, "이의 있습니다. 관련성이 없습니다"라는 변호사의 음성을 들을 수밖에 없다. 이 문제는 한 가지만 제외하고는 신의 존재 유무와 관련성이 없다. 성경은 인간이 심오하다고 가르치는데, 이 점은 우리의 앞선 토론을 설명하는 데 큰 도움이 된다. 이것이 바로 내가 친구들과 토론한 다음 주제이다.

성경 이야기의 중요성

현실과 창세기를 어떻게 조화시킬 수 있느냐는 닉의 질문은 다음과 같은 중요한 요점에 달려 있었다. 내 질문은 간단했다. "변호사님은 창세기와 창세기가 말하는 실제 내용이 일치하는 걸 보고 싶으신 건가요, 아니면 창세기와 변호사님이 생각하는 창세기 내용이 일치하는 걸 보고 싶으신 건가요?" 이 둘은 하늘과 땅 차이이다.

나는 닉에게 창세기로 두 가지 작업을 해보겠다고 말했다. 먼저, 창세기와 창세기가 실제로 말하는 내용(닉이 생각하는 내용이 아니라)을 비교해보고, 둘째로는 창세기와 현실을 비교해보겠다. 창세기는 내가 닉과 마이크와 나를 비롯한 모든 사람이 체험하는 세상을 이해할 수 있도록 근거를 제시해준다. 창세기는 삶의 정황 증거에 들어맞는다.

고대 이교도의 창조 기사를 읽어본 사람은 누구라도 창세기의 독특함에 놀랄 것이다. 우리가 창세기와 그 내용에 포함된 개념들을 찾아 읽는다면, 하나님과 세상과 인간에 대한 특정 관점을 지지하는 몇 가지 주목할 만한 점을 발견하게 된다. 이것은 이스라엘 이웃 나라들의 관점과는 매우 다르다. 이 장을 마무리하는 토론에서는 이 차이점이 중요하다.

한 하나님 대 다수의 신. 성경과 고대 근동 종교 문헌의 가장 크고 분명한 차이점은 신의 숫자이다. 창세기는 다수의 신(어떤 제도에서는 수백에 달하기도 한다)을 믿지 않고, 이스라엘 백성에게 신은 오직 한 분이라고 가르친다. 창세기에서는 한 하나님이 궁창과 땅, 하늘과 바다, 땅과 식물, 해와 달과 별, 동물과 사람 등 만물을 창조하신다. 각 창조물이나 영역에 별도의 신이 존재하지 않는다. 신들끼리 경쟁하지도 않는다. 한 하나님이 만물을 주재하신다. 그분이 모든 것을 통제하신다.

하나님은 창조 세계의 일부가 아니라 그 위에 계신다. 창세기 기사에서 또 눈여겨볼 점은, 하나님의 초월성이다. 성경의 하나님은 모든 피조물 이전에 계셨고, 만물을 창조하신 분으로, 만들어진 사물과는 구분된다. 어떤 의미에서 하나님은 자연 질서를 초월하여 그 외부에 있는 '초자연'이시다. 이 말에서 '초자연적'이라는 단어가 파생했다.

우리는 이런 하나님의 특성이 이스라엘 이웃 나라들의 신과 얼마나 다른지 주목해야 한다. 그들에게는 하늘과 달, 태양 등이 곧 신이었다(최소한, 신들은 이런 자연 요소와 불가분의 관계였다). 이집트의 세티 1세(Seti I, 주전 c. 1291~1279 통치)가 지었거나 그를 위해 지은 오시리스 신전 천장에는, 누트(Nut) 여신의 이야기가 새겨져 있다. 누트는 하늘처럼 공중에 펼쳐져 있었다. 공기의 신 슈(Shu)가 누트를 떠받들고 있다. 슈는 땅의 신 게브(Geb) 위에 서 있다. 해와 달과 별을 포함한 다른 신들은 누트의 다양한 부위에서 형성되었다가, 적절한 시간에 다시 돌아갔다. 슈는 누트를 떠받들고 있을 뿐 아니라, 넷에서 여덟 신의 도움을 받아 하늘에 있는 물을 막고 있다.

성경에 계시된 하나님은 다르다. 그분은 태양이나 폭풍 가운데 있지 않고, 창조 세계를 초월하여 다스리신다.

하나님은 시공간에 얽매이지 않고 초월하신다. 시공간을 말할 때 우리는 현대의 과학 개념과 용어를 사용한다. 그러나 이런 개념에 담긴 골자는 이스라엘의 계시에서 나온 이해의 차이를 말로 표현해주는 유효한 방법이기도 하다.

공간이든 시간이든, 만물을 다스리시는 한 분 하나님은 자연 법칙에 종속되지 않으신다. 입에서 나오는 말씀만으로 사물을 구부리고, 매달고, 변형할 수 있는 기적의 하나님이다. 늙은 부부가 아이를 낳고, 의미가 담긴 꿈을 꾸고, 기근을 예측하고, 떨기나무에 불이 붙었는데도 타지 않고, 바다가 갈라지고, 사람들이 구조된다. 이 모두는 창세기 후반부와 출애굽기에 등장하는 내용이다.

이와 대조적으로, 바빌로니아 서사시 〈에누마 엘리쉬〉에 등장하는 압수(Apsu) 주신(主神)은 자신의 소생 에아(Ea)의 주술로 잠에 빠진다. 그는 자는 동안 결박을 당하고, 죽음에 이른다. 성경의 하나님은 이 정도로 유약하지 않다. 그분은 창조 세계에 속하지도 않으시고, 종속당하지도 않으시고, 오히려 창조 세계를 초월하신다. 성경에서 하나님은 자신을 물질 세계와 시간을 초월하는 존재로 계시하신다. 하나님은 시간(아침과 저녁, 첫째 날 등)을 만드셨지, 거기에 얽매이는 분이 아니시다.

하나님은 성적 존재가 아니다. 이스라엘 이웃 나라들은 신의 이미지를 성경에 나오는 독특한 하나님이 아니라, 사람과 비슷한 존재로 생각했다. 이스라엘 이웃 나라들의 문헌에는 신이 만들어진 과정이 나와 있다. 〈에누마 엘리쉬〉에는 압수와 티아마트(Tiamat)가 "둘의 물을 한데 섞어서 신들을 만들었다"라는 내용이 나온다.

히타이트 족 전설에는 신들 사이에 일어나는 추악한 물리적·성적 정복 이야기가 등장하는데, 이는 피조물과의 관계에 영향을 미친다. 〈엘쿠니르사와 아시르투〉(Elkunirsa and Asertu)에는 땅의 창조자 엘(El)과 그의 부인 아시르투가 나온다. 아시르투는 엘 몰래 바알 신을 유혹하려 하지만, 바알이 그녀의 접근을 거부하자 남편에게 자초지종을 고한다. 이렇게 남몰래 음모를 꾸미는 신들의 이야기는 낯 뜨거운 막장 드라마를 방불케 한다. 성경은 다르다. 창세기는 하나님이 그분의 형상대로 사람 곧 "남자와 여자"를 만드셨다고 말한다(창 1:27). 따라서 하나님은 남자도 여자도 아니지만, 양성 모두 하나님의 일부분을 표현한다.

하나님은 한계가 없다. 하나님은 초대형 인간이 아니다. 능력과 추진력, 정서에 제한이 없다. 창세기의 하나님과 이스라엘 동시대 사람들의 신은 이 점에서 다르다.

〈에누마 엘리쉬〉에 나오는 신들과 한번 비교해보자. 어린 신들이 '불쾌한 행위'와 '역겨운 행동'으로 나이 든 신들의 심기를 불편하게 했다. 나이 많은 압수는 어린 신들의 어머니인 아내에게 소리를 질렀다. "아이들 행동이 참으로 역겹소! 낮에도 쉬지 못하고, 밤에도 잘 수가 없구려! 이 아이들을 없애 버리고 싶소. 조용하게 잠 좀 잡시다!"

이렇게 해서 신들은 서로 죽이려는 음모를 꾀하기 시작했고, 평화 협정이 이루어지기까지 한동안 전쟁이 계속되었다. 이야기를 읽어 내려갈수록, 신들의 한계가 더 많이 보인다. 〈에누마 엘리쉬〉에서 승자는 마르두크(Marduk) 신인데, 그도 인간을 만들기로 했다. 이유가 뭘까? 힘든 일이 싫어진 것이다! "신들의 부담을 대신 져서 [신들이] 쉴 수 있도록" 인간을 만들었다.[3]

〈아트라하시스〉에서도 상황은 비슷하다. 거기에는 신들이 인간을 만든 이유가 다음과 같이 적혀 있다.

강제 노역… 수로 파기… 산 쌓기… 밤낮으로 강제 노역을 시켰다. [인간들이] 배수로에서 불평과 비난을 쏟아놓자… [신들이 말한다.] "산파에게 인간을 더 만들게 하자. 인간에게 신이 하던 힘들고 단조로운 일을 맡기자."[4]

신들도 불만이 폭발했다. 어느 히타이트 족 이야기를 보면, 텔리피누(Telipinu)라는 신이 화가 나서 일을 그만두고 풀밭으로 자러 간다. 다음과 같은 사실을 인지하면, 이 일이 사람들에게 어떤 의미였을지 가늠할 수 있다.

히타이트 족 관점에서는, 우주가 운행하려면 모든 신과 인간이 맡은 일을 성실하게 감당해야 했다. 우주 일부분에 문제가 발생하면, 그 부분을 담당한 신이나 여신이 화가 나서 자기 일을 방치했다는 증거였다.[5]

텔리피누가 떠나자, 세상이 무너진다! 가축 사육이 중단되고, 날씨가 엉망진창이 되고, 기근이 심해 곡식이 자라지 않는다. 신들도 배불리 먹지 못할 지경이다. 텔리피누의 아버지 폭풍신은 아들이 어디에 있는지도 모르고, 모신(母神)인 아내의 강경한 요구에도 아들을 찾지 않는다. 그러자 모신은 벌을 보내 아들을 찾는다.

텔리피누를 찾은 벌이 침으로 잠을 깨우자, 그는 더 화가 난다. 그때 (인간과 신) 모두 의기투합하여 텔리피누를 달래고, 세상은 질서를 되찾는다.

이런 문화권에서 성경은 하나님을 창조자로 계시한다. 하나님은 우월한 인간이 아니다. 하나님에게는 인간이 가진 약점이 하나도 없다. 사실 인간도 죄가 세상에 들어오기 전에는 이런 약점이 없었다.

창조는 하나님에게 힘든 일이 아니었다. 하나님이 말씀하시니 세상이 탄생했다. 엿새 후에 안식하셨지만, 일곱째 날에 그분이 피곤하셨다는 암시는 전혀 찾아볼 수 없다. 오히려 안식일의

'쉼'은 창조 활동의 마감을 뜻했다.

'안식일'(Sabbath)이라는 단어는 히브리어 '샤바트'(*shbt*)에서 유래했다. 동사로는 '멈추다'라는 뜻이다. 일곱째 날에 하나님은 모든 일을 끝마치고 멈추신다. 하나님이 창조하신 세상은 그분이 보시기에 매우 좋았다.

이웃 나라 신들은 사람을 만들 때도 엄청난 고역을 치러야 했다. 신을 죽여 피를 얻은 다음 진흙과 섞었다. 어느 신을 죽일지 결정하고 그 일을 실행에 옮기는 것은 간단한 일이 아니었다. 그런데 창세기의 하나님은 말씀으로 만물을 창조하셨다. 아담을 흙으로 빚으셨지만, 신을 죽이는 일은 없었다. 아담에게 생명을 불어넣으셨을 뿐이다.

만물을 다스리는 권위에서도 하나님은 독보적이시다. 모든 성경 말씀은 "태초에 하나님이 천지를 창조하시니라"(창 1:1)라는 선언으로 시작한다. 땅이 혼돈하고 공허할 때, 하나님이 말씀하시니 땅이 생기고 채워졌다. 하나님은 창조 과정에서 서로 싸우지 않고 "~하게 하자"라고 계획을 말씀하시며, 이것이 그대로 이루어진다. 하나님에게는 인간과 같은 한계가 없다.

인류에 대한 자연의 역할. 창세기 창조 기사가 다른 세속 설화와 달리 독특한 점이 있다면, 자연의 창조 과정과 역할이다. 창조 과정은 앞에서 다루었다. 이스라엘의 이웃들에게 천체는 개별 신과 연결되었다. 그러나 창세기에서 자연은 창조 세계에 불과하다. 자연은 하나님의 일부가 아니라, 그분이 모든 자연을 창조하셨다. 뿐만 아니라, 창세기는 피조물의 독특한 역할을 가르친다. 이스라엘 이웃들은, 우주에는 신들이 길들인 자연이 포함되고, 이것이 신의 목적을 위해 쓰인다고 생각했다. 인간을 창조한 이유는 열심히 일을 해서 신들에게 유익을 끼치게 하기 위함이었다. 그러나 창세기 이야기는 오히려 정반대이다.

창세기의 하나님은 사람을 위해 우주를 만드신다. 궁창과 땅, 하늘과 바다를 만드시고 물고기와 새와 동물들을 채워 넣으신다. 각 생명체는 종류대로 더 많이 생산할 것이다. 사람들은 모든 피조물의 청지기가 되어 다스릴 것이고, 피조물은 하나님이 아니라 인간을 섬길 것이다(창 1:26). 하나님은 동물 먹이로 식물을 만드시지만, 결국엔 사람을 먹이기 위한 일이다(창 1:29). 또한 자신을 위해서가 아니라 사람들에게 계절을 주시려고 해와 별을 창조하신다(창 1:14).

인간에 대한 창세기의 가르침. 성경에 나타난 인간과, 인간의 목적과 역할도, 이스라엘 이웃들과는 거리가 있다. 창세기는 두 사람이 전 인류의 조상이라고 분명히 말한다. 다른 창조 설화에서는 신들이 사람을 떼로 창조한다.

창세기와 달리, 수많은 고대 설화는 창조신이 신들의 신체 일부(눈물, 살, 피 등)를 섞어 인간을 만든다. 이것은 인간과 신의 연결 고리를 보여준다. 그러나 창세기에서 그 연결 고리는 하나님이 그분의 형상대로 인간을 창조하면서 주신 호흡(영)이다. 아담과 하와가 창조주와 독특한 관계를 맺는 것은 이 호흡 때문이다.

창세기는 인간이 하나님의 '형상'대로 창조되었다고 말한다(창 1:26-27). 이것은 생김새보다는, 역할과 기능이라는 책임과 정체성과 관련이 있다. 즉, 인간에게는 하나님이 부여하신 책임과 함께 그 과제를 완수하는 데 필요한 능력이 있었다. 여기에는 수많은 함의가 있다.

인간에게는 창조, 생각, 선택, 계획, 완수, 감상, 분별, 진행, 의사소통 능력이 있다. 이런 능력은 하나님이 보유하시고 모든 인류에게 나눠 주신 능력이다. 창세기에서 인간은 하나님을 대신하여 그분의 일을 감당하는 데 필요한, 하나님의 자질들을 부여받는다. 이것은 인간의 가치가 얼마나 대단한지를 보여준다. 우리가 하나님의 형상이라는 데 인간의 가치가 있다. 우리의 진정한 가치는 외모나 두뇌, 사회 지위, 신체적 능력이나 운동 능력에 있지 않다. 전능하신 창조주 하나님의 형상을 가진 자라는 타고난 본성에 그 가치가 있다.

타락의 영향에 대한 창세기의 가르침. 창세기는 하나님이 만드신 것이 "심히 좋았다"(창 1:31)라고 말한다. 하지만 하나님이 창조를 마치시고 인간이 세상을 다스리면서, 그분의 뜻과 본성에 어긋나는 일들을 저지르기 시작했다. 그렇게 아담과 하와는 하나님과 누리던 친밀한 교제를 잃어버리고 그분을 배반하여, 그 결과를 고스란히 떠안고 살게 되었다. 자연이 더 이상 인간을 도와주지 않고 오히려 인간과 맞서 싸우는 세상이 되어버렸다. 창세기에 기록된 대로, 이제 아담은 가시덤불과 엉겅퀴 틈에서 수고해야 먹고살 수 있었고, 출산은 하와에게 단순한 삶의 축복이 아니라, 고통스러운 저주가 되었다.

지금 세상은 하나님이 창조하신 세상과는 딴판이다. 그래서 창세기에 따르면, 우리는 고통과 스트레스 가운데 살면서 본능적으로 이보다 더 나은 세상을 갈망하게 되었다. 우리는 세상의 불의에 항거한다. 인생에는 의미가 있어야 한다고 생각한다(최소한 그러기를 바란다). 지금보다 더 아름답고 나은 상황을 꿈꾸고, 그런 세상을 앞당기기 위해 힘쓴다. 마치 우리가 그 일을 위해 태어나기라도 한 것처럼.

이 모두는 하나님의 존재에 대한 강력한 정황 증거이다. 창세기 이야기는 이런 인간의 경험을 설명해준다. 그것은 우리의 정체성과 존재 이유에 깊이 뿌리내리고 있다.

핵심

어떤 논쟁에서든 가장 중요한 것은 일관성이다. 이 주장에는 내적 일관성이 있는가? 이 입장은 다른 신념들과 비교 평가하여 일관성이 있다고 할 수 있는가? 일관성은 직접 증거에서 중요하지만, 정황 증거를 평가할 때도 중요하다.

내가 A팀을 세계 최고의 축구팀으로 믿는다고 가정해보자. 그런데 A팀의 승패 기록을 살펴보니 사실은 실력이 형편없다면, 내 신념과 현실 사이에 일관성이 없다는 문제가 생긴다. 현실이 신념과 맞지 않을 수도 있고, 현실과 달리 내 신념이 옳을 수도 있지만, 후자일 확률은 낮아 보인다. 현실에 맞춰 내 견해를 수정하는 것이 더 합리적일 듯하다.

인생에서도 마찬가지이다. 마이크와 닉을 비롯한 많은 사람들은 하나님이 없다고 믿는다. 이 세상에서 인간이 가장 중요하며, 그 이상의 존재는 없다고 믿고 싶어 한다. 하지만 현실을 직시해야 한다. 그들은 이런 인식에 일관되게 살고 있는가? 마이크는 어떻게 황금률 무신론자가 될 수 있는가? 그는 결국 도덕성에 진실이 있다고 믿는 셈인데, 이런 신념은 무신론과는 앞뒤가 맞지 않는다.

닉과 마이크를 비롯한 수많은 무신론자와 불가지론자들이 실상은 자신을 초월하는 어떤 근원을 지지하는 개념과 가치관을 고수한다. 사람은 특별하기 때문에 우리는 다른 사람을 먹지 않는다. 이것은 마이크나 닉의 관점이 아니라, 성경적 세계관에서 가능한 일이다.

20세기 옥스퍼드와 케임브리지의 학자 루이스는 젊은 시절에 무신론자였다. 그는 유신론(신을 믿지만 그 신이 반드시 기독교의 하나님일 필요는 없다)을 거쳐 그리스도인이 되었다. 그는 〈신학은 시인가?〉(Is Theology Poetry?)라는 글에서 이렇게 썼다. "나는 태양이 떠오르는 것을 믿듯, 기독교를 믿습니다. 그것을 보기 때문이 아니라, 그것에 의해서 다른 모든 것을 보기 때문입니다."[6] 그의 주장은 매우 설득력 있다. 아무리 열렬한 무신론자나 불가지론자라 하더라도, 가까이에서 지켜보면 그들의 삶이 하나님이 계신 세상과 그분의 가치관을 반영하고 있음을 알 수 있다. 이런 삶과 신념의 부조화는 하나님의 존재를 인정하는 강력한 이유이다. 최소한 이 변호사에게는, 그것이 더 타당하고 가능해 보인다. 하나님이 실제로 계신다는 사실이 내가 날마다 접하는 현실을 더 잘 반영한다.

그렇다면 이 하나님은 과연 어떤 분인가? 그 대답이 3장에
서부터 살펴볼 주제이다!

3장

하나님은 이런 분이 아니다

법정은 불길한 곳이다. 판사가 들어와 재판을 시작하면 모두 기립한다. 검은 법복을 입은 판사의 권위는 막대하다.

재판에서는 판사가 모든 것을 정한다. 법정에 도착해야 할 시간과 끝나는 시간, 말할 수 있는 시간과 들어야 할 시간, 식사 시간과 휴식 시간 등을 말해준다. 판사는 당신의 인생을 편하게 만들 수도, 꽤 난감하게 만들 수도 있다.

변호사들은 판사를 판단한다. 최근에 판사 5백 명이 모인 자리에 강연 요청을 받은 적이 있다. '금메달감 판사'라는 주제로, 좋은 판사와 나쁜 판사의 특징을 분석해달라고 했다.

강연을 준비하면서 과거 경험을 훑어보았다. 30년 넘게 전국 재판정을 누비면서 나름대로 금메달감 판사에 대한 기준을 세울 수 있었다. 훌륭한 판사도 많고, 그중에는 정말 훌륭한 판사도 몇 있었다. 반대로, 그 사람 앞에 다시 서느니 차라리 재판에서 지고 말겠다 싶은 판사도 있었다.

목표는 이 판사들이 내 이야기에 귀를 기울여서 법관의 책임을 다하도록 만드는 것이었다. 그들은 내 이야기를 듣고 스스로 어떤 판사가 될 것인지 결정할 수 있을 것이다. 그들은 내가 예로 든 판사가 누군지는 모르겠지만, 어쨌든 내 경험이 그들에게 영향을 줄 것이다.

하나님에 대한 관점도 늘 직접 경험으로만 형성되지는 않는다. 남에게 듣거나, 책에서 읽기도 하고, 심지어 텔레비전에서 본 내용을 기초로 하나님에 대한 관점을 형성한 사람들도 많다. 시간을 내어 자세히 성경을 읽고, 거기에 계시된 하나님과 그분에 대해 주장하는 내용을 살피는 사람은 소수에 불과하다.

판사들의 기질과 행동에 대해 강의할 때 내 목표는 두 가지였다. 첫째, 바람직하지 못한 판사의 특징이라고 할 수 있는 부정적인 행동과 관점을 제시하고자 했다. 그 다음으로, 긍정적 모범을 제시하여 칭찬과 존경을 받을 만한 특징을 설명하고자 했다.

마찬가지로, 성경의 하나님을 연구할 때도 이런 이중 접근법을 사용하는 것이 중요하다. 특히 너무 많은 사람들이 하나님에 대한 간접 관점을 지닌 상황에서는, 먼저 하나님이 어떤 분이 아니신지를 밝혀야 한다. 이 과정을 통해 우리 뇌에 숨어 있는 하나님에 대한 비성경적 관점(타당성으로 위장하고 있다 하더라도)을 확인하고 제거할 수 있다. 이것이 3장의 목표이다. 그 다음으로 4장과 5장에서는, 성경과 그리스도인의 신앙에서 찾아볼 수 있는 하나님에 대한 가르침을 확인할 것이다.

이 책에서 다른 어떤 개념이 아니라, 기독교의 하나님을 제대로 살펴볼 수 있기를 바란다.

증인 목록

존 버트람 필립스 John Bertram Phillips, 1906~1982 영국 성공회 사제요, 저자이자 성경 번역가였던 그는 하나님과 성경을 당대에 적절한 언어로 옮기길 원했다. 제2차 세계대전 기간에, 대다수 젊은이들이 킹 제임스 성경을 이해하지 못하는 현실을 보며 성경 번역을 결심한 그는 방공호에서 신약 성경을 번역하기 시작했다. 전쟁이 끝나고는 대중이 하나님을 제대로 이해하지 못하는 모습을 목격했다. 핵무기 시대라는 새롭고 막대한 문제 앞에 하나님은 무능해 보였다. 필립스는 《당신의 하나님은 누구인가?》(Your God Is Too Small, 아바서원)라는 책에서 이 문제를 지적했다. 필립스의 성경과 저서는 오늘날에도 널리 읽힌다.

하나님에 대한 성경적 개념과 가르침은, 많은 사람들이 '기독교' 하면 떠올리는 하나님에 대한 관점과는 차이가 있다. 성경은 '하나님을 제대로 알기 위해 알아야 할 것들'이라는 제목으로 별도의 내용을 다루지 않는다. 이야기와 묘사, 대화, 법 선언, 예언자의 선포, 예수 그리스도의 삶으로 하나님을 드러낼 뿐이다. 그 내용은 복잡하기도 하고, 간단하기도 하다. 뿐만 아니라, 성경은 사람이 하나님을 알 수는 있지만, 완전히 알 수는 없다고 가르친다. 아무도 영광 중에 계신 하나님을 온전히 이해할 수 없다. 그러기에 인간은 너무나 부족한 존재이다.

그 결과, 하나님에 대한 이해나 신념은 대부분 건전한 신학보다는 공통 체험에 뿌리를 두고 있는 듯하다. 하나님에 대한 성경 계시보다는 '하나님은 이래야 한다'라는 생각, 즉 하나님에 대한 잘못된 관점이 우리 삶에 손쉽게 파고든다. 이 장에서는 하나님에 대한 이런 잘못된 관점을 몇 가지 살펴보려 한다. 기독교 신앙을 고백하는 사람들 중에서도 이런 관점을 지닌 사람이 적지 않다.

먼저, 필립스를 증인으로 세워 '하나님은 어떤 분이 아닌지'를 살펴보자.

1952년, 영국인 사제 필립스는 《당신의 하나님은 누구인가?》라는 기독교 고전을 출판했다.[1] 이 책은 그리스도인 신자들과 회의주의자 모두를 돕기 위해 쓰였다. 필립스가 책을 쓴 시기는 몹시 혼란스러운 때였다. 끔찍한 세계대전이 막을 내리고, 유대인 대량 학살 시도가 드러난 것이 불과 7년 전 일이었다. 과학의 발달로 세상에는 핵폭탄 두 개가 터졌고, 인류는 핵무기 시대로 접어들었다. 핵폭탄은 모든 국가와 인류 자체를 위협하면서, 전쟁과 무력 충돌의 양상을 완전히 바꿔놓았다.

이런 변화 가운데서, 필립스는 보통 사람의 정신 지평이 "세상의 사건들과 과학적 발견으로 인해 어리둥절한 지점까지 확장된" 것을 발견했다. 많은 사람들이 "현대의 필요를 충족해 줄 만큼 큰 하나님" 없이 살고 있었다.[2] 필립스는 새 시대를 살아가는 사람들이 하나님을 잘 이해할 수 있도록 교육하고, 믿음을 심어주고자 책을 썼다. 우리는 필립스의 증언을 발판 삼아 하나님에 대해 흔히 오해하는 부분들을 정리해보려 한다. 성경적 관점을 살펴보기 전에, 하나님에 대한 부적절하고 비성경적인 이미지들을 확인하고 제거하는 과정이다. 우리는 진짜 하나님을 증언해줄 증인들을 부르기 전에, 하나님이 어떤 분이 아니신지를 증언하는 필립스의 분류를 요즘 상황에 맞게 적절히 수정해서 사용할 것이다.

하나님에 대한 잘못된 관점들

마음속 경찰관. 하나님과 자신의 양심을 그릇되게 동일시하여, 하나님을 경찰관으로 만드는 사람들이 있다. 그들은 하나님이 좋은 선택은 인정해주고, 좋지 않은 선택은 반대하는 내면의 목소리라고 생각한다. 하나님을 내면의 긍정이나 죄책감으로 여긴다. 이런 관점은 여러 면에서 긍정적일 수 있지만, 성경적 관점도, 논리적 관점도 아니다.

인간의 양심은 틀릴 수도 있다는 게 상식이다. 실제로 사람마다 성장 과정이 다르기 때문에, 어떤 사람의 양심에는 거슬리는 문제가 다른 사람의 양심에는 괜찮을 수도 있다. 나만 보더라도, 어떤 사안에 대해서 양심이 변하고, 수정되고, 성장하는 것을 볼 수 있다. 대다수 사람들도 마찬가지일 것이다.

그렇다고 하나님이 변하시거나, 윤리가 달라지는 것일까?

물론 아니다. 이것은 배우고 성숙하는 과정일 뿐이다. 세뇌나 형편없는 교육, 다른 주입식 가르침에 따라서도 양심은 변할 수 있다. 9·11 같은 잔혹한 사건은 왜곡된 양심을 잘 보여주는 예이다. 이 테러리스트들은 자신의 행동이 아무런 문제가 없고, 심지어 거룩하다고 믿었을 것이다. 그러나 그 사건은 한 사람의 비뚤어진 양심이 낳은 참상을 보여주었을 뿐이다.

슈퍼맨 아버지. 사람들은 하나님을 만능 아버지로 믿기도 하는데, 신약 성경에서 하나님이 반복하여 아버지로 등장하기 때문인 듯하다. 신약 성경의 중심은 나사렛 예수이신데, 성경은 그분을 하나님의 유일한 아들로 소개한다. 예수님은 하나님을 "하늘에 계신 아버지"라고 부르셨다. 여기까지만 본다면, 우리는 하나님을 슈퍼맨 아버지 정도로 생각하는 데서 그칠 수도 있다. 그러나 예수님은 하나님을 단순한 슈퍼맨으로 암시하지 않으신다. 우리는 하나님을 초대형 인간으로 생각하지 않도록 조심해야 한다.

예수님은 하나님이 우리를 특별한 방법으로 돌보신다고 말씀하신다. 우리 중에 완벽한 아버지를 둔 사람은 아무도 없다. 그러나 하나님에게는 인간 아버지들이 갖고 있는 단점이 없다. 성경이 하나님을 아버지로 비유하는 것은, 좋은 아버지가 자녀들에게 하듯 하나님이 자기 백성에게 친밀한 사랑과 관심을 갖고 계시다는 사실을 보여주기 위해서이다. 분노하는 아버지, 폭군 같은 아버지, 제멋대로이거나 불공평한 아버지 밑에서 자란 사람들은 하나님을 아버지로 생각할 때 더더욱 주의해야 한다.

자칫 하나님을 두려운 존재로 여겨, 가까이 다가가기도, 예배하기도 힘든 분으로 인식할 수 있기 때문이다. 하나님은 절대로 그런 아버지가 아니다.

하나님을 슈퍼맨 아버지로 생각할 때 주의할 점은 또 있다. 세속 심리학자들 중에는, 그리스도인의 신앙이 부모에게 의존하는 아이로 퇴행하려는 욕구에 뿌리를 두었다고 가르치는 사람들이 있다. 이것은 하나님에 대한 성경적 관점과는 거리가 멀다. 성경의 하나님은 자녀들이 지적·정서적·영적으로 성장하기 원하신다. ('다소의 사울'로도 알려진) 1세기 교회 개척자요 신약 성경 서신서를 다수 기록한 바울은, 영적 어린아이가 먹는 젖이 아니라 어른이 먹는 밥을 먹으라고 독자들에게 촉구했다(고전 3:1-4). 그는 로마 교회에도 마음을 새롭게 함으로 하나님 안에서 더욱 자라가라고 말했다(롬 12:1-2).

예수님이 제자들에게 "어린아이들과 같이 되라"(마 18:1-3)라고 말씀하셨다는 이유로, 이에 반대하는 사람들이 있을지도 모르겠다. 하지만 이 말씀은 미숙함을 권하는 것이 아니다. 예수님은 제자들이 어른들처럼 교만하기보다는, 어린아이처럼 겸손하게 행동하기를 원하셨다. 어른들의 가식과 타협과 냉소를 거부하기를 원하신 것일 뿐, 결코 영적 기저귀를 차고 뛰어놀라는 말씀이 아니었다.

근엄한 노인. 어떤 사람들은 하나님을, 하늘의 흔들의자에 앉아 땅에서 벌어지는 사건들을 지켜보고 있다가 가끔씩 인생사에 간섭하는 존재로 생각하기도 한다. 심지어 하나님이 사람들에게 간섭하시는 것은 이미 오래전에 끝난 일이라고 생각하는 사람도 있다. 그런 사람들은 무의식중에 마치 하나님이 젊은 시절에는 더 열정적이기라도 하셨던 것처럼 생각한다. 어쩌면 우리가 성장하면서 우리보다 연장자들이 나이 드는 모습을 지켜본 것이 이런 생각에 영향을 미쳤는지도 모른다. 그래서 최고의 존재인 하나님도 하늘에 계신 나이 지긋한 신사라고 여기는 것이다. 이런 관점은 하나님을 그저 나이 든 존재로만이 아니라, 구식으로 보기 때문에 문제가 된다. 사람들은 이런 구식 하나님이 현재나 미래의 복잡한 상황을 흡족하게 운영하기에는 힘도, 감각도 달린다고 생각한다.

그러나 이런 관점을 앞세울 때 터져 나오는 부조리한 문제는 불 보듯 뻔하다. 다니엘은 하나님을 "옛적부터 항상 계신 이"라고 부르지만, 이 말을 하나님이 시대에 뒤떨어졌다는 뜻으로 해석해서는 안 된다. 성경은 하나님이 역사의 하나님, 곧 핵무기 시대와 다가올 시대에도 여전히 하나님이심을 보여준다. 오히려 그분은 현대를 구시대로 만드는 분이다.

포스. 1977년 영화 〈스타 워즈〉가 극장가를 강타하면서 '포스'라는 개념이 대중문화에 처음 소개되었다. 포스란 우주의 운행을 꿰뚫는 신 같은 능력을 가리키는데, 특별히 거기에 맞춰진 사람들을 통해 일반적으로는 불가능한 임무를 해낸다. 첫 번째 영화에서 포스는 모든 살아 있는 것이 만들어내는 에너지 장으로 등장했다. 이 장이 모든 사람을 둘러싸고, 은하계를 붙잡고 있다. 살아 있는 포스에는 어두운 면과 밝은 면이 모두 존재하는

데, 사람들은 선과 악의 싸움을 싸우면서 포스의 양면을 다 활용한다. 후속편에서도 사제들의 수도회와 함께 포스의 개념은 계속 발전했다.

포스라는 개념은 조지 루카스(George Lucas)가 만든 것이 아니라, 로만 크로이터(Roman Kriotor)의 머리에서 나왔다. 그는 루카스가 많이 연구했다고 알려진 한 초기 영화의 촬영 기사이다. "많은 사람들이 자연을 묵상하고, 다른 생명체와 의사소통하면서, 어떤 힘(force)을 인식하게 된다고 느낀다. 우리 눈앞에 보이는 분명한 가면 뒤에 있는 무언가인데, 사람들은 그것을 신이라고 부른다."[3]

루카스는 이 개념에 포스라는 이름을 붙이고, 한 인터뷰에서 이렇게 덧붙였다. "이 '라이프 포스'를 표현하기 위해, 지난 1만 3천 년 동안 수많은 사람들이 이와 비슷한 문구를 광범위하게 사용해왔다."[4]

그러나 포스는 성경이 말하는 하나님에 대한 관점은 아니다. 성경의 하나님은 생명의 창조자로 다른 모든 것과 구별되는 존재이지, 피조물을 반영하거나 흡수한 존재는 아니다. 성경의 하나님은 우주와 그 안에 있는 어떤 생명체와도 완전히 별개로 존재하신다. 신학자들은 하나님이 물질과 자연 질서를 초월하신다는 의미에서, 이런 특성을 가리켜 하나님의 '초월성'이라고 한다. 이 책의 후반부에서는 인격성과 초월성을 동시에 지닌 하나님이 과연 말이 되는지를 함께 살펴볼 것이다.

여러 길이 있는 하나님. 피신 몰리토 파텔(Piscine Molitor Patel)

은 영화와 책을 통해 큰 인기를 끌었다. 인도 폰디체리 출신인 이 소년의 별명은 파이이다. 〈라이프 오브 파이〉에서 파이는 힌두교인으로 자랐지만, 기독교와 이슬람교도 공부했다. 그는 열네 살 때 세 종교를 다 받아들이기로 결심했다. 파이가 보기에는 각 종교마다 나름의 장점이 있어서, 모두 신을 찾는 여정에 도움이 될 것이라고 여겼기 때문이다.

오늘날 많은 사람들이 성경의 하나님을 인생에서 의미와 신성을 찾을 수 있는 여러 선택지의 하나로 여긴다. 이것은 과연 성경의 하나님을 제대로 해석한 것일까? 여러 갈래의 갈림길은 우리를 의미와 목적뿐 아니라, 그 배후의 진리로 인도해주는가? 성경은 하나님에게 가는 길이 여럿이라는 생각을 부인하는 특수성을 강력하게 주장한다. 하나님은 십계명의 첫 계명에서 "나는… 네 하나님 여호와니라. 너는 나 외에는 다른 신들을 네게 두지 말라. … 그것들에게 절하지 말며 그것들을 섬기지 말라. 나 네 하나님 여호와는 질투하는 하나님"(출 20:2-3, 5)이라고 말씀하신다. 이 주장의 타당성은 나중에 살펴볼 것이다.

엄격한 완벽주의자. 성경은 하나님이 완벽한 분이라고 분명히 가르친다. 그러나 엄격한 완벽주의자라는 말은 하나님이 자녀들에게 완벽함을 요구하신다고 믿는 경우를 말한다. 성경의 가르침은 이와 반대이다. 하나님은 사람들이 죄에 빠져 있을 때에도 그 지극한 사랑을 표현하셨다.

우리가 완벽한 사람이 되어야 한다고 생각할 때는 자신이 상태가 좋지 않은 것이다. 그렇게 생각하면 죄책감과 비탄에 빠지거나, 완벽이라는 기준을 낮춰서 우리가 이미 거기에 도달했다고 착각하게 된다. 죄책감에 빠지든 교만에 빠지든, 파괴적이기는 마찬가지이다. 이런 관점에서는, 비록 이생에서는 완벽함에 도달하지 못한다 하더라도, 하나님이 자녀들을 온전하게 하시려고 일하고 계신다는 사실을 알 수 없다.

편안한 도피처. 도피처 하나님이란, 종교적 신앙을 심리적 현실 도피로 삼는 것이다. 이런 관점에서 하나님은 인생의 폭풍우와 스트레스를 피할 수 있는 도피처를 제공하는 분이다. 다른 관점들과 마찬가지로 이것도 완전히 틀린 말은 아니지만, 성경이 말하는 하나님을 온전히 보여주지는 못한다. 안타깝게도, 이런 관점에 빠진 사람들은 정서적으로 미성숙한 상태와 퇴행을 벗어나지 못한다.

> 무의식적으로나마 부모의 대리자를 찾는 사람들은 얼마든지 그와 같은 편리하고 편안한 신을 상상해낼 수 있다. 그 대리자를 '예수'라고 부르고, 심지어는 그분에 관한 괜찮은 찬송가를 지을 수도 있지만, 그분은 결코 사복음서의 예수님이 아니다. 왜냐하면 진짜 예수님은 그처럼 감상적으로 그분의 품에 안기는 것을 말리셨을 터이고, 종종 사람들에게 밖으로 나가서 아주 힘든 일을 하라고 말씀하셨기 때문이다.[5]

성숙한 신자는 힘들 때 하나님을 피난처로 삼는다. 하지만 폭풍이 지나갈 때까지 피난처에 숨어 지내지 않는다. 오히려 하나님에게서 힘을 얻어, 괴로운 세상 속으로 들어가, 그분이 주신 능력과 지혜로 폭풍우와 어려움에 맞서 싸운다.

성경은 이 땅이 스트레스와 고통과 어려움이 많은 타락한 세상이라고 가르친다. 하나님은 자기 백성을 이 세상에서 데려가지 않으시고, 그분이 주시는 힘으로 안전하고 당당하게 이곳에서 살아가게 하신다.

행운. 하나님을 행운을 가져다주는 분으로 생각하는 사람들도 있다. 때로 '번영 복음'과도 연결되는 이 관점은 사람들이 열심히 신앙생활을 하면(대개 이런 말을 하는 개인이나 단체는 헌금을 하라고 가르친다) 하나님이 그 사람의 재정적·사회적·신체적 번영을 보장해주신다고 가르친다. 소위 '믿음을 증명하는 행위'가 천국의 보물을 여는 열쇠이다.

이런 관점은 하나님을 온전히 드러내는 성경적 관점이 아니다. 하나님이 신실한 사람들에게 복과 번영을 주시는 때도 분명히 있다. 그러나 헌신된 제자들에게 극심한 환난이나 순교가 찾아올 때도 있다. 더군다나, 성경에 나오는 사람들 중에는 남에게 돈으로 믿음을 증명하라고 해서 부자가 된 사람이 아무도 없다.

우리 집단의 하나님. 우리 집단의 하나님은 자기 집단이나 교파가 하나님을 꼭 잡고 있다고 생각하는 교회 사람들에게서 흔히 찾아볼 수 있다. 이 사람들은 교인의 소속감을 이런 식으로 표현하곤 한다. "우리가 만든 문으로 들어오거나 서명란에 사인을 하면, 하나님을 소개해주겠소. 그렇게 하지 않으면, 당신은 하나님을 만날 수 없습니다."[6] 하나님에 대한 이런 잘못된 인식은 신자와 지역 교회, 교회를 주목하고 있는 외부인들에게 치명적 영향을 미친다. 신자들은 하나님이 세부 조항에, 즉 사람들이 성경에 나타난 사랑과 정의보다는 그분의 규칙을 이해하는지에 좀 더 관심이 있으시다고 생각하기 시작한다. 물론, 교회 밖 사람들은 이런 태도를 알아차리고 그런 하나님에게서 도망치려 할 것이다.

멀찍이 있는 감독관. 많은 사람들이, 스스로는 고상하다고 생각할지 모르나 실상은 꽤나 비성경적인 하나님에 대한 관점을 가지고 있다. 이 관점은 광대한 우주 너머에 계신 하나님이 70억 지구 인구의 고생과 어려움에 관심이 있으실 리 없다는 생각을 불어넣는다. "하나님은 x나 y, z 같은 사소한 일보다 신경 써야 할 중요한 일이 훨씬 더 많으셔."

물론, 이것은 하나님이 그런 사소한 일에 신경 쓰실 능력이 없다는 증거가 되지 못한다. 그저 우리가 그렇게 생각하지 못할 뿐이다. 이 사람은 우리가 아는 사람들의 모습에 하나님을 끼워 맞추고 있다. 하나님에 대한 이런 관점은 너무 제한적이라서, 성경적 관점과는 확실히 거리가 멀다.

간접 하나님. 많은 사람들이 자신이 보고 읽은 내용에 비추어 합리적이라고 생각하는 내용(예를 들면, 자기 생각에 공평하고, 옳고, 좋고, 진실에 가까운 내용)에 근거해 하나님에 대한 관점을 형성한다. 이런 간접 관점은 성경이 계시하는 하나님보다는 다른 사람들에게 들은(그렇게 인식하든 못 하든) 정보에 기초한다. 하나님에 대한 이런 정보는 자신의 관찰과 지식이나 마찬가지이지만, 자칫 속아 넘어가기 쉬운 한계가 있다. 이런 정보는 그것을 우리에게 전해주는 세상과 사람들이 하나님과 인간의 삶을 정확히 해석했다고 전제한다. 물론, 합리적인 사람이라면 편견과 감상과 잘못된 생각을 갖지 않은 사람은 없다는 걸 안다. 그렇다면 하나님에 대한 간접 관점에도 동일한 한계와 오류가 있을 수 있다.

텔레비전이나 영화, 소설을 통해 형성된 하나님에 대한 관점이 어떻게 왜곡될 수 있는지 한번 생각해보자. 이런 것들이 하나님에 대한 간접 관점을 가진 사람들에게 영향을 미치는 방법은 최소한 세 가지이다. 첫째는, 하나님과 종교 문제를 무시하는 작가들의 영향이다. 이들은 억센 등장인물과 긴박감 넘치는 줄거리로 인생을 묘사한다. 모든 문제를 품위 있고 우아하게 해결하는 멋진 사람도 등장하고, 죄책감이나 개선 의지는 눈곱만큼도 없으면서 성욕과 탐욕과 잔인함을 흘리고 다니는 악한도 등장한다. 이들은 하나님이나 심판, 보상 등은 입에 올리지도 않고 살아간다. 이런 관점은 하나님이 있더라도 우리 인생에는 관여하지 않으신다는 생각을 심어준다.

미디어가 하나님에 대한 간접 관점을 전달하는 둘째 방법은 종교와 그리스도인, 교회를 의도적으로 왜곡하는 것이다. 목회자는 하나같이 부패에 빠져 있고 신자들을 위선자 아니면 멍청이로 그리는 모습은 책이나 방송 프로그램, 영화에서 흔히 볼 수 있다. 이런 묘사는, 기독교 신앙은 멍청하거나, 잘해봤자 위선적이고, 최악의 경우 기만적이라는 관점을 낳는다.

셋째, 신앙을 우연의 결과로 묘사하는 책과 영화와 방송 프로그램은 하나님에 대한 관점을 왜곡할 수 있다. 저자는 작품에서 하나님 같은 역할이기 때문에, 때로는 신비롭거나, 말도 안 되거나, 불의한 상황을 조작할 수도 있다. 그렇게 되면 관중은 인생이 하나님의 손에 있다고 생각하기보다는, 인생을 단순한 운명의 장난으로 보게 될 수 있다.

개인적인 불만. 어떤 사람들은 하나님에게 실망한다. 기도 응답을 받지 못했든, 부당한 어려움으로 고통받고 있든, 한때는 신뢰했던 하나님이 실망을 안겨줬다는 생각이 '개인적인 불만'이라는 이미지 이면에 자리하고 있다. 필립스는 이 사람들이 "마치 잘 운영되고 있는 유치원처럼 권선징악의 세상을 바라고 있다"[7]라는 점에 주목했다. 이것은 하나님에 대한 잘못된 관점 중에서도 '1급'에 해당한다.

불의와 씨름하는 문제는 성경만큼이나 오래된 문제이다. 성경에는 욥이라는 인물이 겪은 체험을 고스란히 담은 책이 있다. 그는 특별한 이유도 없이 재산과 자녀를 포함한 대부분의 소유를 빼앗겼다. 아내와 친구들은 그 이유가 될 수 있는 것이 두 가지밖에 없다고 말했다. 욥이 잘못을 저질렀든지(은밀히 지은 죄에 대한 당연한 벌), 하나님이 불공평하신 분이든지, 둘 중 하나라는 것이다. 어느 경우든 사람들은 욥에게 하나님을 저주하고 죽으라고 재촉했지만, 그는 그들의 말을 거부했다.

욥은 부당한 상황을 버티면서 하나님을 저주하지 않았다. 도중에 하나님에게 도전한 적도 있었다. 그러나 하나님은 하나님이고, 그분의 길은 인간의 길과 다르다. 인간의 역할은 그분의 뜻을 예단하지 않는 것이다. 하나님은 욥의 도전에 응답하셨고, 그 응답은 효과가 있었다. 욥은 뉘우치고 고백했으며, 그의 이야기는 해피 엔딩으로 끝난다. 그런데 만약 욥이 하나님에게 원망을 품었으면 어떻게 됐을까? 그의 지혜와 신앙이 성장하지 않고, 오히려 교만하고 오만해서 자기 눈에 빤히 보이는 불의를 처리하지 못했다면 어땠을까?

하나님을 원망하는 사람이 어떻게 하나님을 예배하거나 섬길 수 있을까? 하나님을 원망하는 사람들은 비성경적인 관점을 가졌다. 설상가상으로, 하나님이 직접 주시진 않았다 하더라도 그분이 허락하신 상처나 고통 때문에 하나님에게 등을 돌리고 더 나아가 믿음을 저버리는 사람들도 적지 않다. 이들은 모두 하나님이 어떤 분인지 제대로 알지 못해서 그분의 존재를 거부하는 사람들이다.

이런 관점은 하나님이 일하시는 방법을 설명하지 못한다. 물론, 자기 계획에 하나님을 소품으로 이용하려는 사람은 다 실망하기 마련이다. 수 세기 동안 수많은 사람들이 창조자를 내팽개치고 자신의 만족을 택했고, 이런 이기심은 온 세상에 만연해 있다. 하나님은 지금 당장 분노를 쏟아붓지 않으시고, 그분에게 인간의 자유 의지를 침해하지 않는다는 계획이 있음을 확인해주신다. 커튼이 걷히면, 온전한 정의가 임할 것이다. 사람에게 선택권이 있어 하나님의 뜻을 왜곡할 수 있고, 악한 방법으로 죄를 추진할 수 있는 세상 가운데에서도, 성경은 하나님이 여전히 그분의 뜻을 펼치고 계심을 확인해준다.

찬물 끼얹는 자. 하나님을 활력과 용기를 주기보다는, 금지 사항만 잔뜩 나열하는 부정적인 세력이라고 여기는 사람들도 있다. 이들에게 신앙은 무미건조하고 지루할 뿐이다. 그리스도인들은 생기발랄하거나 원기 왕성하지 않고, 어딘가 위축되어 창백하고 약한 모습이다.

유명한 반기독교 저자요 학자인 바트 어만(Bart Ehrman)은 "근본주의 기독교의 척박한 수용소"라고 일컫은 체험을 기록했다. 그가 다니던 기독교 대학에서는 흡연과 음주, 영화 관람, 카드 게임과 춤을 금지했다고 한다.[8] 예수님을 찬물 끼얹는 자로 보는 관점은 성경의 하나님과는 180도 반대이고, 그런 행위를 피하는 것은 거룩한 개인이라는 인상을 줄 수 있으나, 그것은 성경이 말하는 거룩함을 착각한 것이다. 역사상 가장 거룩한 인간은 예수님인데, 그분의 삶은 그와 같지 않았다. 그분은 찬물을 끼얹는 것과는 정반대인 사람들과 어울리셔서, 오히려 '거룩한 사람들'에게서 손가락질을 받으셨다. 예수님은 자신의 사역과 금욕적인 세례 요한의 사역에 대한 대중의 인식을 흥미롭게 대조하여 말씀하셨다. "요한이 와서 먹지도 않고 마시지도 아니하매, 그들이 말하기를 귀신이 들렸다 하더니, 인자는 와서 먹고 마시매, 말하기를 보라 먹기를 탐하고 포도주를 즐기는 사람이요, 세리와 죄인의 친구로다 하니, 지혜는 그 행한 일로 인하여 옳다 함을 얻느니라"(마 11:18-19).

이와 비슷하게, 가수 빌리 조엘(Billy Joel)은 자신의 노래 〈착한 사람들만 일찍 죽어〉(Only the Good Die Young)에서 버지니아가 기독교 신앙을 떠나 그의 관점을 받아들이도록 설득하려고 이렇게 노래한다.

> 사람들은 기다리는 사람에게 천국이 있다고 말하지.
> 어떤 사람들은 천국이 더 좋다지만, 나는 아니야.
> 성자들과 우느니, 차라리 죄인들과 웃겠어.

신앙생활은 지루하고, 죄를 짓는 게 더 재미있다는 것이 그의 생각이다.

하나님에 대한 이런 관점은 옳지 않다. 하나님과 함께하는 삶은 세상이 주는 기쁨을 뛰어넘는다. 예수님은 우리가 무미건조한 삶이 아니라 풍성한 삶을 살게 해주려고 오셨다(요 10:10). 바울은 성령 충만한 삶이 얼마나 좋은지, 세상은 술 취함으로 그 즐거움을 흉내 낼 뿐이라고 말한다(엡 5:18). 바울은 성령의 열매를 나열하면서, 사랑 다음으로 두 번째에 기쁨을 언급한다.

그렇다고 우리 삶에 비극이나, 고통이나, 어려움이 없다는 뜻이 아니다. 믿는 사람이나 믿지 않는 사람이나 살면서 똑같이 어려움을 겪는다. 그러나 성경의 하나님은 그분을 따르는 사람들에게 인생의 어려움을 뚫고 나갈 수 있는 수단을 공급하신다. 하나님은 아무것도, 심지어 어떤 사람에게는 끔찍한 비극 같은 일조차도 헛되이 낭비하지 않으신다. 망가진 사람들을 회복하셔서 그분이 쓰시기에 더 합당하게 만드신다. 이렇게 회복된 사람들은 기쁨과 활력이 넘쳐서 더욱 온전한 삶을 살 수 있다.

유령의 집 거울. 어떤 사람들은 하나님을 우리 자신의 생각과 가치관, 감정을 확대한 대상으로 여긴다. 마치 유령의 집 거울에 비친 것처럼 왜곡된 자기 모습으로 생각하는 것이다. 심리학자들은 사람들 사이에 이런 일이 생기는 것을 '투사'라고 하는데, 하나님과 사람 사이에도 이런 현상이 생길 수 있다. 우리는 개인과 사회 차원에서 이런 성향에 맞서 싸워야 한다. 예를 들어, 가혹하고 금욕적인 사회는 가혹하고 금욕적인 하나님을 가르친다. 한가롭고 느긋한 사회에서는 하나님을 산타클로스처럼 보는 경향이 있다.

스스로를 투사한 하나님에 대한 관점이 옳을 수도 있지만, 실제로는 하나님이 아니라 자기 자신을 예배하는 셈이다. 자존감에는 도움이 될지 몰라도, 자아에 문제가 생길 때마다 하나님에 대한 관점에도 문제가 생긴다. 하나님의 자기 계시를 제외한 그분에 대한 모든 이미지는 우상이라는 것이 성경의 원리이다. 우리는 하나님에게서 하나님을 배워야지, 하나님이 이런 분이어야 한다는 생각으로 그분을 재단해서는 안 된다.

엘리트를 위한 하나님. 우리에게는 사람들을 분류하는 성향이 있다. 교회에 이런 성향이 침투하면, 하나님도 특별히 좋아하는 사람이 따로 있다는 관점을 낳는다. 어떤 사람들은 하나님이 영성이 뛰어난 사람들을 특별히 사랑하신다고 생각한다. 하지만 신비롭거나 유달리 거룩한 사람들을 따로 구분하면, 모든 인간을 동등한 형제자매로 창조하신 성경의 하나님을 놓치게 된다. 신비로운 환상을 보는 특별 계층을 만드는 것은 하나님의 목적과 거리가 멀다. 오히려 그분의 목적은 각자가 한 인간으로 열매를 맺으며 기쁘게 성장하는 것이다.

계약 파트너. 하나님을 계약 파트너로, 종교를 계약으로 보는 사람들도 있다. 사람들이 일정한 규칙에 순종하는 한, 하나님은 그 사람들을 돌봐주신다는 것이다. 이런 관점은 하나님과 인생을 무미건조한 공식으로 만들어버린다. 내가 이렇게 저렇게 하면, 하나님이 이렇게 해주신다는 식이다. 내 쪽에서 뭔가 어긋나면, 하나님도 그에 합당하게 행동을 수정하실 것이다.

이것은 성경의 하나님을 온전히 드러내는 관점이 아니다. 하나님은 이스라엘과 '언약'(계약과 약간은 비슷하지만 성격이 다르다)을 맺으셨지만, 구약 성경에 나타난 하나님이 하나님의 전부는 아니다. 성경은 예수님이 인간의 몸을 입고 오신 하나님이라고 말한다. 예수님은 구약 성경에서는 쉽게 찾아보기 힘든 하나님의 측면을 보여주신다. 성경은 하나님이 변하셨다고 말하지 않고, 그분이 더욱 온전히 드러나셨다고 말한다.

비인격적 하나님. 흔히 '계몽되었다'고 간주하는 좀 더 현대적인 관점은 하나님을 '최고 가치들의 총합'으로 보아 비인격화한다. 하나님은 극도로 높은 미덕과 가치들이다. 무엇이든 고상하고 옳은 것은 하나님이다.

성경은 하나님의 성품이 도덕적이고 윤리적이라고 확실히 가르친다. 그분은 완벽하고 흠이 없다. 하지만 그것만으로는 부족하다. 인격적인 하나님은 인간과 관계를 맺기 원하신다. 하나님을 일련의 가치로 제한하면, 이는 그분을 축소하는 것이다. 이런 관점은 하나님을 최고로 존경하는 것처럼 보이지만, 실상은 관계에서만 찾아볼 수 있는 진정한 사랑과 존중을 없애버리는 것이다.

요약

하나님에 대한 성경적 가르침으로 칠판을 채울 수 있도록, 이번 장에서는 먼저 칠판을 깨끗이 지우는 작업을 했다. 이 작업은 이후의 재판 과정은 물론, 4장에서 살펴볼 당면한 목적에도 쓸모가 있다.

4장

하나님은 누구인가1

해리는 5미터 높이에서 주차장 아스팔트에 거꾸로 떨어졌다. 목격자들은 그가 보도에서 튕겨나가는 모습을 보았다고 했다. 몸 여기저기 뼈가 부러졌고, 외상성 뇌 손상을 입었다. 그는 머리 부상 때문에 혼란을 느끼고, 감정을 처리하기 힘들 뿐 아니라, 기억 상실 징후까지 보였다. 해리는 입원 중이라 재판에 참석할 수 없었다. 변호사석에는 아내 수전이 나와 함께 앉아 있었다.

해리 부부는 법원의 명령으로, 사고 이후 1년쯤부터 16개월간 별거 중이었다. 아내가 자기 돈을 노린다고 확신하는 해리 때문이었다. 사실 그는 빈털터리였고 뇌 손상으로 인해 그런 현상이 나타나는 것이었지만, 배심원단은 그 사실을 알 리 없었다. 상대 변호사는 수전이 돈을 노리고 재판을 진행 중이라는 점을 강조했다. 법에 따르면, 수전은 남편의 뇌 손상이 그녀 인생과 결혼 생활에 미치는 영향 때문에 보상을 받을 권리가 있었다.

물론, 수전의 동기는 전혀 달랐다. 내가 할 일은 배심원단에게 수전의 진심을 알리는 것이었다. 그러면 배심원단은 진실에 더 근접할 수 있을 것이다. "재판장님, 수전 존슨을 증인으로 신청합니다."

수전은 선서를 하고 자리에 앉았다. 신문은 두 시간 정도 걸렸지만, 핵심 질문과 답변은 2분이면 충분했다.

질문: 수전, 배심원단에게 바라는 게 뭡니까? 어느 정도 금액을 요구할 생각인가요?

답변: 변호사님, 저는 동전 한 푼도 바라지 않습니다. 존경하는 배심원 여러분, 혹시라도 제가 받을 돈이 있다면 모두 신탁 기금에 넣어서 판사님의 감독 아래 남편을 돌보는 비용으로 전액 사용해주시길 바랍니다.

질문: 진심입니까?

답변: 물론입니다.

수전은 눈물을 흘리면서 이렇게 덧붙였다. "남편은 돈이 없습니다. 무일푼이에요. 그런데 남편이 제 간호를 받으려 하지 않습니다. 결혼식 때 서약했어요. 아플 때나 건강할 때나 죽음이 우리를 갈라놓을 때까지 함께하기로요. 남편이 이렇게 간호를 거부하니, [배심원들을 보면서] 제가 남편을 간호할 수 있도록 여러분이 도와주셨으면 합니다. 제 돈은 남편에게 모두 주세요."

수전은 진심이었고, 배심원들도 그걸 알았다. 이제 배심원단은 수전이 어떤 사람인지 알았고, 그것은 전혀 다른 결과를 가져왔다.

나는 변호사로서, 성경의 하나님을 제대로 검토하여 그분을 알고, 그 내용을 사람들에게 설명해주고 싶다. 많은 사람들이 신(심지어 하나님)이 있다는 것은 인정할 용의가 있는 듯하다. 그런데 이 사람들이 광활한 우주 가운데 있는 세상을 마주할 때면 문제가 생긴다. 그렇게 넓은 우주에서 하나님은 알 수 없는 존재이거나, 미미한 인간에게는 별로 신경 쓰지 않는 분이라고 여기고, 그분을 놓쳐버리는 것이다.

이 장에서는 이런 관점들이 존재하는 이유와 광대한 우주 가운데 존재하시는 하나님에 대한 성경적 관점을 검토해보려 한다. 이렇게 해서 우리는 진리와 인생에 대해 더 좋은 결정을 내릴 수 있다. 먼저, 증인을 몇 명 부르려고 한다.

증인 목록

앨런 배들리 Alan Baddeley, 1934~ 영국의 심리학자이자 요크 대학교 심리학과 교수이다. 특히 기억과 관련하여 마음이 어떻게 작동하는지를 연구한 권위자요 저자이다.

시편 저자 구약 성경 시편을 지은 무명의 저자이다. 다수의 시편에 이스라엘 제2대 왕 다윗의 이름인 〈다윗의 시편〉이라는 제목이 붙어 있어서, 다윗이 그 시들을 썼다고 생각하기 쉽다. 그러나 그중에는 다윗이 직접 쓴 시도 있지만, 모든 작품을 그가 직접 쓴 것은 아닐 수도 있다. 〈다윗의 시편〉이라는 표현에는 다윗 왕에게 바치거나 다윗에게 영감을 얻은 작품이라는 뜻도 담겨 있기 때문이다.

하늘 여기에서 하늘은 단순히 밤에 육안으로 보이는 공간뿐 아니라, 최신 천문학이 측정하고 이해한 우주의 깊이를 가리킨다. 에릭 치아손(Eric Chiasson)과 스티브 맥밀란(Steve McMillan)이 쓴 《오늘의 천문학》(*Astronomy Today*)을 참고했다. 박사 학위 소지자인 두 사람 중 치아손은 하버드 대학교 출신으로, 현재는 터프츠 대학교에서 가르치는 천체 물리학자이다. 맥밀란은 하버드 대학교에서 천문학을 공부하고, 현재는 드렉셀 대학교에서 가르치고 있다.

바울 Paul, 사울 사울은 그리스도인을 고발하는 검사(와 박해자) 같은 사람이었다. 다메섹으로 가는 길에 승천하신 그리스도를 만나 그리스도인이 되고, 바울로 이름이 바뀌었다. 개인적으로 배우고 성장하는 기간을 거쳐, 그는 과거 자신이 없애려 했던 그 신앙을 따라, 남은 삶을 선교지에서 보냈다. 그가 교회에 보낸 여러 서신들이 오늘날 신약 성경에 수록되어 있는데, 이 장에서 그중 일부를 소개하려 한다.

알베르트 아인슈타인 Albert Einstein, 1879~1955 독일 출신 이론 물리학자이다. 걸출한 물리학자인 그의 이름은 '천재'라는 말과 동의어가 되었다. 1921년에 노벨 물리학상을 받았고, 역사상 가장 유명한 공식인 $E=Mc^2$를 만들었다. 1933년에 히틀러가 권력을 잡자 미국으로 망명하여, 죽을 때까지 프린스턴 대학교에서 연구에 몰두했다.

존 폴킹혼 Sir John Polkinghorne, 1930~ 1968년부터 1979년까지 케임브리지 대학교 수리 물리학 교수였다가, 신학 공부를 위해 교수직에서 물러났다. 1982

년부터 현재까지 영국 성공회 사제로 일하고 있다. 케임브리지 대학교 퀸스 칼리지 학장을 역임했고(1988~1996), 1997년에 기사 작위를 받았다. 물리학 과 종교 분야의 저술을 다수 발표했다.

신경 과학과 인간의 마음

그리스도인들 중에도 하나님을 정확히 알지 못하는 사람들 이 있다. 많은 그리스도인들이 하나님을 '전능'(모든 능력이 있으심), '편재'(어느 곳에나 계심), '전지'(모든 것을 아심) 같은 신학 용어로 묘 사한다. 일부 신학자들도 하나님을, '초월'하시면서도(우주나 자연 질서의 한계를 넘어서심) '내재'하시는(우주와 자연 질서 가운데 존재하심) 분으로 묘사하곤 한다. 이런 거창한 단어들은 21세기 현대인이 알아들을 만한 심오한 진리를 담고 있지만, 현실에 늘 반영된다 고 보기는 힘들다. 뭔가 경건하고 인상적이기는 하지만, 우리 삶 이 이런 단어들을 일상적 의미로 수용한다고 볼 수 있을까?

인간의 마음은 희한하다. 《미국심리학회지》(*American Journal of Psychology*)가 전공자와 비전공자 모두에게 유용하다고 극찬한 책 인 《당신의 기억》(*Your Memory*, 예담)에서, 앨런 배들리는 인간의 마음이 사건과 개념에 대한 기억을 저장하는 방식을 설명한다. 우리 마음은 이런 기억들을 나중에 다시 꺼낼 수 있도록 다른 유 사한 사건이나 개념과 연관 짓거나 거기에 고정한다.[1]

신경 과학은 우리가 뇌에서 사고 유형을 형성하며, 그 유형 에 따라 새로운 내용을 해석하는 성향이 있다고 가르쳐준다. 그

롯에 아이스크림이 한 숟가락 담겨 있다고 상상해보라. 아이스크림 위에 뜨거운 물을 부으면, 아이스크림에 자그마한 물길이 생길 것이다. 이 자국을 우리 머릿속 사고 유형과 사고방식이라고 생각해보자. 이때 새로운 개념이나 정보를 얻으면, 이 아이스크림 위에 또 물을 끼얹는 것과 같다. 물의 일부는 이미 형성된 물길을 따라 흐르겠지만, 또 다른 일부는 새로운 물길을 만들거나 기존 물길을 더 깊이 팔 것이다.

뇌도 마찬가지이다. 마음속에 이미 있는 사고방식에 모든 것을 입력하는 것이 인간의 성향이다. 우리는 날마다 이미 가지고 있는 관점으로 세상을 본다. 그러나 살면서 더 큰 경험을 만나 성장하고, 이를 통해 새로운 길을 만들거나 이미 있는 길을 더 깊이 파서 확장한다.

개인적인 예를 한 가지 들어보겠다. 1976년에 나는 텍사스 주 러벅('대평원의 중심!'이라는 별명이 있다) 16번가에 살았다. 그해 5월 29일, 사울 스타인버그(Saul Steinberg)가 그린 〈9번가에서 바라본 세계〉라는 만화가 《뉴요커》(The New Yorker) 표지에 실렸다. 그의 작품은 평범한 9번가 주민이 본 세상을 묘사했는데, 맨해튼 9번가와 10번가가 표지의 절반을 차지한다. 그 위로 허드슨 강을 표시하는 작은 띠가 보인다. 강 너머는 뉴저지인데, 허드슨 강의 3분의 1 크기밖에 되지 않는다. 뉴저지 위쪽으로는 텍사스, 라스베이거스, 시카고라는 이름을 제외하고는 별 볼 일 없는 땅이 펼쳐져 있다. 그 너머로는 태평양(허드슨 강과 대충 비슷한 크기이다)과 '중국' '일본' '러시아'라는 이름이 붙은 세 언덕이 멀찍이 그려져 있다. 이 그림이 주는 메시지는 분명하다. 전형적인 뉴욕 사람들 머릿속에서 뉴욕 이외의 세상은 별 의미가 없다는 것이다.

러벅에 살던 고등학생인 내가 스타인버그의 만화를 흉내 냈다면, 〈16번가에서 바라본 세계〉라는 제목을 붙일 수 있지 않았을까. 우리 집과 친구들 집이 있는 텍사스테크 대학교 근처 길이 세상의 대부분을 차지했을 것이다. 내가 다니는 학교도 그림에 꼭 들어갔을 것이다. 교회 생활도 큰 비중을 차지했으니 빠지지 않았을 것이다. 생각이 좀 있었으니 휴스턴과 워싱턴 D.C., 뉴욕도 그려 넣었을 것 같다. 대서양도 어딘가 그려 넣었을 테고, 영국, 유럽, 아프리카 정도는 알고 있었다. 아이들 그림이 다 그렇듯이, 각 장소의 중요도가 크기를 좌우한다. 그래서 텍사스테크 대학교는 아프리카의 2~3배가 되고, 대학교 축구장 크기는 영국과 전체 유럽을 합친 것보다 클 것이다.

그 당시에 누가 내 의식 수준을 물었다면, 나는 세상을 잘 안다고 대답했을 것이다. 하지만 실상 내 세계관은 굉장히 제한적이었다. 대학 진학을 위해 러벅을 떠나면서 많이 변했고, 그 변화는 내 그림과 관점도 바꿔놓았다. 하지만 내 생각과 달리, 여전히 내 관점은 제한적이었다. 내가 그린 지도는 더 온전해지고 달라졌겠지만, 그래도 어쩔 수 없는 한계가 있었다.

지도에 교회가 등장하는 이유는, 내가 러벅에 사는 동안 하나님과 직접 관계를 맺게 되었기 때문이다. 러벅에서 예수님을 구원자요 구세주로 깨닫고 믿게 되었다. 내 신앙과 지식은 더 자라야 했겠지만, 당시 나는 하나님이 어떤 분인지 알 만큼 안다고 확신했던 것 같다. 하나님은 내 지도와 세계관에 문제없이 들어맞는 분이었다. 하늘에 계신 아버지요 최고의 친구였다. 나는 내 신경 회로와 마음에 하나님을 모실 공간을 만들었다. 내가 보기에 그분은 이치에 맞는 분이었다. 하나님은 내가 아는 것을 '넘어서는' 존재임을 알고 있었지만, 그래도 그분을 알고 이해하는데 아무 문제가 없었다. 무슨 반올림 오차처럼, 그 정도면 '타당성이 있다'라고 생각했다.

나이가 들고 세상을 돌아다니면서 하나님에 대한 관점이 조금씩 변하기 시작했다. 어떤 의미에서는 '이웃'이 늘면서 하나님에 대한 관점도 확장되었지만, 여전히 내 그림과 신경 회로를 벗어나지 않으셨다. 하지만 시간이 흐르면서 하나님에 대한 어릴 적 관점은 여러 면에서 유치하다는 생각이 들었다. 내 세계가 확장되면서, 인격 성장과 체험을 따라가다 보니 어린 시절의 하나님 상을 유지하기가 쉽지 않았다. 신경 회로의 성장에 맞춰 하나님에 대한 이해가 자라지 않는다면, 하나님은 내 어린 시절의 하나님으로 고착될 위험에 처해 있었다. 어릴 때부터 하나님을 알았기 때문에 어린 시절의 제한적인 신경 회로에 그분을 가둬둘 위험이 있었던 것이다.

하나님과의 관계와 그분에 대한 이해가 자라지 않는다면, 내 사고가 확장되면서 하나님을 어린 시절의 순진하고 제한된 개념들과 결부할 수도 있었다. 세계가 커지고 지식이 확장되면, 그에 따라 하나님에 대한 지식도 성장해야 한다.

나는 집을 떠나 대학에 진학하는 자녀들에게 이런 조언을 해준다. 대학 시절은 여러 측면에서 사고와 지식이 확장하는 시기이다. 나는 자녀들에게 이렇게 이야기해주었다. 살아 있는 예배 체험뿐 아니라 살아 있는 교제와 인격적 만남을 통해 하나님과 연결되어 있지 못하면, 신경 회로는 성장할지 몰라도, 하나님과 영적 세계와 연결되는 통로는 어린 시절의 것이 그대로 남아서 하나님에 대한 인식이 유치하고 비현실적인 수준을 벗어나지 못하게 된다고 말이다. 그것은 하나님에 대한 정확한 관점이 아니라 신경 과학에 불과하다.

시편 8편

대학 시절, 키스 그린(Keith Green)의 공연은 내 신경 회로를 확장해준 의미 있는 계기였다. 그리스도인 작곡가 겸 가수인 키스 그린은 내가 공연을 보러 가고 나서 두어 달 뒤에 비행기 사고로 세상을 떠났기 때문에, 그 공연을 더 의미심장하게 기억한다. 그는 공연에서 시편 8편을 노래하며 다윗 왕에 대해 꿈을 꾼 이야기를 들려주었다. 꿈에서 들은 음악을 잊어버리지 않으려고 깨자마자 피아노 앞에 앉아 연주하며 그 선율을 녹음했다고 한다. 그는 그 노래를 청중에게 들려주었다. 대학 시절 내내 내게 큰 영향을 준 시편의 영향력은 오늘날까지 이어지고 있다. 시편은 밤하늘을 전혀 새로운 눈으로 볼 수 있는 관점을 주었지만, 그보다 더 중요한 것은 하나님에 대한 이해와 그 중요성을 확장해주었다는 점이다.

여호와, 우리 주여,

주의 이름이 온 땅에 어찌 그리 아름다운지요!

주의 영광이 하늘을 덮었나이다.

주의 대적으로 말미암아

어린아이들과 젖먹이들의 입으로 권능을 세우심이여,

이는 원수들과 보복자들을 잠잠하게 하려 하심이니이다.

주의 손가락으로 만드신 주의 하늘과

주께서 베풀어두신 달과 별들을 내가 보오니

사람이 무엇이기에 주께서 그를 생각하시며

인자가 무엇이기에 주께서 그를 돌보시나이까?

그를 하나님보다 조금 못하게 하시고

영화와 존귀로 관을 씌우셨나이다.

주의 손으로 만드신 것을 다스리게 하시고

만물을 그의 발아래 두셨으니

곧 모든 소와 양과

들짐승이며

공중의 새와 바다의 물고기와

바닷길에 다니는 것이니이다.

여호와, 우리 주여,

주의 이름이 온 땅에 어찌 그리 아름다운지요!

다윗이 혹시라도 별의 숫자를 헤아려보았는지 문득 궁금해진다. 통계마다 조금씩 다를 수는 있지만, 현대 천문학에 따르면, 심각한 빛 공해가 없다면 인간이 밤하늘에서 볼 수 있는 별의 숫자는 3천 개 정도라고 한다.[2] 하나님이 어떤 분이신지 가르쳐주는 성경의 이 현란한 묘사에 현대 과학이 조금 도움이 될 수 있을 것 같다. 성경의 하나님은 '엄청나게 크신 분이다'. 이 크신 하나님을 좀 더 살펴보자.

밤하늘의 별을 보노라면, 시편 기자가 느낀 경이로움이 선뜻 이해가 간다. "여호와, 우리 주여, 주의 이름이 온 땅에 어찌 그리 아름다운지요!" 성경 번역자가 첫 번째 단어를 소대문자(LORD)로 표기한 점에 주목하라. 이것은 야웨를 영어로 번역하는 표준 방식인데, 하나님의 이름을 표현하는 히브리 단어를 영어로 음역한 것이다(출 3장을 보라). 하나님이 불타는 떨기나무에서 모세에게 나타나셨을 때 이 이름이 나왔기에, 유대인들에게는 야웨가 특별한 이름이었다. 그런데 시편 기자는 하나님의 이름이 이스라엘뿐 아니라 "온 땅에" 아름답다고 대담하게 주장한다. 야웨는 단순한 표기법을 뛰어넘어, 하나님의 명성과 역사적 행위, 성품을 상징했다. 법정에서 어떤 사람이 '명성이 있다'라고 하면, 단순히 '찰스'나 '앤'이라는 이름이 듣기 좋다는 뜻이 아니라 그 사람의 평판을 가리킨다. 시편 기자는 밤하늘의 별을 보면서 하나님의 성품과 이름이 온 땅 가운데 크고 아름답다는 사실을 확인했다.

이어서 시편 기자는 "주의 영광이 하늘을 덮었나이다"라고 말한다. 시편 기자는 밤하늘의 생리를 알지는 못했지만, 하나님은 그보다 더 크신 분이어서 그 아래 밤하늘을 두셨다는 것을 알고 있었다. 하늘은 하나님이 손으로 만드신 그분의 작품이었다. 하나님이 그렇게 원하셨기에 달과 별들도 그 자리에 있었다.

다음으로 시편 기자는 사람을 생각한다. 그는 하늘에 비하면 자신이 얼마나 보잘것없는 존재인지 잘 알았다. 하늘을 만드시고 달과 별들을 배치하신 하나님에게 인간은 과연 어떤 존재인가? 하나님이 굳이 사람이나 어린아이를 신경 쓰고 그들에게 관심을 두실 이유가 있으실까? 그런데 하나님은 사람을 주목하셨고, 지금도 주목하신다. 우리에게 신경을 쓰신다. 한 사람 한 사람을 돌보신다. 하나님의 영광이 하늘을 덮는데, 그분은 사람에게도 영광과 존귀의 관을 씌우셨다. 우리를 독특하고 특별한 존재로 만드셨다. 하나님은 우리에게 들짐승과 새와 물고기 등을 다스릴 수 있는 권한을 주셨다. 지구의 운명은 대체로 인간 손에 달려 있다.

이렇게 해서 시편 기자는 다시 원점으로 돌아온다. 주의 이름은 아름답고, 하늘은 찬양과 경탄을 끌어낸다. 그러나 그보다 더 놀라운 찬양의 이유는, 동일한 하나님이 우리 한 사람 한 사람을 보살피시기 때문이다. 하늘의 하나님이 인간과 교류하신다는 사실은 이 시의 첫 구절과 대구를 이루는 웅장한 찬양을 다시 한 번 끌어낸다. "여호와, 우리 주여, 주의 이름이 온 땅에 어찌 그리 아름다운지요!" 하나님은 하늘보다 사람에게 더 관심이 많으시다!

이 시편 기자의 3천 년 전 묵상이, 대학생이던 내가 하나님에 대해 갖고 있던 생각을 확장해주었다. 나도 밤하늘을 쳐다보곤 했다. 상상으로 그려본 어린 시절 러벅 그림을 다시 떠올려보면, 그림에 별이 없다는 걸 알 수 있다. 그 시절의 내게 별은 큰 관심사가 아니었다. 내 신경 회로가 자라면서 하나님에 대한 이해가 확장되지 않았다면, 그 수준에서 멈췄을 것이다.

이제, 현재로 시간을 빨리 돌려보자. 과학은 인간이 고대에는 몰랐던 사실을 많이 밝혀냈다. 우리가 '별'이라고 부르는 것들이 사실은 항성이라는 걸 안다. 이 항성들은 낮에도 있지만, 태양이 대기를 침투해서 발생하는 빛 공해 때문에 우리 눈에 보이지 않을 뿐이라는 사실도 안다.

현대의 천문학 입문서는 시편 기자가 본 별들이 전체의 극히 일부에 불과하다고 설명해준다. 육안으로 볼 수 있는 별은 대략 3천 개이지만, 별의 실제 숫자는 100섹스틸리언으로 추산한다. 10^{23}, 그러니까 100,000,000,000,000,000,000,000이다.

시편 기자는 달과 별들이 하나님이 두신 자리에 있다고 기록했다. 하지만 과학적 관점에서는, 중력과 전자기를 비롯한 여러 힘 때문에 별과 달은 제자리를 지키고 있다. 우주는 밤에 지구 위에 엎어둔 그릇이 아니다. 우주는 우리가 헤아릴 수 없을 만큼 어마어마한 크기로 확장된 공간이다.

지구에서 가장 가까운 별인 태양은 지구에 비해 작아 보이지만, 실제로는 백만 배 더 크다. 지구에서 1억 5천만 킬로미터나 떨어져 있어서 작아 보일 뿐이다. 태양계는 우리 은하라는 별들 집합의 일부분이다. 우리가 빛의 속도로 이동하면, 은하계를 횡단하는 데 10만 년이 걸린다. 우리 은하 너머에도 수십억이 넘는 은하계가 있다. 전체 우주의 크기는 아무도 모르지만, 인간이 관측할 수 있는 우주의 직경은 930억 광년으로 추산한다. 빛의 속도로 이동하면 930억 년이 걸린다는 뜻이다. 이해를 돕기 위해 말해두자면, 빛의 속도는 초속 30만 킬로미터이다.

오늘날 우리에게 암시하는 것

이런 사실은 하나님 그리고 시편 8편 묵상과 무슨 연관이 있을까? 하늘에 대한 지식이 늘면서 하나님에 대한 지식도 함께 자랐는가? 그렇지 않다면 잘못된 것이다. 시편 8편을 현대 과학의 관점에서 다시 한 번 생각해보자. 서두는 지금도 별 문제가 없어 보인다. "여호와, 우리 주여, 주의 이름이 온 땅에 어찌 그리 아름다운지요!" 북반구에서 하늘을 보든 남반구에서 하늘을 보든, 아득한 우주의 성운 사진을 보든, 무한한 별들을 묵상하든, 우리는 창조주 하나님의 이름이 온 땅에 미치는 것을 확실히 알 수 있다.

바울은 시편 기자의 증언을 깨닫고 로마 교회에 이렇게 선포했다. "창세로부터 그의 보이지 아니하는 것들, 곧 그의 영원하신 능력과 신성이 그가 만드신 만물에 분명히 보여 알려졌나니, 그러므로 그들[로마인들]이 핑계하지 못할지니라"(롬 1:20). 이 본문은 사람이 자연을 관찰해서 하나님에 대해 알 수 있다고 강조한다. 우리는 우주를 보면서 하나님에 대해 무엇을 알 수 있을까? 많은 것을 알 수 있다!

첫째, 하늘은 하나님의 질서와 신실하심을 드러낸다. 하늘은 정확성과 예측성을 보여준다. 다시 말해, 하늘의 작용과 그 작용 방식은 믿을 만하다. 과학자들은 행성 궤도를 정확하게 계산할 수 있다. 로켓을 발사해서 달에 사람을 보낼 수 있다. 다가올 일식을 정확하게 예측할 수 있다. 우주는 미래만 정확한 것이 아니라, 과거에도 일관성이 있다. 말씀으로 하늘이 존재하게 되었다는 관점을 믿든, 하나님이 예정하신 물리 법칙(빅뱅)으로 하늘을 창조하셨다고 믿든, 결과는 똑같다. 우리가 보는 천체에는 타당성과 일관성 있는 역사가 담겼다. 물리 법칙은 일관성이 있기 때문에 믿을 만하다.

창조 세계는 초자연적인 아름다움이 있다는 증거이기도 하다. 우주의 성운 사진을 본 사람들은 그렇게 아름다운 것을 직접 볼 수 있다면 얼마나 황홀할까 생각하게 된다. 하나님은 땅에 아름다운 것들을 두셨듯이, 하늘에도 아름다운 것들을 두셨다. 하나님의 창조 세계는 그분의 아름다움을 반영하기에, 사람은 누구나 멈춰서 그 아름다움에 감탄하게 된다.

마지막으로 우리는 정교한 물리 법칙을 통해 하늘이 가르쳐주는 하나님을 보게 된다. 알베르트 아인슈타인이 한 말은 자주 인용된다. "이 세상에서 가장 이해할 수 없는 말은 이 세상을 이해할 수 있다는 말이다."[3] 우주는 물리 법칙에 따라 지어졌기 때문에 인류가 생존할 수 있다. 어느 한 가지 법칙이라도 살짝

틀어지면 인간은 존재할 수 없다.

이론 물리학자이자 영국 왕립학회 회원인 존 폴킹혼은 물리 법칙을 '우주 기계'에 비유한다. 우주 법칙이라는 이 스위치들은 우주가 생기기 전, 인간의 생존을 위해 매우 정확하게 준비되어 있었다. 중력의 속도를 조금만 바꿔도 인간은 살 수 없다. 양자와 중성자의 '강한 상호 작용'을 조금만 달리 해도 인간은 살 수 없다. 소립자 간의 '약한 상호 작용'을 조금만 달리 해도 인간은 살 수 없다. 전자기의 비율을 살짝만 건드려도 인간 세상의 물질은 제자리를 지키지 못한다.

이렇게 말하는 사람도 있을 것이다. "글쎄요. 우주가 인간의 생존에 맞춰진 것이 아니라, 이 우주에서 생명이 발달하면서 조절된 게 아닐까요. 우주가 지금과 달리 조정되었다면, 인류 대신 다른 형태의 생명이 발달했겠지요." 이런 생각은 철저히 검증되지 않은 것으로, 폴킹혼은 여기에 대해 "대단히 게으르다"라고 지적한다. 한마디로 요약해서, "원래 그런 거야"[4]라고 대수롭지 않게 말하는 태도이다.

우리 주변의 창조 세계는 수학적 정확성과 일관성을 드러낸다. 이렇듯 하나님을 닮은 우주는 인류가 이 땅에 존재하는 데 적합하게 설계된 특징을 보여준다. 이런 사실은 다시 한 번 시편 8편에 귀를 기울이게 하는데, 우주에 대한 시편 기자의 경이로움은 인간의 삶에 개입하시는 하나님에 대한 경이로움으로 이어진다. 이 놀라운 우주 한복판에서 시편 기자는 이렇게 물었다. "인자가 무엇이기에 주께서 그를 돌보시나이까?"

과학과 신앙에 대해 한마디

일부 그리스도인들과 비신자들은 과학이 발견한 내용과 성경에 나오는 신학을 혼동하는 실수를 저지른다. 과학이 '어떻게'에 대한 답을 준다면, 신학은 '왜'에 대한 답을 준다.

커피를 예로 들어보자. 당신이 잔에 담긴 커피에 대해 물으면, 나는 이렇게 대답할 수 있다. "이 커피는 물이 필터에 얹은 커피콩을 통과해서 여기 있습니다." 하지만 이렇게 대답할 수도 있다. "이 커피는 아내가 아침에 뜨거운 커피를 즐기기 때문에 여기 있습니다." 한 대답은 어떻게 커피가 생겼는지를 설명해주고, 나머지 대답은 커피가 있는 이유를 설명해준다. 신학과 과학도 마찬가지이다.

과학은 사물의 원리를 말해주는 반면, 신학은 사물이 존재하는 이유를 설명해준다. 역사적으로, 사람들은 어떤 사건에 대한 과학적 이유를 찾지 못할 때 그 원인을 하나님에게 돌리곤 했다. 예를 들어, 해가 어두워지면 하나님이 그렇게 하셨다고 믿었다. 인간 지식에서 모자란 부분을 하나님이 책임지셨던 것이다. 알 수 없는 과학을 하나님 탓으로 돌리는 것은 신학적 실수이다. 하나님이 창조하신 세상은 그분이 줄을 잡고 조종하는 꼭두각시 인형이 아니라, 그분이 만드신 규칙을 따르는 엄연한 독립체이기 때문이다. 우리는 하나님이 자연과 주변 세상을 사용하시는 이유도 알 수 있고, 그 이유를 하나님의 재량에 맡길 수도 있지만, 그분을 알 수 없는 현상에 대한 과학적 답변으로 치부해서는 안 된다. 그것은 성경의 하나님이 아니다. 그러다가 과학이 답을 찾으면, 그렇게 '꾸며낸' 하나님은 무대에서 사라져버린다.

시편 기자는 하나님이 사람을 생각하실 뿐 아니라 창조 세계를 다스리는 영광된 일을 사람에게 맡기셨음을 알았다. 하나님은 뒤늦게 생각나서가 아니라, 처음부터 목적을 가지고 사람을 창조하셨다. 인간은 하나님에게서 역할을 부여받고 하나님은 인간과 직접 관계를 맺으셨기에, 창조주와 합력하는 것이 우리가 할 일이다.

시편 기자가 밤하늘에서 세상을 볼 수밖에 없었다는 점이 마음에 든다. 이 노래는 내 마음을 억누르고 있던 문들을 활짝 열어젖히게 만든다. 하나님은 내 신경 회로에 쉽사리 들어맞는 분이 아니다. 내 상상 이상으로 무한하신 존재이다. 이제야 나는 모세가 시내 산에서 하나님에게 했던 대담한 요청을 농담으로 이해할 수 있을 듯하다. "주의 영광을 내게 보이소서"(출 33:18). 우주의 관점에서 하나님의 위대하심을 생각하면 하나님이 보이신 반응이 이해가 간다. "네가 내 얼굴을 보지 못하리니, 나를 보고 살 자가 없음이니라"(출 33:20).

물론, 이 말은 사실이다. 어느 누가 하늘의 영광 가운데 계신 하나님을 볼 수 있겠는가? 불가능한 일이다. 하나님이 자신을 인간에게 나타내시려면, 물리 법칙을 뛰어넘는 기적이 필요하다. 바울의 표현을 빌리면 다음과 같다.

곧 그리스도 예수의 마음이니
그는 근본 하나님의 본체시나
하나님과 동등 됨을 취할 것으로 여기지 아니하시고

오히려 자기를 비워 종의 형체를 가지사

사람들과 같이 되셨고(빌 2:5-7).

바울은 그리스도가 "자기를 비웠다"라고 말하면서 헬라어 '케노'(kenoō)를 사용한다. 이 단어는 '비우다' 또는 '무효로 하다, 효과가 없다'라는 뜻이다. 인간은 볼 수도, 온전히 이해할 수도 없는 하나님, 100섹스틸리언이 넘는 별을 만드신 하나님, 횡단하는 데 930억 광년이나 걸리는 우주에 있는 모든 원자의 움직임까지 헤아리실 수 있는 하나님이 자기를 비워 인간이 되셨다. 그렇게 인간이 되신 하나님은 사랑하는 사람들을 구원하시려고 사람들 앞에서 자신을 낮추시고, 죄인으로 죽기까지 하셨다. 인간의 뇌 세포를 초월하는 이 놀라운 사실 앞에 우리는 무릎을 꿇고 예배해야 마땅하리라. "여호와, 우리 주여, 주의 이름이 온 땅에 어찌 그리 아름다운지요!"

결론

우리는 가까이 있는 것들은 중요하게 보고, 멀리 있는 것들은 거들떠보지 않는 경향이 있다. 하나님에 대한 관점도 비슷한 유형을 따르기 일쑤이다. 우리는 주변에 있는 작은 것들을 생각하면서, 하나님도 가까이에서 우리에게 관심을 보이시는 분으로 생각하곤 한다. 아주 틀렸다고는 할 수 없지만, 이런 관점은 하나님에 대한 제한된 이미지를 만들 수 있기에 비성경적이다. 처음에는 이런 관점에서 하나님을 생각하는 것부터 시작할 수 있다. 그러다가 세상이 무한히 크고 우주가 우리의 상상력을 초월한다는 사실을 보게 되면, 이렇게 제한된 하나님이 어떻게 이 큰 세상의 하나님이 되실 수 있는지 의문을 갖게 될지도 모른다.

이토록 거대한 우주를 창조하고 지금도 유지하고 계시는 하나님을 우리가 이해할 수는 없다. 설령 그런 하나님을 이해한다 하더라도 어떻게 그런 분이 1,700억 은하계 중 우리 은하 안에 파묻힌 태양 주변을 공전하는, 지구라는 흙덩이에 사는 작고 작은 우리 각 사람을 돌보실 수 있는지 의문을 품는 것이 자연스러울 것이다. 그런데 성경의 하나님은 그렇게 우리를 돌보신다. 우리에게 관심이 아주 많으시다. 그분의 성품과 능력만큼이나 이해하기 힘든 열정과 헌신으로 우리를 돌보신다. 인간의 신경회로로는 절대 그런 하나님을 이해하지 못할 것이다.

5장

하나님은 누구인가2

뉴저지 주에서 재판을 준비하고 있었다. 전문가 집단을 준비시켜, 상대가 내세울 만한 증인들에 대한 반대 신문을 연습 중이었다. 상대측 예상 증인 중에는 인체 생리학 분야에서 박사 학위를 받은 과학자도 있었다. 뉴올리언스에서 그 사람의 강연이 예정되어 있었기에, 나는 남몰래 후배 변호사를 보내어 내용을 받아 적게 했다. 후배가 돌아와 상세한 보고를 올렸다. 그 전문가는 자신감이 지나쳐 만사를 확실한 용어로 표현하고 전혀 토론의 여지를 남기지 않았다. 그는 사물의 한쪽 면만 보기 때문에 자신이 틀렸다고는 추호도 생각하지 못했다. 자신에게 유리한 자료만 취사선택하여 주장하고, 그 이상의 정보는 고려하려 하지 않았다. 자신이 중요한 자료를 놓칠 수도 있다는 생각은 꿈에도 하지 못하고, 그 상태에서 생각이 멈춰버렸다.

우리에게는 희소식이었다. 어떤 주제에 대해 자신이 아는 것이 전부가 아니라는 사실을 인정하지 않는 전문가를 반대 신문하기는 쉬운 편이다. 모르는 게 없다는 전문가들은 모든 사람의 상식적인 체험에 저항한다. 그러나 어느 누구라도 눈가리개를 하고 진리를 강요해서는 안 되며, 잠재적 자료를 모두 고려해야 한다. 내가 전문가들을 반대 신문할 때, 그들이 자신의 관점에 이의를 제기하는 내용이나 혹은 더 보탬이 될 수도 있는 중요한 정보를 배제한 채 원하는 자료만 취사선택했다는 것을 입증해보이면, 배심원단은 당연히 그들의 증거를 무시한다. 그렇지 않더라도 우리 인생이 가르쳐준다. 우리는 적절한 정보를 모두 취합하는 것과 그에 따라 성장하는 것이 중요하다는 것을 잘 안다.

4장에서는 하늘의 별을 보면서, 성경과 현대의 증인들을 소환하여 하나님의 속성과 본질에 대한 성경의 증언을 설명했다. 계속해서 5장에서도 고대와 현대의 증인들을 소환하여 렙톤, 쿼크, 인격적인 하나님을 살펴봄으로써 하나님에 대한 성경적 가르침을 검토하려 한다.

증인 목록

존 폴킹혼 1930~ 이 장에서 다시 한 번 존 폴킹혼을 증인석에 세우려 한다. 그의 약력은 4장에서 이미 소개했다.

프랭크 클로즈 Frank Close, 1945~ 옥스퍼드 대학교에서 가르치는 유명한 입자 물리학자이다. 그는 영국 러더퍼드 애플톤 연구소(Rutherford Appleton

Laboratory) 이론 물리학 부서장을 지냈다. '물리학을 대중화한 공로'로 미국 물리학회(Institute of Physics)에서 켈빈 메달을 받았다.

헤라클레이토스 Heracleitos, 주전 c. 535~c. 475 에베소 출신의 유명한 초기 그리스 철학자이다. 이 책에서 주로 인용한 헤라클레이토스의 전기는 주후 3세기에 활약한 전기 작가 디오게네스 라에르티오스(Diogenes Laertius)의 작품이다. 다른 사람들 글에 인용된 내용을 포함하여, 헤라클레이토스의 작품은 현재까지 일부만 남아 있다.

사도 요한 John the Apostle 예수님이 선택하신 열두 사도 중 한 사람으로, 가장 늦게까지 살아남은 사도이자 요한복음의 저자로 알려져 있다.

하나님을 온전히 이해한다고 생각하는 사람은 그분을 조금도 알지 못하는 것이다

우리는 흥미진진한 시대를 산다. 과학은 과거에는 전혀 상상하지 못했던 방식으로 하나님에 대한 성경적 관점을 우리 앞에 열어주었다. 4장에서 증인으로 채택한 케임브리지 대학교 교수이자 이론 물리학자에서 성직자로 변신한 존 폴킹혼은 영국에서 가장 명망 있는 과학 단체인 왕립학회의 회원이다. 그렇기에 그는 다음과 같이 말할 자격이 있다.

종교적 믿음은 구식이거나 과학의 시대에 그것의 성립이 완전히 불가능하다는 생각이 우리 사회 전반에 깔려 있다. 하지만 나는 이 생각에 동의하지 않는다. 사실, '과학의 시대'에 사는 사람들이 자

기들이 알고 있는 것보다 조금 더 과학에 대해 알게 된다면, 나의 견해에 쉽게 동의할 것이다.[1]

과학은 제한적인 신이라는 신화를 쉬이 깨뜨렸지만, 그렇다고 해서 성경의 하나님에 대한 평판이 떨어지지는 않는다. 기독교가 지나치게 단순하거나 구식인 세계관이라는 것을 과학이 증명한다고 믿는 사람들은 진짜 하나님에 대한 성경의 증언을 놓쳐버린 것이다.

2012년 6월 18일, 아이비엠(IBM)의 세쿼이아 컴퓨터가 세상에서 가장 빠른 슈퍼컴퓨터로 선정되었다. 이 컴퓨터는 "67억 명이 계산기를 이용해서 320년 동안 쉼 없이 셈해야 완성할 수 있는 계산을 한 시간 만에 끝낼 수 있다."[2] 대단하지 않은가. 이 정도 사양이 필요한 계산이 뭐가 있을까? 이 컴퓨터는 핵무기 내부에서 원자가 결합하고 소멸하는 방식을 계산하는 데 사용된다. 원자의 작용에는 어마어마한 분량의 수학 계산이 필요하다. 계산에 동원되는 숫자와 크기는 우리의 상상을 초월한다.

물리학자 프랭크 클로즈는 이 계산을 일상의 경험으로 설명해준다. 우리가 숨 쉴 때마다 들이마시는 산소 원자 개수는 너무 커서, 여기에서는 들숨보다 더 작은 단위를 찾아야 할 것 같다. 앞 문장 마지막에 찍힌 마침표를 생각해보자. 이 점에는 탄소 원자 100,000,000,000(천억)개가 들어 있다. 이 탄소 원자들은 너무 작아서, 육안으로 원자 하나를 보려면 마침표를 미식축구장 크기만큼 확대해야 가능하다.[3]

원자의 크기가 작기는 하지만, 과학자들은 자연에 이보다 더 작은 입자가 있다는 사실을 알아냈다. 하지만 이것도 근본(여기에서 '근본'은 더 이상 작은 단위로 나눌 수 없는 물질을 뜻한다) 입자는 아니다. 원자의 중심에는 핵이 있고, 한 개 이상의 전자가 그 주위를 감싸고 있다(자료 5-1을 보라).

현재까지 알려진 바에 따르면, 전자는 '렙톤'이라고 불리는 근본 입자이다. 과학자들은 전자를 더 작은 단위로 나눌 수 없다고 알고 있다.

핵은 다르다. 프랭크 클로즈는 원자의 핵을 보려면 마침표를 축구장 크기만큼 늘려서는 부족하다고 설명한다. 북극에서 남극까지의 직선거리만큼(약 12,700킬로미터) 마침표를 늘려야 한다. 그러면 핵이 양자와 중성자로 되어 있는 것을 볼 수 있다.

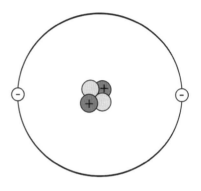

자료 5-1 헬륨 원자
(그림 출처: Wikimedia Commons)

하지만 양자와 중성자도 근본 입자는 아니다. 이 둘은 쿼크로 구성된다. 그러면 이 쿼크는 얼마나 작단 말인가? 육안으로 쿼크를 보려면 이 마침표를 축구장은 말할 것도 없고, 북극과 남극의 직선거리보다 훨씬 더 많이 확대해야 한다. 원자 하나에 든 쿼크들을 보려면, 이 마침표를 지구에서 달까지 거리의 20배로 확대해야 한다.

과학자들은 이 쿼크조차도 근본 입자라고 단정하지 못

한다. 일부 과학자들은 쿼크를 다시 '진동하는 고리 형태의 끈'(oscillating strings)으로 나눌 수 있다고 말한다. (과학자들이 끈을 자연에 존재하는 근본 입자로 가정하기 위해 만든 끈 이론에는 여러 가지가 있다.) 끈은 아원자 입자 내의 힘과 전하를 설명하기 위한 다양한 모델을 이론적으로 설명하려는 시도이다. 최신 과학 기술로도 10^{-18} 미터보다 작은 조직은 측정하거나 인식할 수 없기 때문에, 실험으로는 끈 이론의 현실성을 밝히지 못한다.

이제 특히 4장의 관점에서, 이런 사실이 시사하는 바를 생각해보자. 너무 작아서 육안으로 보려면 원자를 지구에서 달까지 거리의 20배나 확대해야 하는 쿼크가 모여 양자와 중성자가 되고, 다시 원자의 핵을 이룬다. 종잇장처럼 얇은 마침표 하나에는 원자가 천억 개 들어 있다. 알려진 바에 따르면, 인체의 세포한 개에는 우리 은하에 있는 별의 숫자보다 500배나 많은 원자, 즉 100,000,000,000,000개의 원자가 들어 있다. 인체의 세포 숫자는 100조 개이므로, 한 사람은 10,000,000,000,000,000,000,000,000,000개의 원자로 구성되어 있다. 이 말은 한 사람의 몸을 구성하는 원자 숫자가 과학자들이 추산한 우주의 별 숫자보다 많다는 뜻이다. 계산을 조금 더 해보면, 세계 인구가 70억 명이니 지구에는 사람만 따져도 70,000,000,000,000,000,000,000,000,000,000,000,000개의 원자가 있다. 여기에 개와 고양이, 바위, 바다, 공기 등을 포함하면, 지구에만도 상상을 초월하는 수의 원자가 있다. 물론 이 지구는 태양과 비교하면 크기가 백만 분의 일에 지나지 않고, 우주의 무수한 천체 중 하나에 불과하다. 이러니 온 우주의 입자 숫자를 헤아리는 것은 얼토당토않은 일이다. 이 정도만으로도 이미 어마어마한데, 원자 속에 있는 입자들은 과학자들이 발견한 수많은 종류의 입자 중 일부에 불과하다.

세쿼이아 컴퓨터에게는 좀 안됐지만, 오늘날 온 우주에 있는 모든 입자를 파악하려면 어떤 작업이 필요할지는 말할 필요도 없을 것 같다. 물론 우리가 이야기하는 하나님은 지금 현재 온 우주의 입자들만 아는 분이 아니다. 그분은 과거와 미래를 포함하는 모든 시간대 우주의 입자들까지 다 아신다.

문제

과학이 우주의 본질에 대해 가르쳐준 내용에 비춰볼 때, 도대체 어느 누가 이런 하나님을 이해할 수 있겠는가? 이 놀라운 분이 과거와 미래를 포함하는 세상 모든 입자를 다 만드시고 파악하고 계신다는 것을 어떻게 우리가 가늠할 수 있겠는가? 우리가 이해하고 표현하기에는 너무 놀라운 존재가 아닐 수 없다. 우리는 그런 존재를 짐작할 수 없기에, 그 존재를 설명할 단어도 찾을 수 없다. 확실히 이 존재는 우리가 이해할 수 있는 모든 것을 초월하신다.

가능한 해결책

인간의 뇌로 이해할 수 없는 존재이니 간단히 묵살한다. 이런 무한한 지식을 지닌 하나님이 존재할 수 있다는 생각을 부인하고, 애써 잊으려는 유혹을 받을 수 있다. 그러나 이런 접근법은 매우 교만한 것이다. 우리는 비록 어리둥절하기는 해도 세쿼이아 슈퍼컴퓨터를 인정하고, 날마다 그 혜택을 받는다. 단언컨대, 백 년 전에는 세계 최고의 과학자들조차도 그런 컴퓨터가 가능하리라고는 상상도 하지 못했을 것이다. 앞으로도 과학의 진보가 계속된다면, 백만 년 후에는 어떤 일이 벌어질까? 아무도 짐작하기 어렵다. 인간의 뇌가 그렇게 큰 존재는 이해하지 못한다는 이유만으로 하나님의 존재 가능성을 묵살하는 것은 아무리 좋게 말해도 무모한 행동에 불과하다.

하나님을 인간의 뇌에 들어맞는 존재로 축소한다. 하나님 같은 존재는 불가능하다고 묵살하는 대신, 그분을 좀 더 다루기 편한 존재로 축소하려는 유혹이 있을 수 있다. 하나님은 인간의 잠재력을 초월하시지만, 여전히 인간이 정의할 수 있는 존재라는 것이다. 다시 말해, 하나님이 우리보다 훨씬 크신 분이라는 것은 인정하면서도, 시공간에 있는 모든 입자를 파악하고, 모든 원자를 배열하고, 우주를 다스릴 정도까지는 아니라고 여긴다. 하나님을 작게 만들어서 인간이 이해할 수 있는 상자 안에 끼워 넣으려고 한다. 이것은 엄청난 실수이다. 전능과 전지, 편재를 제거해버린 하나님은 진짜 하나님과는 거리가 멀다.

하나님을 슈퍼-슈퍼 컴퓨터로 생각한다. 세 번째 가능성은 하나님을 세쿼이아 같은 컴퓨터를 무한대로 발전시킨 고성능 컴퓨터로 만드는 것이다. 하나님은 모든 원자를 배열하고, 우주의 운행 방식을 계산하는, 하늘의 초대형 컴퓨터 같은 분이라 여긴다. 그렇게 하면 그분은 비인간적인 기계로 전락하고 만다.

물론 이 모든 대안에서 공통으로 찾아볼 수 있는 흐름이 있다. 이런 가능성들은 똑같은 오류를 가졌다. 근본적으로 철저히 하나님을 이해하려고 시도하는 것이다. 그분이 스스로 계시하신 하나님보다는 인간의 용어로 하나님을 이해하려고 애쓴다. 그러나 하나님은 자신을 슈퍼컴퓨터로 계시하지 않으셨다. 전자의 순환이나 수많은 중성미자들(내가 미처 언급하지 못한 또 다른 놀라운 입자)의 움직임을 기록하는 기록원도 아니셨다. 오히려, 하나님은 시내 산에서 이스라엘 백성에게 어떤 형상도 만들어서는 안 된다고 명령하셨다. 그분은 인간의 사고나 상상력으로 쉽게 표현할 수 있는 분이 아니다.

하나님이 자신을 어떻게 계시하셨는지 주의 깊게 살핀다. 성경을 하나님의 계시로 받아들이는 것이 타당한지는 다음 장에서 살펴볼 것이다. 여기에서는 일단 우리가 계시를 통해서만 하나님을 알 수 있다고 해두자. 이것은 과학이 사물의 구조에 대해 밝혀준 내용에 근거할 때 특히나 사실이라고 할 수 있다. 하나님이 자신을 드러내기로 선택하시지 않는 이상, 인간이 하나님의 형태나 초월성(하나님이 물질세계에 속하지 않는다는 의미에서), 그분의 뜻이나 이 물질세계 대부분을 이해할 수 있는 방법은 없다. 성경은 이런 관점을 입증하며, 하나님이 인간이 이해할 수 있는 방법으로 자신을 계시하셨다고 주장한다. 그분은 관계와 이야기, 궁극적으로는 계시의 정점인 예수님을 통해 자신을 드러내셨다.

그렇다고 해서 인간이 하나님과 실재에 대한 질문을 던질 수 없었다는 뜻은 아니다. 내가 좋아하는 고대 그리스 철학자 중에 헤라클레이토스가 있다. 이 불가사의한 철학자는 예수님보다 약 5백 년 전에 에베소(현대의 터키)에 살았다. 그의 저술은 (초대 교회의 다수를 포함해서) 예수님이 돌아가시고 난 이후의 사상가들에게까지 영향을 미쳤다. 헤라클레이토스는 죽고 나서 수 세기가 흐른 뒤에도 여전히 "굉장히 교만하고 사람들을 경멸하는" 사람으로 알려져 있었다. 그럼에도 그는 아테네 사람들의 사랑을 받았고, 소크라테스를 비롯한 많은 이들이 그의 책을 읽었으며, 저술 사본이 에베소 아르테미스 신전에 보관되어 이후로도 널리 읽히게 된다.[4]

그는 반대되는 것들에서 조화를 보고, 다양한 것들에서 통일성을 찾는 능력이 있었다. 그는 《우주에 관하여》(*On the Universe*)에서 "좋은 것과 나쁜 것은 똑같다"[5]라고 썼다. 그는 미친 사람 취급을 받지 않으려고 자신의 역설적 생각에 대한 이유를 밝혔다. 바다에 대한 다음 구절에 그 예가 잘 나타난다. "바닷물은 가장 깨끗하며, 또 가장 더럽다. 물고기들은 마실 수 있으며 따라서 그들에겐 없어서는 안 되는 것이지만, 인간은 마실 수도 없을 뿐 아니라 그들에게 해로운 것이기 때문이다."[6] 헤라클레이토스가 존경받는 이유 중에는 그가 이해하기 힘든 사람이라는 이유도 있다. 그가 남긴 말들에는 제대로 된 설명이 없어서 그 의미를 곰곰이 생각해봐야 한다. 그가 삶과 죽음을 언급하면서 불멸성과 유한성을 조화시킨 내용을 살펴보자. "불멸은 유한하며, 유한한 것은 불멸한다. 살아 있는 사람은 타인의 죽음을 살며, 죽은 사람은 타인의 삶을 죽는다."[7] 난해한가? 헤라클레이토스 당대의 많은 사람들이 그를 어렵게 생각한 이유를 조금은 이해할 수 있을 것 같다.

헤라클레이토스가 남긴 조각글들을 어떻게 일관성 있는 전체로 복원할지를 두고는 학자들 사이에 논란이 분분하지만,《우주에 관하여》의 서두 내용에는 합의가 이루어진 것 같다.

> 나에게 귀 기울이지 말고, 말씀에 귀를 기울여라. 만물이 하나라는 것을 수긍하는 것이 현명하다. 전에는 전혀 들어보지 못한 말씀이라서, 사람들은 처음 듣고는 늘 진실한 이 말씀을 이해하지 못한다. 만사가 이 말씀에 따라 발생하는데도, 사람들은 그것을 전혀 경험해본 적이 없는 것 같기 때문이다.[8]

헤라클레이토스는 우주에 의미를 가져다주는 것으로 '말씀'이나 '이성'을 뜻하는 헬라어 '로고스'(*logos*)를 골랐다. 그는 궁극적 실재인 로고스를 모든 것을 하나로 만드는 통합 요소로 보았다. 이것이 반대되는 것들까지 통합하여 모든 것을 공유하는 '근본 요소'가 된다.

헤라클레이토스 이후의 많은 철학자들이 그의 언어를 채택하여, 신성한 힘이요 우주를 이해하는 핵심인 이 말씀에 대해 기록했다. 플라톤도 말씀에 대해 썼는데, 아리스토텔레스에 따르면 플라톤은 헤라클레이토스의 제자인 크라튈로스(Cratylos)에게 그것을 배웠다고 한다.[9] 스토아학파는 헤라클레이토스를 자신들 철학의 근본을 이루는 원류로 간주하여, 말씀에 대해 상당한 저술을 남겼다. 스토아학파에게 말씀은 '논리'나 '이성'으로 번역하면 적당한 비인격적 힘이었다. 그것은 우주의 합리성으로 표현된 최고의 힘이었다.

후대에 '말씀'을 사용한 작가들 중에서 가장 유명한 사람이라고 할 만한 이 사람도 헤라클레이토스의 고향인 에베소에서 글을 썼다. 그의 저작 중에 요한복음이 있다. 그는 바로 사도 요한이다. 요한이 노년에 에베소에서 기록했다고 초대 교회 교부들이 확인해준 이 복음서는 창세기 1장의 창조 언어를 말씀이라는 개념(헤라클레이토스 사상의 확장으로 해석할 수 있다)과 엮으면서 시작한다. 그 내용은 다음과 같다.

> 태초에 말씀이 계시니라. 이 말씀이 하나님과 함께 계셨으니, 이 말씀은 곧 하나님이시니라. 그가 태초에 하나님과 함께 계셨고, 만물이 그로 말미암아 지은 바 되었으니, 지은 것이 하나도 그가 없이는 된 것이 없느니라. 그 안에 생명이 있었으니, 이 생명은 사람들의 빛이라. 빛이 어둠에 비치되, 어둠이 깨닫지 못하더라(요 1:1-5).

사람들이 인정하든 말든, 이해하든 말든, 요한도 헤라클레이토스처럼 말씀을 우주를 움직이는 어떤 원리나 힘으로 기록한다. 헤라클레이토스가 이 힘이나 말씀을 통해 만물이 존재한다고 말한 것처럼, 요한은 "만물이 그로 말미암아 지은 바 되었으니, 지은 것이 하나도 그가 없이는 된 것이 없느니라"라고 표현한다.

요한이 쓴 헬라어 원문에는 이 본문을 영어로 읽을 때 많은 사람들이 자주 놓치는 미묘한 의미가 담겨 있다. 예를 들어, 이 본문은 '태초에'(in beginning)라는 뜻의 헬라어 '엔 아르케'(en archē)로 시작하는데, 여기에는 조사(the)가 빠져 있다. (헬라어의 이런 문법 구조를 '무관사'라고 한다.) 이런 요한의 서술 방식은 이 말씀이 태초뿐 아니라 모든 시작에 임재하고 있음을 확인해준다. 모든 것의 시작에 말씀이 있다. 이 사상은 이어지는 두 구문에도 계속 나타난다. 이 말씀은 하나님과 '함께' 또는 그분을 '향해' 계셨고, 결정적으로 그 말씀은 곧 하나님이었다. 헬라어 본문에는 이런 사실이 더 분명하고 직접적으로 언급되어 있다. 말씀은 하나님의 일부분이나 하나님에 대한 하나의 표현이 아니었다. 단순히 '신성'을 지닌 존재나 '또 다른' 신에 불과하지 않았다. "이 말씀은 곧 하나님"이셨다.

요한복음은 헤라클레이토스를 비롯한 그리스 사상가들의 맥락에서도 얼마든지 이해가 가지만, 요한은 요한복음 1:14에서 말씀에 대한 그리스식 사고의 판도를 뒤바꿔놓을 중요한 내용을 덧붙인다. 그는 모호하고 알 수 없는 헤라클레이토스의 말씀과 가장 크게 구별되는 특징, 즉 눈에 보이고 알 수 있는 형태를 그 말씀에 부여한다. 요한은 말씀이 '인격적'이라고 선포한다. "말씀이 육신이 되어 우리 가운데 거하시매 우리가 그의 영광을 보니, 아버지의 독생자의 영광이요 은혜와 진리가 충만하더라"(요 1:14).

우주에 대한 영원한 질문에 맞닥뜨린 요한은 신성을 단순한 개념이나 이성, 비인격적 힘이 아니라고 설명한다. 신성한 말씀은 인간이 되셨다. 말씀이 육신이 되었다. 우주의 하나님, 모든 시작에 함께 계시며, 선재하는 논리와 이성이신 그분은 '인격적'이며, 인간이 되셔서 인류와 의사소통하신다.

요한복음은 궁극적 실재가 인간의 형태를 입었을 때 벌어진 일을 기록한다. 그 내용은 우리가 예상한 바이지만, 그럼에도 그 사실이 놀랍기만 하다. 우리 예상대로 그리고 논리적으로 당연하게도, 하나님이신 예수님은 모든 자연 요소를 통제하셨다. 그분은 물리 법칙에 제한받지 않으셨다.

예수님과 기적

아무리 납득할 만한 이유가 있어도, 하나님이 자연 법칙을 바꾸는 것은 불가능하다고 생각하는 사람들이 있다. 아무리 하나님 때문이라고 해도, 세상에서 물리 법칙에 어긋나는 경우가 있다면 속임수로 여기는 사람들도 있을 것이다. 그러나 이런 주장의 논리는 하나님의 힘이 아주 미미할 경우에만 유효하다.

하나님은 물리 법칙이 전혀 일관성이 없는, 마술 같은 세상을 만들지 않으셨다. 이런 법칙들은 하나님의 일관성과 신뢰성을 반영한다. 하지만 하나님은 물리 법칙에 종속되지 않으신다. 그분은 물리 법칙을 사용하고, 더 큰 목적을 위해서라면 이 법칙을 수정할 수도 있는 자유와 재량권을 갖고 계신다. 성경은 그런 경우가 매우 드물다고 가르치지만, 하나님에게 그 정도 능력도 없다고 가정하는 것은 그분을 너무 작은 분으로 만드는 것이다. 하나님이 자연을 다스리신다고 하여 일관성 없는 세상이 되는 것은 아니다. 기적은 자연 법칙보다 더 위대하신 분을 우리에게 보여줌으로써 세상을 더 믿을 만한 곳으로 만든다.

또한 예수님은 자연 법칙을 도용하여 마술 같은 삶을 살지 않으셨다. 납득할 만한 이유가 있을 때에만 이 법칙들에 손을 대셨다. 그 외에는, 인간으로 사시면서 자신이 만든 그 법칙들을 철저히 따르셨다. 예수님은 고통과 괴로움, 굶주림 같은 인간의 모든 체험을 공유하셨다. 놀랍게도, 사회적 지위가 높은 다른 사람들에게 순종하기까지 하셨다.

예수님은 스스로 인간 피라미드 꼭대기에 앉아 세상 제국이나 종교 집단을 진두지휘하지도 않으셨다. 말씀과 행동으로 하나님에 대해 가르치는 것으로 만족하셨다. 결국 그분은 하나님과 사람들을 화해시키려는 궁극적 목적에 자신을 바치셨다. 그래서 요한은 예수님이 삶과 죽음을 통해 하나님을 드러낸 분이라고 설명한 것이다.

요한은 예수님을 인류를 향한 하나님의 말씀이요 의사 전달자로 묘사했다. 예수님은 과학이나 인간의 언어로는 도저히 할 수 없는 방식으로 하나님을 드러내셨다. 과학은 하나님의 윤리를 전달하지 못하지만, 우리는 예수님에게서 하나님의 긍휼과 정의를 볼 수 있다. 예수님은 남을 부당하게 대하는 것, 사회의

낮은 계층을 홀대하는 것, 자신의 성공이나 지식에 눈먼 자들의 교만을 꾸짖으셨다.

예수님은 사람과 관계에 관심이 있으신 하나님을 보여주셨다. 관계적인 용어로 하나님을 드러내셨다. 자신은 아들로, 하나님은 '아버지'로 가르치셨다. 요한복음 후반부에서, 예수님은 하나님이 그분의 영을 인생의 '보혜사'[요한이 사용한 헬라어는 '파라클레토스'(*paraklētos*)]로 보내주실 것이라고 약속하셨다. 또한 요한은 예수님을 죄에서 인류를 건져주시는 세상과 영생의 구세주로 증언했다.

요한복음 1:14에는 예수님에게 계시된 하나님의 또 다른 인격적 측면이 나타난다. 요한은 말씀이 육신이 되었다고 선포하고 나서, 말씀이 육신이 되어 "우리 가운데 거하셨다"라고 덧붙인다. 다시 한 번 관계적 용어가 등장한다. 하나님은 이 땅에 오셔서 사람들 가운데 살기로 작정하셨다. 우리 이웃이 되셨다. 요한은 말씀이 '거하셨다'라고 하면서 헬라어 '스케노오'(*skēnoō*)를 사용하는데, '천막을 치다' 또는 '천막에서 살다'라는 뜻이다. 천막 생활은 잠깐이다. 안정적인 영구 거주지가 아니라, 일정 기간 동안 잠시 사는 곳이다. 말씀이 육신이 된 것은 이 땅에서 사람들과 영원히 살기 위해서가 아니다. 요한은 헬라어의 부정(不定) 과거 시제로 이 점을 강조한다. 이 시제는 과거에 이미 완료된 사건을 강조한다. 요한은 과거 어느 특정한 시간과 장소에서 말씀이 육신이 되었다고, 즉 천막을 치고 우리 가운데 잠시 머물렀다고 말한다.

결론

과학은 물질의 구성 요소를 이해하려고 자연 질서를 연구하다가, 하나님의 위대하심을 발견한다. 렙톤과 쿼크를 비롯한 극히 작은 아원자 입자들을 알게 되면, 우주에는 우리가 상상조차 할 수 없을 만큼 어마어마한 수의 입자가 있다는 사실을 생각해보면, 하나님을 축소하거나 없애버리고 싶은 유혹을 받는다. 이렇게 막대한 정보를 알고 분별할 수 있는 신의 존재가 과연 가능한지 의심스럽기 때문이다. 그런 하나님이 정말 계시다면, 인간인 우리가 어떻게 그분을 알 수 있을까? 쿼크와 전자의 작은 집합에 불과한 우리가 어떻게 그런 하나님과 관계를 맺을 수 있을까? 헤라클레이토스는 "아무리 아름다운 유인원도 인류와 비교하면 추할 뿐이요, 아무리 현명한 인간도 신과 비교하면 유인원에 불과하다"[10]라고 했다.

성경의 대답이 일리가 있다. 상식적으로 생각할 때, 광대하고 제한이 없는 우주에서 상상하기 힘들 정도로 많은 아원자 크기 원자들을 이해하고 다룰 수 있는 신은 확실히 유능해야 할 뿐 아니라 인간을 돌볼 능력이 있어야 한다. 우리는 인류가 이해할 수 있는 방식과 말로 된 하나님의 자기 계시를 통해서만 그분과 관계를 맺을 수 있다.

'말(씀)'은 관계적 용어이다. 말은 한 사람의 마음에서 시작되어 펜이나 입으로 표현된다. 말로 생각과 추론을 전달하고 의사소통한다. 하나님은 인류에게 자신을 계시하고 의사소통하는 수단으로 말씀을 사용하셨다. 육신이 된 말씀이 보여주듯, 하나님은 슈퍼컴퓨터나 세상과 동떨어진 비인격적 신이 아니다. '위대하신' 하나님, '전지하신' 하나님, '전능하신' 하나님은 인간이 이해할 수 있는 방식, 즉 그분의 말씀과 말씀이신 예수님을 통해 자신을 인간에게 드러내기로 결심하셨다. 말씀이신 예수님은 인격적인 하나님, 관계적인 하나님, 인간을 배려하고 돌보시는 하나님, 선하고 강직하신 하나님, 정의롭고 공평하신 하나님, 자연 질서를 다스리시는 하나님을 드러내신다. 우리가 이런 사실을 인정하거나 이해하지 못하는 이유는 하나님이 부족하셔서가 아니라, 그분에 대한 우리의 생각이 모자라서이다.

6장

생물 언어학 그리고 하나님과 대화하기

나는 배심원단을 선정하기 전에, 어떤 재판이든 시작하기 전에, 혼자 법정을 찾아간다. 주변을 보면서 감각을 익힌다. 변호인석은 어디인가? 배심원석은 어디인가? 증인석은 어디인가? 사용 가능한 프로젝터가 있는가? 있다면, 환한 대낮에도 영상과 사진이 잘 보일 정도로 밝은가? 프로젝터를 비출 수 있는 넉넉한 화면이 있는가? 화면은 어디에 있는가? 배심원단이 증인과 화면과 나를 동시에 볼 수 있는가?

나는 왜 이런 기계들에 신경을 쓸까? 이런 것들이 과연 재판과 무슨 상관이 있을까? 정답을 말하자면 밀접한 연관이 있다. 재판에서는 원활한 의사소통이 중요하다. 나는 재판에서 사실과 의견, 생각 등을 취해서 배심원들의 머리와 기억에 심어주려 애쓴다. 이 모든 과정의 핵심은 내가 사용하는 말이지만, 이 말은 사진과 도표로 표현된다.

사람들은 끊임없이 의사소통한다. 우리는 깨어 있는 시간 내내 정보를 축적하고 여과한다. 머리는 말로 사고한다. 이 점은 하나님과 인간, 계시와 기도를 고려할 때 매우 중요하다.

이 장에서는 고대와 현대의 증인들을 활용하여, 하나님이 성경이라는 기록 매체를 통해 스스로를 계시하기로 작정하셨다고 믿는 것이 타당한지의 여부를 검토해보겠다. 기도에 대한 그리스도인의 반응도 살펴볼 것이다. 그러려면 먼저 사람들이 의사소통을 하는 이유와 방법을 이해해야 한다.

증인 목록

피터 맥닐리지 Peter MacNeilage 미국 오스틴에 있는 텍사스 대학교 심리학 교수이다. 그는 복잡한 발화 행위 체제라는 주제로 120편이 넘는 논문을 발표했다. 현재 미국 과학진흥협회(American Association for the Advancement of Science)와 음향학회(Acoustical Society of America), 행동 및 사회과학 연구센터(Center for Advanced Study in the Behavioral and Social Sciences) 회원이다.

토머스 헨리 헉슬리 Thomas Henry Huxley, 1825~1895 다윈과 그의 자연 선택설을 열렬히 지지한 영국의 생물학자였다. 그는 자신의 종교적 관점을 기술하면서 '불가지론자'라는 말을 처음 만든 사람으로 알려져 있다.

살바도르 루리아 Salvador Luria, 1912~1991 이탈리아 출생의 미국인 미생물학자로, 1969년에 노벨 생리의학상을 수상했다. 미국 MIT(매사추세츠 공과대학교)에서 수십 년간 미생물학을 가르쳤고, 나중에는 MIT 암연구센터에서 일했다.

미국 과학아카데미(National Academy of Sciences) 회원이기도 했다.

B. F. 스키너 B. F. Skinner, 1904~1990 20세기 가장 영향력 있는 심리학자라고 할 만한 그는 하버드 대학교에서 박사 학위를 받고, 에드가 피어스 석좌 교수 (Edgar Pierce Chair)를 지냈다. 저자와 사회 철학자로 유명세를 떨쳤다.

노암 촘스키 Noam Chomsky, 1928~ 20세기 가장 영향력 있는 언어학 사상가이 자 38개의 명예 학위를 받은 그는 MIT 언어학과와 철학과 명예 교수이다. 1992년 인문학 인용 색인(Arts and Humanities Citation Index)에 따르면, 그는 1980년에서 1992년 사이에 생존 학자들 중 가장 자주 인용되었다.

키케로 Cicero, 주전 106~43 고대 로마인 중에서 방대한 저술을 한 사람으로 유 명하다. 변호사, 정치인, 철학자였던 그는 이 책에서 인용한 신탁에 대한 생 각을 비롯하여 수많은 주제에 대해 글을 남겼다.

마태 Matthew 열두 제자의 한 사람인 마태는 예수님의 산상수훈을 기록한 첫 번째 복음서의 저자로 추정된다. 산상수훈에는 예수님이 제자들에게 기도하 는 법을 가르쳐주신 주기도문이 수록되어 있다.

우리가 하나님의 음성을 듣지 못한다면
그것은 그분 잘못이 아니다

법원 속기사가 일하는 모습을 본 적이 있는가? 대다수 속 기사들은 속기 기계(스테노타이프)를 사용하는데, 이 기계는 자료 6-1에 나오는 자판을 사용하여 분당 최소 2백 단어를 기록할 수 있다. 이 자판은 보통 자판과 달리 C, I, J, M, N, Q, V, X, Y가 빠져 있어서 글자 수가 적다. 소문자는 기록할 수 없고 대문자만

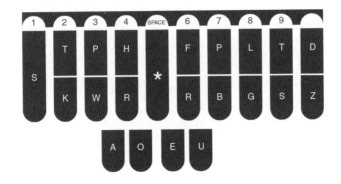

자료 6-1 속기 기계 자판

쏠 수 있다. 한 번에 한 글자만 칠 수 있는 보통 자판과 달리, 여러 글자를 동시에 기록할 수 있다.

속기 기계의 원리는 영어의 발음을 기초로 한다. 현대 영어는 자음과 모음 40개를 다양하게 결합하여 일상 언어를 만든다. 이런 학문 분야를 '음운론'이라고 하는데, 언어학의 네 가지 주요 분야 중 하나이다. 언뜻 봐서는 말하는 데 무슨 대단한 합의가 필요할까 싶기도 하다. 우리는 주변 사람들과 똑같이 말하고 듣고 발음하지 않는가. 하지만 발화는 놀라운 기술이다.

학자들에 따르면, 말하는 데 필요한 근육은 40개나 된다. 가슴, 후두, 목, 입, 얼굴에 걸쳐 있는 이 근육들은 화자가 의식적으로 노력하지 않아도, 각 음절에 필요한 근육이 알아서 움직인다. 발화 행위에는 믿기 힘들 정도로 많은 움직임이 필요하다. 피터 맥닐리지는 말할 때 초당 225개의 근육이 활성화된다고 추산한다.[1] 인간이 말할 때 소리를 선택하는 규칙은 무의식적이어서, 머릿속 깊은 곳에 숨겨져 있다. 예를 들어, 어제 낚시를 다녀온 사람은 "I fished"라고 말한다. '낚시하다'의 과거형을 만들려고 단어 끝에 붙인 'd'를 대다수 사람들은 '트'(t)로 발음한다. 어제 등산을 갔다면, "I climbed"라고 말했을 것이다. 이 경우에는 'd'를 '드'(d)로 발음한다. 원어민이라면, 이런 단어를 발음할 때마다 뇌에서 의식적으로 어떻게 발음할지를 결정하지는 않는다. 대부분 자동으로 발음이 바뀌기 때문에, 'd'를 어느 때는 '트'로 발음하고 어느 때는 '드'로 발음하는지 설명하기 힘든 경우가 많다.

일찍이 1863년에 영국의 생물학자 토머스 헉슬리는 이런 유명한 말을 남겼다. "언어 소유는 인간만의 위대한 특징이다."[2] 설득력 있는 주장이다. 인간은 말을 발명하고, 말을 하고, 말을 이해하고, 말로 생각한다. 기호(글)와 소리(말)에는 인간이 의식적으로 생각하지 않고도 즉시 이해할 수 있는 의미가 담겨 있다. 고대 그리스인들은 바로 이런 의미에서 '로고스'라는 단어를 사용했다. '로고스'를 '말(씀)'로 번역하는 것은 타당하지만, 거기에는 '이성'이나 '근거'라는 뜻도 있다. 우리는 머릿속에서 언어로 추론하고 사고한다. 머릿속에서 말로 표현하지 않고 어떤 단어를 생각하려 해보라. 의식적인 사고에서는 쉽지 않다. 그런 의미에서 노벨상 수상자 살바도르 루리아도 다음과 같이 말한 바 있다. "인간의 언어는 인간의 모든 의식적 행위를 걸러내는 특별한 기능이다."[3]

1950년대부터 시작되어 오늘에 이르기까지, 인간이 언어를 사고하고 처리하는 방법을 이해하는 과학은 기하급수적으로 발전했다. 앞서 언급한 발음 행위는 언어 관련 논의에서 빙산의 일각에 불과하다. 셈을 할 줄 모르는 세 살짜리 어린아이도 단어와 문장으로 마치 셈을 하듯 손쉽게 규칙을 결합할 수 있다.

인간의 발화 행위를 이해하려는 학자들의 노력이 계속되면서, 몇 가지 이론이 부상했다. 1950년대에 스키너는 행동주의적 접근법을 지지했다. 그는 아이들이 언어를 사용하는 다른 사람들과 어울리면서 언어와 그 법칙을 배운다는 조건화를 가르쳤다. 이 관점은 오래가지 못했다. MIT의 노암 촘스키는 매우 다르면서도, 대중이 훨씬 더 쉽게 수용한 관점을 발표했다. 흔히 '선천적' 관점이라고 하는 이 관점에 따르면, 언어는 인간에게만 독특하게 나타나며, 인간은 태어날 때부터 언어를 습득하고 사용할 수 있는 선천적 능력을 가지고 있다. 오늘날 대다수 학자들은 형태는 조금씩 다를지언정 촘스키의 견해를 따르는 것 같다. (물론, 언어 습득 및 사용과 관련하여 다른 설명을 제시하는 유명 학자들도 있기는 하다. 이 주제는 굉장히 복잡하기 때문에 현 시점에서 전체 학자들 사이에 합의를 보기는 어려워 보인다.)

왜 인간에게 언어가 그토록 중요할까? 우리가 언어로 생각하기 때문일까? 물론, 아니올시다이다. 대다수 사람들에게는 남을 이해하고 남에게 이해받고 싶은 내적 욕구가 있다. 요즘 같은 인터넷 시대에 소셜 미디어가 급속히 확산되는 현상을 보라. 페이스북, 이메일, 포스퀘어, 트위터를 비롯한 수많은 컴퓨터와 스마트폰 애플리케이션들이 거액이 오가는 상거래의 핵심에 자

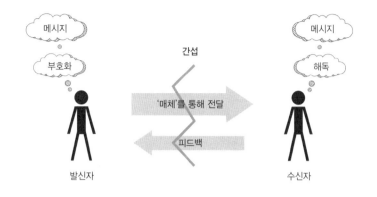

자료 6-2 기본 의사소통 모델

리한다. 이런 현실은 다른 사람과 의사소통을 원하는 인간의 욕구에 힘입은 것이다. 학자들은 의사 전달 과정을 두고 수십 년간 논쟁했다. 학자들은 더 깊이 있는 연구를 위해서 의사소통의 요소를 분해하는 모델을 만든다. 과정을 단순화하기 위해 전형적인 모델에서는 두 사람을 설정한다(자료 6-2를 보라). '발신자'인 한 사람은 '수신자'인 상대방에게 보내고 싶은 '메시지'가 있다. 발신자는 어떻게 그 메시지를 말로 표현할지 결정하는데, 흔히 그 과정을 '부호화'(encoding)라고 한다. 부호화된 메시지는 '매체'(medium)를 통해 수신자에게 전달된다. 수신자는 매체를 통해 메시지를 받고 '해독'(decoding)하여 의미를 결정한다. 수신자는 받은 메시지를 언어로 확인해주고, 고개를 끄덕이거나 때로는 당혹스런 표정으로 피드백을 준다. 학자들은 전송 과정에서 메시지를 방해할 수도 있는 간섭을 포함하여 의사소통의 모든 측면을 연구한다. 의사소통 모델과 연구에는 비언어 의사소통도 포함되지만, 대부분의 의사소통은 글이나 말, 전자 형태 등의 언어로 이루어진다.

요약하면, 말은 사고방식과 의사소통 방식의 토대를 형성한다. 따라서 언어와 의사소통이 하나님에 대한 이해와 그분과의 관계에 어떤 역할을 하는지 질문하는 것은 타당하다. 우리는 하나님의 메시지를 받는 수신자인 동시에 자신의 메시지를 보내는 발신자로서, 하나님과의 상호 의사소통을 검토해볼 수 있다. 하나님의 말씀을 들을 때 우리는 수신자이다. 우리는 피드백을 드리기도 하고, 기도할 때는 발신자가 되기도 한다.

발신자 하나님

오늘날 얼마나 많은 지식인들이 성경을 하나님이 인간에게 주신 말씀(신의 계시)으로 여기는지 알면 놀랄 것이다. 그러나 여전히 이런 관점을 구시대적 발상이나 못 배운 이들의 생각으로 여기는 이들도 많다. 많은 학자들이 성경을 세분하여 자세하게 분석하고는, 비록 그럴듯한 사상과 꾸며낸 이야기를 담고 있지만 현실과는 거리가 멀다고 치부했다. 이들 중 다수는 성경이 신의 계시(또는 신성한 문서)라는 데 회의적이었다. 물론 성경은 얼마든지 철저한 조사 대상이 될 수 있다. 단지 현명한 검토가 필요할 뿐이다. 디모데후서 2:15은 내가 좋아하는 말씀이다. "너는 진리의 말씀을 옳게 분별하며, 부끄러울 것이 없는 일꾼으로 인정된 자로 자신을 하나님 앞에 드리기를 힘쓰라." 그러나 성경에 대한 철저한 조사 배후에는, 또 다른 질문이 있다. 하나님이 인간과 소통할 수 있으시고, 소통하기 원하신다고 보는 것이 과연 옳은가?

하나님이 인간과 의사소통한다고 주장하는 것은 온당하고 상식적인 추론 같다. 별과 은하계를 만들 정도로 크고(3장) 우주의 모든 쿼크를 파악할 정도로 큰(4장) 하나님이라면 의사소통 능력은 충분하실 것이다. 인류가 의사소통 분야에서 눈부신 발전을 거듭하는 사이, 신은 그 능력을 전혀 발전시키지 못했노라고 누가 과연 정색하고 주장할 수 있을까? 만물의 주인인 분이 영어, 헬라어, 히브리어를 비롯한 전 세계 6천 개 언어(추정)와 씨름하고 계시다는 말을 감히 하기는 어려울 것 같다. 능력이 문제가 아니라면, 위대하신 하나님이 인류와 의사소통하지 않기로 작정하실 만한 이유는 무엇일까?

광대한 우주를 생각해보면, 사람들은 하나님에게 별 관심이 없을 수도 있다. 이런 추론을 확대하면, 전 세계 70억 인구 중한 사람의 인생은 하나님에게 별 관심사가 아닐 수 있다는 주장도 가능하다. 이 말은 꽤 경건하게 들리기까지 하는데, 하나님이 그저 한 사람의 인생에만 신경 쓰는 분이 아니라 다른 수많은 고상하고 중요한 일들을 생각하는 분이라는 뜻으로 해석할 수 있기 때문이다. 그러나 사실은 정반대이다. 하나님에게는 세상에서 가장 작고 초라한 사람까지 돌볼 능력이 없다고 생각하는 것이 오히려 그분을 작은 분으로 만든다. 그분의 몸집을 작게 만드는 것이 아니라("원하면 하실 수 있다"), 그분의 돌보심을 축소하는 것이다. 하나님이 원하면 하실 수 있다고 말하면서 그분에게 그런 욕구가 없다고 가정하는 것은, 그 사랑과 관심을 아주 미미한 수준으로 생각하는 부당한 사고방식이다.

이 점은 고대 이스라엘의 성경적 종교와 주변 국가들의 종교 사이에 흥미로운 대비를 이끌어낸다. 이방인이 섬기는 신들은 누군가가 신의 관심을 끈다거나 신들에게 사람의 섬김이 필요할 때처럼 극히 드문 경우를 제외하고는, 인간과 소통하려는 욕구가 없었다. 메소포타미아 전설에 따르면, 신의 일을 대신 하기 위해 창조된 인간은 늘 녹초 상태였다. 거기에 더해서 신들의 관심을 끌려고 소리 지르고, 뛰어다니고, 춤을 춰야 했다. 성경을 비롯한 고대 문서에서 이런 장면을 여러 차례 볼 수 있다. 구약 성경에서 엘리야가 갈멜 산에서 바알 선지자들과 대결할 때, 바알 선지자들은 "그들의 규례를 따라" 몇 시간 동안 칼과 창으로 자해를 하면서 울부짖었다. 그들은 계속해서 미친 듯이 떠들었지만 "응답하는 자[신]나 돌아보는 자가 아무도" 없었다(왕상 18:26-29). 신약 성경에서도, 예수님이 "중언부언하며" 기도하는 이방인들에 대해 말씀하신다. "그들은 말을 많이 하여야 들으실 줄 생각하느니라"(마 6:7). 성경의 하나님은 그런 분이 아니다. 자기 일만 신경 쓰다가 가끔씩 사람들 등쌀에 못 이겨 반응하는 분이 아니다. 오히려 다른 고대 종교들과 달리, 성경의 하나님은 인간에게 먼저 손을 내미셨다.

우리가 하나님에게는 인간과 소통하려는 능력과 욕구가 모두 있다고 여긴다면, 다시 의사소통 모델로 돌아가서 그것이 발신자 하나님을 탐구하는 데 어떤 도움이 되는지 살펴볼 수 있다.

발신자는 자신이 전달하고 싶은 메시지에서 출발하여 그 메시지를 부호화한다. 즉, 전달 매체에 적절한 단어나 언어로 표현한다.

부호화

지금 나는 내가 전달하려는 생각을 그에 잘 부합하는 단어와 문장을 골라서 기록하고 있다. 따라서 이 단어와 문장들은 내가 고른 생각의 부호화를 수행한다. 물론 다른 단어를 골라 부호화했다면, 마지막 문장은 이런 문장이 될 수도 있었다. "대안적으로, 내가 의도한 생각에서 비슷한 일련의 언어 소리 체제가 탄생했을 수도 있다." 하지만 나는 이 문장 대신 내 메시지를 좀 더 분명하게 전달해준다고 생각하는 단어들을 사용했다. 또한 영어 대신 스페인어로 이 메시지를 부호화할 수도 있겠지만, 아마 "Yo debi de haber usado palabras diferentes"라는 문장은 이 책을 읽는 독자들이 쉽게 이해하기 힘들 것이다.

하나님이 인간과 의사소통하기 위해 선택하실 수 있는 부호화 과정에는 여러 대안이 있었을 것이다. 언어까지 갈 필요도 없이, 어떤 사람들은 하나님이 초감각 지각(ESP)이나 마인드 컨트롤로 '크신 하나님'다운 접근법을 사용할 수도 있으시다고 생각할 것이다. 하지만 그런 것은 인간의 의사소통 방식과는 거리가 멀다. 과학이 계속해서 입증하듯, 인간은 철저히 언어적인 동물이다. 인간의 마음과 의식적 사고에는 선천적으로 언어가 내장되어 있다. 따라서 하나님이 언어로 사람들과 의사소통하시리라고 충분히 기대해볼 만하다. 인간은 언어를 듣고 이해할 준비가 되어 있다.

오늘날 세계에는 6천 개 언어가 있고, 인류 역사를 통틀면 그보다 훨씬 더 많은 언어가 있었다. 이 수많은 언어 중에서 생각을 전달하기 위해 고를 수 있는 단어는 무한정하다. 이 단어들로 명제 진리를 피력할 수도 있고, 시구(詩句)를 지을 수도 있고, 이야기를 들려줄 수도 있다. 하나님의 목적이 의사소통이었다면, 그 메시지를 받는 사람들이 이해할 수 있게 부호화를 하셨으리라 짐작할 수 있다. 메시지를 해석하는 수신자들의 책임과 역할을 고려할 때 이 부분은 매우 중요하다.

매체

하나님이 특정한 부호화 방식을 선택하신다고 생각한 다음에는, 하나님이 사용하신 매체를 고려할 차례이다. 역사에서 주로 사용된 매체는 구두 매체와 기록 매체였다. (지난 수십 년 사이에 전자 매체가 나타나긴 했지만, 너무 새로운 현상이기에 이 논의에서는 제외하기로 한다.) 구두 매체는 가장 흔하고 간편한 형태이지만, 기억에 의존하기 때문에 메시지를 왜곡하는 약점이 있다. 기록 매체는 수명이 좀 더 길어서 전송에 유리하지만, 세월이 흐르면서 메시지를 복사하고 이해하는 과정에 오류가 발생할 수 있다.

성경의 하나님은 구두 매체와 기록 매체를 모두 사용하여 메시지를 전달하셨다. 성경에는 하나님이 "만군의 여호와가 말하노라"라고 말씀하시거나, 예언자에게 주님의 말씀을 기록하라고 명령하시는 내용이 반복해서 등장한다. 바울은 구약 성경을 가리켜 "하나님의 말씀"(롬 3:2)이라고 했다. 바울은 로마서에서 유대인과 이방인을 포함하는 로마 교인들에게 편지를 쓰고 있다. 바울 시대 이방인 신자들은 "하나님의 말씀"(신탁)이라는 말에 익숙했다.

고대인들은 신탁에 익숙했다. 사람들은 신탁을 통해 신에게서 말씀이나 특별한 지식을 얻으려 했다. 신은 사람들이 원하는 대답을 흔쾌히 내주지는 않았지만, 충분한 보답이 있으면 신의 예언자나 대변자가 짧고 모호한 말을 남겨주기도 했다. 로마의 변호사 키케로는 아시아 최고 부자로 유명했던 크로이소스(Kroisos) 왕에게 전달된 신탁을 예로 들어, 델피 신전의 신탁을 문제 삼았다. 크로이소스 왕은 주전 547년에 페르시아와의 전쟁을 심사숙고하고 있었다. 신탁은 이런 내용이었다.

크로이소스가 할리스 강을 건너 진격한다면
강력한 대국을 멸망시킬 것이다.[4]

크로이소스는 강을 건너 페르시아를 공격했지만 지고 말았다. 신탁이 모호했다. 신탁은 옳았지만, 누가 이기는지는 말해주지 않았다. 변호사 키케로가 문제를 제기했듯이, "어느 쪽이 이기든, 신탁은 옳았을 것이다". 이것이 바로 신탁이 옳을 때도 있고 틀릴 때도 있는 이유가 무엇인지 보여주는 키케로의 예이다. 대개 신탁은 굉장히 모호하고 불분명해서, 정확한 내용을 알 수 있는 사람은 없었다.[5]

그리스 역사가인 헤로도토스(Herodotos)가 기록한 이 내용과 성경을 읽는 것은 매우 다르다. 성경에 기록된 하나님의 메시지는 우리가 성경을 해석하는 과정으로 들어가는 역사적 틀 내에서 전달되었다.

해독

다음으로, 발신자(하나님)에서 수신자(사람)로 전달되는 해독 과정을 살펴보자. 첫 번째 수신자는 메시지를 실제로 듣는 사람들이었다. 성경을 조금만 읽어봐도 메시지를 들은 사람 중에 그 내용을 그대로 받아들인 사람은 거의 없다는 것을 알 수 있다. 사람들은 예언자들이 거짓을 말하는 사기꾼이라며 번번이 거부했다. 하나님이 그분 방식이 아니라 자기들 방식대로 말씀해주시기를 끊임없이 요구했다. 신약 성경에도 유명한 이야기가 등장한다. 예수님이 죽은 나사로를 살리시자(요 11장) 그분을 메시아로 믿는 사람도 있었지만, 사람들의 반응은 대부분 정반대였다. 사람들은 예수님을 함정에 빠뜨리려고 당국을 찾아갔다. 부자와 나사로의 비유를 들려주는 누가복음(눅 16:19-31)의 관점에서 이 사건을 생각해보자. 이 비유는 등장인물의 이름이 나오는 유일한 비유이다. 흥미롭게도, 예수님이 고르신 이름은 그분이 죽음에서 일으키신 사람의 이름과 똑같다.

비유에 나오는 부자는 편하게 살고, 가난한 나사로는 힘들게 살았다. 두 사람이 죽은 뒤, 부자는 지옥에서 고통받고, 나사로는 천국에서 여유를 즐긴다. 부자는 아버지 아브라함에게 죽은 사람을 살려 형제들에게 보내서 자기 같은 운명을 피하게 해달라고 부탁했다. 아브라함은 부자에게 그의 형제들에게는 "모세와 선지자들이 있으니 그들에게 들을지니라"라고 말해주었다. 부자는 자기 형제들이 선지자의 말은 듣지 않겠지만, 죽은 사람이 살아 돌아오면 확실히 들을 것이라고 말했다. 그러자 예수님이 말씀하셨다. "모세와 선지자들에게 듣지 아니하면, 비록 죽은 자 가운데서 살아나는 자가 있을지라도 권함을 받지 아니하리라"(눅 16:31). 이 메시지는 하나님의 말씀에 이미 귀를 닫은 사람들에게는 나사로의 부활이나 예수님의 부활도 소용이 없었다는 성경 구절을 상기시켜준다.

그렇다면 발신자의 존재를 받아들이고 발신자와 매체를 구별하는 것도, 해독 과정의 일부가 아닐까. 다시 말해 하나님의 메시지를 제대로 해독하려면, 성경과 그 예언자들을 메시지를 만들어낸 단순한 인간으로 보기보다는, 하나님이 그분의 메시지를 전달하기 위해 사용하신 매체로 봐야 한다.

매체를 발신자와 혼동하지 않고 제대로 이해하고 난 다음에는, 그 매체를 해독해야 한다. 이것은 혹시라도 있을지 모르는 간섭까지 고려하는 것을 뜻한다. 이 경우에는, 복사 과정의 오류나 기타 전송과 관련된 문제가 생길 수 있다. 학자들은 순수한 메시지와 간섭을 구분하기 위해 애쓴다. 수많은 사본을 거듭 살펴서 원문에 최대한 가깝게 복원하여 해독 과정에 사용한다. 다음으로는 과거의 언어를 현대어로 변환하는 과정이 이어진다. 개인이 성경 말씀을 읽고 이해할 수 있도록 수많은 번역가들이 수십 년간 번역 과정에 매달리고 있다.

하지만 이렇게 번역한 내용을 읽고 이해했다고 해서, 원래 메시지를 온전히 해독하고 담아냈다고는 할 수 없다. 현대인들이 이 내용을 제대로 파악하려면 역사적 맥락과 관련된 추가 정보가 필요하다. 요즘 '준 클리버'(June Cleaver)를 언급하면 〈비버는 해결사〉(Leave It to Beaver, 1957~1963년에 방송된 미국 시트콤 드라마—옮긴이)를 시청한 어르신들이라면 몰라도, 이 드라마를 모르는 젊은이들에게는 아무 의미가 없다. 장소 이해가 중요한 때에도, 먼 나라 지형을 제대로 이해하지 못하는 경우가 많다. 고대 기록 및 발화 양식, 시의 형식, 사고 정리와 기타 형식 문제 등은 사용 매체에 따라 적절한 해독이 필요하다.

어려운 문제가 적지 않고 그에 따른 연구도 필요하지만, 하나님은 자신의 핵심 메시지를 간단하고 확실하게 전달하길 원하셨다는 점을 기억해야 한다. 성경의 핵심 가르침에 담긴 이 메시지는 얼마든지 손쉽게 해독할 수 있다. 수백 개에 달하는 교파 중에서도, 대다수는 '정통'이라고 하는 다음 핵심 성경 개념에 동의한다.

- 하나님은 사람을 창조하여 그분과 교제하게 하셨다(창 1-2장).
- 인류가 죄를 지어 각 사람과 하나님 사이가 틀어졌다(창 3장).
- 하나님이 그분의 성품에 어긋나지 않는 방법으로 우리 죄를 해결하지 않으시는 한, 그분과 우리의 분열은 영원할 것이다(롬 5:12-14).
- 하나님은 기적을 통해 성육신하셔서 메시아 예수로 완벽한 인생을 사셨다(빌 2:5-8; 히 4:15; 벧전 2:22).
- 예수님은 인간의 죄에 대한 책임을 지시고 십자가에 못 박히셨다(롬 3:21-26).
- 죽으신 예수님은 영원히 부활하셨고, 하나님의 능력에 대한 증거로 승천하시기 전 이 땅에 모습을 드러내셨다(고전 15:3-28).
- 하나님은 성령을 보내셔서 성경에 드러난 이 진리를 사람들에게 가르치신다. 이와 같은 성령의 확증이 없다면, 이 진리는 어리석게 보일 뿐이다(요 14-16장; 고전 2:6-16).
- 예수님의 죽음을 믿는 사람들은 그리스도의 의를 부여받는다(롬 3:27-30; 엡 2:8-10).
- 예수님은 이 세상을 변화시키고 하나님의 백성을 죽음에서 영원으로 옮기기 위해 다시 오실 것이다(고전 15:50-57).

이 모두는 성경에서 쉽게 찾을 수 있는 개념이다. 각 항목은 성경에 분명히 나와 있고, 성경을 하나님의 권위 있는 책으로 믿는 사람이라면 여기에 토를 달 사람은 거의 없다.

해독 과정에서 우리는 분명한 메시지도 깨달아야 하지만, 좀 더 어려운 부분도 다루고 역사적 문제도 적절하게 해독해야 한다.

피드백

모든 의사소통 모델에는 피드백이 있다. 피드백은 메시지를 받은 사람의 반응인데, 언어나 비언어로 표현할 수 있다. 심지어 발신자와 메시지를 무시하는 것도 피드백의 일종이다.

기독교 신앙은 하나님과 그분의 메시지에 다양한 종류의 피드백이나 반응을 내놓는다. 발신자를 무시하고 모든 메시지를 축소하려는 사람들이 있는가 하면["어리석은 자는 그의 마음에 이르기를 하나님이 없다 하도다"(시 53:11)], 옛날이라면 몰라도 요즘에는 통하지 않는다며 그 메시지를 축소하려는 사람들도 있다. 기독교 신앙은 신자의 피드백을 그 이상으로 간주한다.

하나님에 대한 신자의 피드백에는 다양한 형태가 있다. 확실히 그리스도인의 삶은 하나님의 메시지에 대한 반응을 담아내기 마련이다. 우리의 생활 방식은 우리가 그 메시지를 믿는지 믿지 않는지를 드러낸다. 신약 성경 저자 야고보는, 신자들이 마음속의 진짜 믿음을 서로 보여줄 수는 없어도, 우리 행동이 믿음의 여부를 확실히 보여준다고 했다.

그런데 신자가 하나님에게 반응하는 메시지의 발신자가 될 때, 신자의 피드백은 특별한 형태를 띠게 된다. 의사소통 이론에서 이 지점에 이르면, 발신자가 한 사람에서 두 사람으로 바뀌고, 발화는 쌍방 대화로 바뀐다. 이것이 바로 기도에 대한 기독교의 가르침이다. 기도는 하나님이 시작하신 대화에 대한 적극적 반응이다.

예를 들어, 마태복음 6장과 누가복음 11장에 나오는 주기도를 생각해보자. 사람들이 주로 암송하는 본문은 마태복음이지만, 누가복음에는 이 기도에 흥미로운 배경을 깔아주는 서막이 등장한다. 누가복음 본문은 예수님이 개인 기도 시간을 마치면서 시작된다. 제자 한 사람이 기도하는 법을 가르쳐달라고 했다. 그러자 예수님이 이 기도를 가르쳐주셨다.

주기도를 본격적으로 살펴보기 전에, 몇 가지를 짚고 넘어가는 편이 좋겠다. 먼저, 크신 하나님은 우리 기도가 필요 없는 분이다. 우리 생각을 이미 다 알고 계신다. 우리가 채 생각하고 말하기도 전에 우리의 모든 생각과 말을 아신다. 시편 139:1-4은 그 점을 분명히 한다.

> 여호와여, 주께서 나를 살펴보셨으므로 나를 아시나이다.
> 주께서 내가 앉고 일어섬을 아시고
> 멀리서도 나의 생각을 밝히 아시오며
> 나의 모든 길과 내가 눕는 것을 살펴보셨으므로
> 나의 모든 행위를 익히 아시오니
> 여호와여, 내 혀의 말을 알지 못하시는 것이
> 하나도 없으시니이다.

예수님도 마태복음 6:7-8에 기록된 주기도에 앞서 똑같은 주장을 하셨다. "또 기도할 때에 이방인과 같이 중언부언하지 말라. 그들은 말을 많이 하여야 들으실 줄 생각하느니라. 그러므로 그들을 본받지 말라. 구하기 전에 너희에게 있어야 할 것을 하나님 너희 아버지께서 아시느니라." 여기에서 '중언부언'으로 번역된 원어는 재미있는 단어이다. 헬라어 '바타로게오'(*battalogeō*)는 끊임없이 잡소리를 늘어놓는 사람을 가리킨다. 예수님은 기도란 하나님이 모르시거나 간과하신 우리의 필요를 알리려고 그분의 관심을 끌기 위해 애쓰는 게 아니라고 가르치셨다. 하나님은 우리의 모든 필요를 아신다. 그래도 기도는 중요하다. 기도는 인간의 피드백이다. 기도는 관계를 맺고 있는 둘 사이에 반응하는 대화이다. 주기도를 살펴보면 이 점은 더 확실해진다.

주기도는 여섯 구절로 되어 있는데, 처음 세 구절은 하나님에 대한 내용, 나머지 세 구절은 사람들에 대한 간구이다.

첫 번째 구절. "하늘에 계신 우리 아버지여." 히브리어나 아람어로 된 주기도는 친밀하면서도 위풍당당한 두 단어로 시작된다. "우리 아버지"로 번역된 첫 번째 단어는 신자와 하나님의 친밀한 관계를 확인해준다. "하늘에 계신"으로 번역된 두 번째 단어에서는 평범한 아버지만이 아니라, 하늘 아버지의 위대하심을 볼 수 있다. 이렇게 주기도는 하나님의 위대하심과, 인격적인 하나님과 우리의 관계를 확인하는 것으로 시작한다.

두 번째 구절. "이름이 거룩히 여김을 받으시오며." "이름이 거룩히 여김을 받으시오며"라는 구절에서 주기도는 곧바로 찬양으로 이어진다. 이 구절에서 우리는 당시에 한 사람의 이름이 단순한 명칭 이상이었음을 알 수 있다. 이름은 한 사람의 성품과 역사와 행동을 대변했다. 예수님은 우리에게 하나님의 성품과 행위를 찬양하라고 가르치셨다.

세 번째 구절. "나라가 임하시오며, 뜻이… 이루어지이다." 하나님에 대한 마지막 구절은 목적을 언급한다. 이 대화는 기도하는 사람의 뜻을 하나님의 뜻에 맞추어 그분의 뜻과 나라를 구한다. 이 세 구절은 "하늘에서 이루어진 것같이 땅에서도"라는 말로 마무리된다. 이 표현은 앞에 나온 각 구절에도 똑같이 적용할 수 있다. 하늘에서 이루어진 것같이 땅에서도 하나님의 이름이 거룩히 여김을 받으시오며, 하늘에서 이루어진 것같이 땅에서도 나라가 임하시오며, 하늘에서 이루어진 것같이 땅에서도 뜻이 이루어지이다. 예수님은 제자들에게 영원이 현재로 뚫고 들어와 영향을 미치도록 기도하라고 가르치신다. 주기도는 제자들에게 평화에 대한 하늘의 개념들을 취하고 이 땅에서 그것을 위해 일하라고 가르친다. 마찬가지로, 건강과 행복도 단순히 미래에 이루어질 목표가 아니라 현재에도 훌륭한 목표이다.

하나님에 대한 세 구절 다음에는, 기도하는 신자들의 간구가 이어진다.

주기도와 카디시

사람들은 주기도를 대개 '기독교의 기도'로 생각하고, 실제로도 그렇지만, 주기도가 단지 기독교의 기도만은 아니다. 예수님과 제자들은 유대인이었다. 주기도는 히브리의 카디시(*Kaddish*)에 뿌리를 둔다. 고대 히브리의 기도 카디시는 바벨론의 디아스포라 유대인들에게까지 거슬러 올라가는데, 주기도의 도입부와 매우 흡사하다. 카디시를 번역하면 다음과 같다.

그분의 이름이 높여지고 거룩히 여겨지이다.

그분이 그분 뜻에 따라 지으신 세상에서

그분의 다스리심이 다스리게 하시길.

너희의 생애와 날들에 그리고 이스라엘 집안 전체의 생애에,

신속히 그리고 조만간

그분의 위대한 이름이 영원에서 영원까지 찬양을 받으소서.

이에 대해 말하라. 아멘.

두 기도문의 내용이 매우 흡사하지만, 주기도에는 중요한 차이점이 있다. 유대인들의 기도는 하나님을 제3자로 찬양하지만, 예수님은 직접 화법과 대화체를 사용하셨다. 유대인들의 기도는 "그분의 이름이 높여지고"라고 말하는 반면, 예수님은 "[당신의] 이름이 거룩히 여김을 받으시오며"라고 말씀하신다. 예수님의 기도는 단순히 세상을 향한 선언이 아니라, 관계를 기반으로 한 대화이다. 예수님의 피드백은 발신자를 향한 좀 더 직접적인 반응이다.

네 번째 구절. "오늘 우리에게 일용할 양식을 주시옵고." 첫 번째 간구에서, 하나님은 가장 기본적인 필요를 채워주시는 분이다. 21세기에는 "오늘 우리에게 1년 치 양식을 주시옵고"라는 말이 더 적절해보일 수도 있지만, 예수님은 우리에게 하루의 필요를 간구하라고 가르치신다. 우리는 기도하면서 주기적으로 하나님을 찾아야 한다. 하나님과 한 사람의 대화는 어쩌다 가끔이 아니라, 주기적으로 꾸준히 이루어져야 한다. 바울은 데살로니가 교인들에게 "쉬지 말고 기도하라"(살전 5:17)라고 말했다. 신약

성경 이후 초기 교회 기록에는 신자들에게 하루 세 번씩 주기도를 드리라고 가르친 내용이 있다.[6]

다섯 번째 구절. "우리가 우리에게 죄지은 자를 사하여준 것같이 우리 죄를 사하여 주시옵고." 이 구절에서 우리는 거룩하신 하나님 앞에 마땅히 살아야 할 모습으로 살지 못하는 인간의 부족함과 무능력을 깨닫는다. 우리 삶은 하나님에게 빚을 지고 있다. 우리는 그 사실을 깨닫고 하나님의 용서를 구해야 한다. 하나님의 용서를 묵상하는 이 내용에는 다른 신자에게 미치는 영향력도 담겨 있다. 우리에게 필요한 것만 구하지 말고, 다른 사람들을 대하는 태도도 바꾸려고 노력해야 한다.

이 구절은 이 책 앞부분에서 살펴본 하나님에 대한 성경적 관점과 비성경적 관점의 차이를 고려할 때 특히 중요하다. 자신에게 잘못한 사람을 용서하지 못하는 사람은 비성경적인 하나님을 예배하는 셈이다. 비성경적인 여러 관점 중에 하나는 태만한 것이다. 사람은 지극한 거룩 가운데 거하시는 크신 하나님을 보지 못할 수도 있는데, 그 때문에 자신이 용서가 필요한 존재임을 깨닫지 못하기도 한다. 어떤 사람은 하나님이 인간의 죄를 용서하려고 행동하셨다는 사실을 이해하지 못할 수도 있다. 죄가 너무 커서 하나님이 용서할 수 없으시다거나 그분의 관심을 넘어서기라도 하는 것처럼 말이다. 이 모두는 크신 사랑의 하나님을 온전히 담아낸 모습이라 할 수 없다.

여섯 번째 구절. "우리를 시험에 들게 하지 마시옵고, 다만 악에서 구하시옵소서." 기도가 마무리 단계에 이르면서, 인도자요 구원자이신 하나님과의 관계를 다시 한 번 확인한다. 우리 스스로는 시험과 악을 처리할 수 없다. 기도하면서 주기적으로 아버지께 도움을 구해야 한다. 물론 이 구절은 우리가 죄를 멀리하기 원한다는 전제를 포함한다.

주기도는 친근한 관계에서 드러나는 신뢰의 표현이다. 거룩하신 하나님의 역할이 사라지지 않고 오히려 강화된다. 이 기도의 놀라운 점은 간결성이다. 여섯 구절밖에 되지 않을 만큼 짧고 간단명료한 기도이다. 그렇다고 예수님이 긴 기도에 반대하셨다는 뜻은 아니다. 누가복음 6:12에는 예수님이 밤새도록 기도하셨다고 나온다. 예수님과 아버지 하나님의 관계는 대화하는 관계였다. 마태복음 26:39-44에는 반복해서 기도하시는 모습까지 나온다.

개인 발신자

누가는 주기도를 기록하면서 매우 중요한 맥락에 배치했다. 주기도(눅 11:1-4)에 뒤이어 나오는 예수님의 비유는, 곤경에 빠진 친구를 도와주려고 한밤중에 문을 열어주는 사람 이야기이다(눅 11:5-8). 이 네 구절에서 예수님은 사람들에게 기도를 권면하신다. 이 비유는 기도가 중요하다는 예수님의 두 가르침 사이에 위치한다. 이 비유는 우리의 요구를 들으시는 하나님의 성품에 초점을 맞춘다. 이 비유를 의사소통 모델에 대입해보면, 기도하는 사람은 발신자이고 하나님이 수신자이시다. 비유는 우리에게 확신과 기대를 품고 기도하라고 가르쳐준다. 우리가 확신 있게 기도할 수 있는 이유는, 기도할 때 우리의 정신 자세 때문이 아니라, 우리 기도를 들으실 수 있고, 실제로 들어주실 수신자가 있기 때문이다.

기도는 공중에서 사라지지 않는다. 하나님이 기도에 응답하신다. 그 대답은 승낙이나 거절, 기다리라는 말씀일 수도 있지만, 우리는 우리가 부호화한 메시지를 그분이 받으시리라는 확신을 가지고 기도할 수 있다.

성경적 관점과 상식 차원에서, 우리는 하나님을 램프의 요정으로 착각하지 않도록 주의해야 한다. 하나님은 우리가 제대로 구하기만 하면 소원을 들어주시는 그런 분이 아니다. 성경은 우리에게 기도하라고, 대화하라고, 모든 필요를 가지고 그분 앞에 주기적으로 나오라고 요청한다. 우리의 확신은 하나님이 그분의 뜻과 나라에 합당한 대답을 주시겠다고 약속하신 것에서 비롯한다. 우리의 근시안적 비전을 이루는 것이 목적이 아니다. 주기도에 나온 것처럼, 하나님 나라와 뜻이 이루어지는 것이 목적이다.

바울은 한 걸음 더 나아가, 때로 우리는 메시지를 어떻게 부호화해야 할지 제대로 알지 못할 때가 있다고 말한다. 무슨 말을 해야 할지 모르는 경우가 있다. 그럴 때, 바울은 우리의 필요와 생각을 아시는 성령님이 "말할 수 없는 탄식으로"(롬 8:26) 부호화 과정에서 친히 간구해주신다고 설명한다. 우리의 의사소통 능력이 부족하다고 해서, 하나님이 우리를 제대로 이해하지 못하시거나 적절한 반응을 못하실 이유는 없다.

결론

인간은 언어적 존재이다. 인간의 뇌는 언어로 생각을 주고받는 능력을 타고났다. 인간의 생각은 언어에 기초한다. 하나님이 그분의 형상대로 사람을 만드셨다는 성경 본문(창 1장)은 하나님이 말씀으로 세상을 만드셨다고도 밝힌다. 하나님이 인간에게 말씀하신다면, 우리의 첫 번째 임무는 그 말씀을 듣고 이해하려고 애쓰는 것이다. 우리가 하나님과 관계를 맺으면, 그 발화는 더 이상 일방적이지 않고 대화가 된다.

이 점에서 인간의 타고난 뇌가 인간을 독특한 존재로 만든다. 우리는 하나님과 의사소통하고 그분을 찾도록 타고난 존재이다. 정도의 차이는 있지만, 모든 시대와 문화에서 이런 모습을 찾아볼 수 있다. 사람들은 우상과 신전을 통해 희미한 신의 흔적을 찾는 경우가 많았다. 하지만 하나님은 언어적 의사소통으로 자신을 계시하셔서, 사람들에게 더 이상 우상을 숭배하지 말고 직접 그분과 관계를 맺게 하셨다.

많은 현대인들이 성경을 원시인의 기록으로 간주한다. 하나님을 위한 여지를 두지도 않고 그분이 필요하다고 생각하지도 않는다. 물리 법칙과 수학으로 신의 존재 가능성을 계산한다. 만약에 신이 있더라도, 너무 작고 제약이 많아서 보잘것없는 존재에 불과하다고 여긴다. 그러나 인간의 뇌가 알 수 있는 지식 너머에는 시공간의 놀라운 우주를 고안하시고 유지하시는 창조주의 영역이 펼쳐져 있다. 그럼에도 이 사람들은 자기보다 헤아릴 수 없이 더 큰 존재를 인식하는 대신, 물질과 생명과 인간은 우연에 불과하다고 믿기로 선택한다.

앞에서 나는 살바도르 루리아의 말을 인용한 바 있다. "인간의 언어는 인간의 모든 의식적 행위를 걸러내는 특별한 기능이다."[7] 이런 관점에서 계시와 기도의 중요성을 한번 생각해보라. 하나님의 말씀을 듣거나 읽지 않고 그분을 이해하는 것이 가능할까? 인간의 제한된 지성만으로 하나님의 신비를 파헤칠 수 있을까? 마찬가지로, 인간이 말을 사용하지 못한다면, 하나님의 뜻이 우리 삶에 드러나길 원하는 갈망과 하나님에 대한 찬양과 예배를 어떻게 표현할 수 있을까? 기도는 우리 마음을 하나님의 뜻에 맞춰 조정하여 사용하는 것이다. 그렇게 서로 이해하려는 의식적인 노력을 통해 하나님과의 관계가 성장한다. 이것이 신자의 일상에서 가장 중요한 부분이다.

증거를 공정하게 검토한다면, 사람들은 마땅히 계시의 하나님을 찾고자 노력하고, 그분과 의사소통해야 한다. 그 하나님은 자신과 생생하고 활력 넘치는 관계를 즐기도록 우리를 창조한 분이다.

진리의 하나님과 실재

탐 스미스라는 사람이 나에게 큰 사건을 맡겼다. 그는 몇 군데 유전을 구매하기로 대형 석유 회사와 계약을 맺었는데, 서면 계약서가 있는데도 석유 회사 측에서 거래를 취소했다는 것이다. 최근 비슷한 소송에서 이긴 적이 있기에, 내게는 좋은 기회 같았다.

탐에게 양측이 합의했다는 증거가 있느냐고 물으니, 서명이 있는 계약서를 내놓았다. 자세히 살펴보니, 거래에 동의한다는 '탐 스미스'와 석유 회사 부사장의 이름이 있었다. 이 정도면 확실한 증거인 것 같아 사건을 맡기로 했다.

이후 두어 달간 진행된 조사에서 밝혀졌듯, 석유 회사의 입장은 확실했다. 탐과 거래에 합의한 사람은 아무도 없다는 것이다. 회사 측에서는 서명이 조작되었다고 주장했다. 나는 필적 감정 전문가를 찾아갔다. 배심원단은 물론, 나를 위해서도 꼭 필요한 과정이었다. 탐을 알면 알수록, 뭔가 잘못되었다는 의심이 점점 커졌다.

탐은 내 사무실을 찾아와 거창한 주장을 남발했다. 자신이 CIA 비밀 요원으로, 최소한 한 명 이상의 외국 지도자 암살을 담당했다고 했다. (그는 이 이야기를 전하면서 "오늘날까지" 그 일 때문에 마음이 힘들다고 눈물을 보이기까지 했다.) 그는 막강한 정치인들과의 인맥을 자랑하면서, 만나고 싶은 사람이 있다면 누구든 자리를 마련해주겠다고 제안하기도 했다. 이런 주장들은 믿을 게 못 된다. 상황적 근거가 따르지 않았기 때문이다.

그러던 어느 날, 결정타가 터졌다. 탐이 계약서를 날조했다고 주장하는 부사장의 증언(선서 증언)을 녹취할 예정이었다. 그런데 하필이면 서명된 계약서 사본을 사무실에 놓고 왔다. 증언 녹취에 꼭 필요한 자료인데 말이다. 계약서가 도착할 때까지 일정을 한 시간씩 늦췄는데, 탐은 일을 서둘렀다. 그는 "걱정 마세요, 변호사님. 제가 알아서 할게요"라고 말하면서 서류 가방을 열고는 서명이 되지 않은 계약서를 여러 장 꺼냈다. 그러더니 내가 보는 앞에서 부사장의 서명을 적어 넣는 것이 아닌가. 그는 자랑스럽게 말했다. "아무도 못 알아볼 겁니다. 사무실에서 계약서를 가져오면, 아무도 안 볼 때 슬쩍 바꿔치기하면 되죠."

나는 그날로 소송에서 손을 뗐다.

진실과 거짓을 구별하는 것은 그리스도인이든 아니든 누구에게나 꼭 필요한 일이다. 7장은 거기에 초점을 맞추려 한다. 인간이 실재를 알 수 있다고 믿는 것이 타당한가? 아니면 인간은 인지 과정 전체에서 결함과 오판이 많은가?

증인 목록

플라톤 Platon, 주전 c. 427~c. 347 고대 그리스의 철학자, 수학자, 저자였다. 소크라테스에게는 제자이고, 아리스토텔레스에게는 스승이었다. 오늘날에도 그의 질문들과 사상은 활발한 연구 대상이며, 서양 문명과 사상의 발달에서 주요한 목소리로 받아들여진다.

장자 莊子, 주전 c. 365~c. 270 인생에 대한 회의적인 시선으로 유명한 중국 철학자이다.

르네 데카르트 René Descartes, 1596~1650 프랑스 철학자이자 수학자로 수많은 저작을 남겼다. 현대 철학의 아버지로 불리는 그가 실재에 대한 탐구 끝에 얻은 "나는 생각한다. 고로 존재한다"라는 답은 지금까지도 자주 인용된다.

닉 보스트롬 Nick Bostrom, 1973~ 스웨덴 출신으로, 런던 정경대학교(London School of Economics)에서 박사 학위를 받았다. 현재 옥스퍼드 대학교에서 가르치면서, 인간미래연구소(Future of Humanity Institute) 소장으로 재직 중이다. 2백 편이 넘는 저술을 펴낸 그는 미국의 국제정치 전문지 《포린 폴리시》(Foreign Policy)에서 선정한 세계 100대 사상가에 이름을 올리기도 했다.

바울 이 장에서 바울을 다시 증인석에 세우려 한다. 그에 대한 설명은 4장을 참고하라.

사도 요한 사도 요한도 다시 한 번 증인석에 세우려 한다. 그에 대한 설명은 5장을 참고하라.

캔터베리의 안셀무스 Anselmus of Canterbury, c.1033~1109 베네딕트회 수도사요 철학자인 그는 캔터베리 대주교를 지냈다. 그는 신에 대한 존재론적 증명을 출판한 초기 인물로 유명하다. 이 증명은 우리가 신을 무엇보다도 가장 큰 존재로 가정한다면, 신은 실제로 존재할 수밖에 없다고 주장한다. 신이 존재하지 않는다면, 우리가 생각할 수 있는 신은 그 무엇보다 가장 큰 존재가 아니기 때문이다. 안셀무스는 우리 마음속에 있고 확실히 존재하는 신은 우리가 그저 생각할 수 있는 신보다 훨씬 더 클 것이라고 가르쳤다. 따라서 우리가 신을 가장 큰 존재로 생각하는 것은 신이 존재한다는 뜻이다.

아우구스티누스 Augustineus, 354~430 주교이자 철학자인 그의 저술은 당대에서 오늘날까지 교회에 큰 영향을 미쳤다. 그는 아담의 죄가 현재에 미치는 영향과 관련된 주장(원죄 교리)을 확립한 초기 인물이었다. 그는 '성전'에 대한 주장의 틀을 잡아서, 특정 기준에 들어맞는 전쟁을 정당화하고 그리스도인이 그런 전쟁에 나가 싸우도록 지지했다.

1998년에 개봉한 영화 〈트루먼 쇼〉(The Truman Show)는 당시 여러 영화제에서 상을 휩쓸었다. 짐 캐리(Jim Carrey)가 주연한 이 영화는 유머와 풍자로 리얼리티 텔레비전 쇼에 의미 있는 일침을 가하며 인생과 진실, 현실에 대해 진지한 질문들을 제기했다. 이후로 이 영화는 우리가 무엇을 믿는 이유, 실존주의, 모사 현실 등을 다룬 수많은 글의 소재가 되었다.

영화의 줄거리는 트루먼 버뱅크(짐 캐리)의 인생에 기초한 리얼리티 텔레비전 쇼를 중심으로 이어진다. 트루먼이 모태에 있을 때부터 시작된 이 프로그램은 세계적으로 인기 있는 텔레비전 쇼로 자리 잡았다. 트루먼은 자신이 텔레비전이 만든 환경에서 살고 있다는 사실을 평생 알지 못했다. 그가 만나는 모든 사람은 배우였고, 감독이 시청률과 시청자를 고려해 모든 장면을 연출하고 있었다. 트루먼은 30대에 접어들면서 현실을 의심하기 시작했다. 하늘에서 떨어진 별이 알고 보니 조명인 경우처럼, 제작 실수가 그의 의심을 부추길 때도 있었다. (감독은 트루먼에게 그의 발밑에 떨어진 조명은 사실 비행 중에 추락한 비행기에서 떨어진 착륙등이라고 설명해주는 등장인물을 투입해서 실수를 무마하려 했다.)

결국, 트루먼은 영화 제작사가 지어놓은 거품의 한계를 넘어가보기로 결심하여, 감독의 심기를 불편하게 만든다. 그때까지 트루먼은 영화 제작사가 건설하고 유지해온 세트장에서 평생 살았다. 곳곳에는 카메라가 숨겨져 있었다. 감독은 온갖 수단을 동원하여 트루먼이 그의 '세계' 밖으로 나가지 못하도록 막았다. 트루먼이 도시를 떠나려 하자, 감독은 교통 혼잡과 산불, 방사능 누출 등으로 가까스로 그를 막았다. 그럼에도 트루먼은 작은 보트를 타고 세트장 끝까지 가서 겨우 탈출할 수 있었다. 보트가 세트장 끝에 닿자 하늘색을 칠한 벽에 구멍이 났다. 트루먼은 벽을 따라 난 계단을 발견하고, 그가 평생 현실로 착각했던 자신의 세계를 벗어나 진짜 세상으로 발을 내디뎠다.

영화에서 트루먼은 큰 질문들에 맞닥뜨렸다. 무엇이 현실인가? 그가 맺는 관계는 진짜였을까, 조작되었을까? 그의 세계는 진짜였을까, 조작되었을까? 뉴스는 진짜였을까, 조작되었을까? 그의 행동은 중요했는가? 그의 사랑은 진심이었을까? 이것이 이 영화만 던지는 질문들은 아니다. 과거 역사는 물론, 오늘날까지도 특정 사회에서 매우 왕성하게 나타나는 질문들이다. 오늘날은 그 어느 때보다 현실을 의심할 만한 이유와 방법이 많다면서, 확실히 논의해볼 만한 질문들이라고 말하는 사람도 있을지 모르겠다.

이 장에서는 하나님과 기독교 신앙의 관점에서 실재와 진리를 살펴보려 한다. 인간의 지성으로 진리와 실재를 이해할 수 있다고 믿는 사람들이 있는가 하면, 진리와 실재는 규정하기 힘든 개념이라 도무지 이해할 수 없다고 생각하는 사람들도 있다. 그들 대다수는 하나님에 대한 기독교적 관점에 집중하지 않는다. 하나님을 고려한다는 사람들 중에서도 많은 이들이 신의 계시를 무시하고 신앙의 타당성 여부를 충분히 생각해보지 않은 채 맹목적으로 수용한다. 이 장에서는 진리가 무엇이며, 어떻게 진리를 알 수 있는지를 집중적으로 살펴보자.

무엇이 진리인가: 역사적 질문

〈트루먼 쇼〉 이전에도 실재나 진리를 탐구하려는 노력은 많았다. 이 주제를 다룬 초기 서양 사상가 중에 가장 유명한 사람으로 플라톤이 있는데, 그는 눈에 보이는 것은 실재의 그림자에 불과하다는 이론으로 유명하다. 플라톤은 우리가 지성으로 실재를 파악한다고 주장했다. 그의 유명한 비유에는 동굴이 등장한다. 동굴에 갇힌 죄수가 평생 벽만 보고 살았다고 가정해보자.

죄수 뒤쪽에는 불이 있는데, 그는 그것을 볼 수가 없다. 사람들이 죄수와 불 사이를 지나가면 사람은 보이지 않고 벽에 비친 그림자만 보인다. 다른 것을 본 적이 없는 죄수는 그 그림자가 실재라고 믿는다(자료 7-1을 보라).[1]

탁자를 예로 들어 플라톤의 주장을 설명해보겠다. 세상에는 수많은 탁자가 있는데, 각각 독특한 특징이 있다. 이렇게 탁자가 다양하다 해도, 모든 탁자는 탁자라고 부를 만한 특징을 한 가지 공유하기 마련이다. 플라톤은 눈으로 볼 수 있는 다양한 탁자들에 표현되어 있는 비물리적인 이상적 탁자가 있다고 생각했다. 그는 인간의 눈은 물리적인 탁자를 보지만, 진짜, 즉 더 고차원적 형태나 실재나 진리는 보편적인 '탁자다움'이라고 믿었다. 이 탁자다움은 물리적인 탁자에 그림자 형태로 표현된다고 보았던 것이다.

현실에 의문을 제기한 초기 동양 사상가 중에는 장자가 유

플라톤의 형상론

플라톤의 형상론은 헬라어 '에이도스'(*eidos*)와 '이데아'(*idea*)를 '형상'(Form)으로 번역한 데서 비롯한 명칭이다. 첫 글자를 대문자로 쓰는 이유는 이 단어에 부여된 특별한 의미를 보여주기 위해서이다. 영어에서 '형상'(form)이라고 하면 물건의 보이는 형태를 생각하기 쉽지만, 이것은 플라톤의 의도와는 다르다. 플라톤에게 형상이란 눈에 보이는 것도 아니지만, 단순한 사상에 불과하지도 않다. 그가 생각한 형상은 영원하고 변하지 않으며 죽지 않는 비물질적인 진정한 '형상'인데, 벽에 비친 그림자처럼 다양한 물리적 개체로 모습을 드러냈다.

자료 7-1 (사진 출처: Wikimedia Commons)

명하다(플라톤과 비슷한 시기인 주전 4세기에 글을 남겼다). 그의 '호접몽'은 현실에 의문을 제기한 예로 자주 인용된다. 장자는 나비로 행복하게 사는 꿈을 꾸었는데, 깨어 보니 자신은 나비가 아니라 사람이었다. 그때 장자는 이런 질문을 던졌다. '나는 나비 꿈을 꾼 사람인가, 아니면 사람 꿈을 꾸고 있는 나비인가?'[2]

시간을 빨리 돌려 주후 1세기로 가서 요한이 쓴 신약 성경 문서들을 살펴보자. 요한복음에는 '진리'라는 단어가 25회 넘게 등장한다. (비교적 짧은 서신인 요한일서, 요한이서, 요한삼서에는 통틀어 17회가 사용된다.) 예수님이 로마 총독 본디오 빌라도 앞에서 신문을 받으시는 장면은 복음서에서 유명한 본문이다. 빌라도는 예수님에게 스스로 유대인의 왕이라고 주장한 적이 있느냐고 물었다. 예수님은 자신의 나라는 이 세상에 속하지 않았다고 대답하셨는데, 이 대답은 빌라도의 현실관과 충돌했을 것이다. 그러자 빌라도는 유대인에 대한 부분을 빼버리고 재차 질문을 던졌다. "그러면 네가 왕이냐?" 예수님은 이 질문에 이렇게 대답하셨다. "네 말과 같이 내가 왕이니라. 내가 이를 위하여 태어났으며, 이를 위하여 세상에 왔나니, 곧 진리에 대하여 증언하려 함이로라. 무릇 진리에 속한 자는 내 음성을 듣느니라"(요 18:37). 짐작컨대, 예수님은 자신이 진리의 왕이라고 주장하시는 듯하다. 이에 빌라도는 그 유명한 질문으로 반응했다. "진리가 무엇이냐?"

역사는 흘러, 르네 데카르트가 등장한다. 그는 진리와 실재의 본질에 대해 글을 남긴 유명한 철학자이다. 데카르트의 관심사는 '무엇이 실재인가?'를 넘어서서 '진리가 진리라는 것을 어떻게 알 수 있는가?'까지 포함했다. 그의 유명한 저작 중에 《신의 존재 및 인간 영혼과 육체의 구별을 증명하는 제1철학에 관한 성찰》(*Meditations on First Philosophy: In Which the Existence of God and the Immortality of the Soul are Demonstrated*)이 있는데, 이 책은 얼마 못 가 교황의 금서로 지정되었다. 이 책은 지식과 실재에 대한 접근법으로 유명하다. 데카르트는 책 서두에, 자신이 사실로 믿었지만, 실상은 거짓으로 드러난 많은 것을 언급한다. 그는 절대 의심할 수 없거나 거짓으로 증명될 수 없는 진리만을 소유하고 싶어 했다. 자신의 신념을 모두 검토하려면 시간이 부족하기에, 자신이 믿지 않는 것들의 뿌리부터 시작하기로 했다. 그의 접근법은 나무 밑동이 거짓이면 줄기와 잎사귀도 모두 거짓이라고 믿고 나무를 베는 것과 흡사했다. 거짓 신념을 확인하려고 잎을 한 장씩 검토하기보다는 나무 전체를 쓰러뜨리는 편이 훨씬 빠를 것이다.

데카르트는 제일 먼저, 어린 시절부터 지금까지 삶에 대한 근본 생각들이 얼마나 잘못되었는지를 곱씹었다. 그는 감각은 얼마든지 속일 수 있다고 결론내렸다. 또한 인생은 꿈일지도 모른다는 예를 들었는데 이것은 장자의 호접몽을 연상시켰다. 데카르트의 해법은 모든 것을 의심하는 것이었다. 자신이 사실로 간주할 수 없는 것은 모두 거짓으로 가정했다. 두 번째로는, 자신이 인정할 수 있는 실재나 진리를 찾았다. "나는 생각한다. 고로 나는 존재한다." 데카르트는 모든 것은 거짓이라고 스스로를 납득시킬 수 있기 때문에 자신은 존재할 수밖에 없다고 결론 내렸다. 그런 생각을 하고 있는 자신은 부인할 수가 없기 때문이다.

그 다음에는 실재와 진리와 그렇지 않은 것들을 규명하기 위해 수학적 정확성으로 자신의 신념 체제를 하나씩 세워나갔다. 데카르트는 이 과정에서 전적으로 자신의 합리적 사고를 의지했다. 데카르트 이전의 사상가들과는 확연히 다른 점이었다. 오랫동안 진리가 한 개인의 사고보다는 역사적 사상과 개념을 수용하는 것으로 결정되었기 때문이다. 데카르트는 자신의 생각을 설명하기 위해 벌통에서 가져온 신선한 밀랍을 예로 들었다. 그는 이 물질이 밀랍이라는 것을 오감으로 알 수 있다고 썼다. 특정한 색깔과 형태가 있다(시각). 꽃향기가 난다(후각). 달콤하다(미각). 딱딱하고 차갑다(촉각). 손가락으로 치면 소리가 난다(청각). 그런데 이 밀랍을 불에 가까이 대니 형태가 변하고, 향기도, 맛도 사라져 버렸다. 불에 녹아서 손으로 만질 수도 없었고, 두드려도 소리가 나지 않았다. 오감은 밀랍의 속임수에 넘어갔다. 그가 밀랍의 본성을 제대로 이해할 수 있는 유일한 방법은, 오감을 사용하는 것이 아니라 머리로 생각하는 것뿐이었다.

근대 합리주의 철학의 아버지로 알려진 데카르트는 인간은 오로지 이성으로만 진리를 파악할 수 있다고 주장했다. 이후로 많은 사람들이 그의 결론에 이의를 제기했지만, 진리를 판단하는 그의 방법은 많은 서양 사상가들의 지지를 받고 있다.

21세기 들어서도 사람들은 수많은 접근법과 순열을 통해 계속해서 실재와 진리에 의문을 제기했다. 철학 분야에서는 옥스퍼드 대학교의 닉 보스트롬이 인간의 잠재력에 대한 저술과 강연 그리고 실재에 대한 의문을 제기하는 가설로 이름을 알렸다. 그는 2003년에 《필로소피컬 쿼털리》(*Philosophical Quarterly*)에 발표한 논문에서, 우리가 컴퓨터 시뮬레이션 안에서 살고 있다는 가설을 주장한다. 그의 주장은 미래 언젠가는 컴퓨터가 인간의 과거 역사를 시뮬레이션할 수 있을 정도로 강력해진다는 생각에 기초한다. 이런 프로그램이 의식적 사고 능력이 있는 인간의 특징을 소유하게 될 수 있다는 것이다. 따라서 그는 우리가 생물학적 지성보다는 컴퓨터가 만든 의식을 가진 컴퓨터 프로그램 안에 살 수도 있다는 가능성을 제기한다.[3]

보스트롬의 주장을 듣고 영화 〈매트릭스〉(The Matrix) 3부작을 떠올리는 사람들이 많을 것이다. 영화 내용과 그의 주장이 많이 다르긴 하다. 영화에서는 전기에 연결된 인공 자궁 속에 사람들이 있고, 컴퓨터가 그들의 머릿속에 가짜 현실을 주입했다. 그러나 보스트롬은 인간의 전 존재가 컴퓨터 시뮬레이션일 수 있다고 주장한다.

무엇이 진리인가: 다양한 위험 요소

어떤 독자들은 이렇게 반응할지도 모른다. 도대체 왜 이 바보 같은 사람들은 그런 질문을 던지고, 그런 제안을 하는 것일까? 보통 사람들은 무엇이 현실인지 다 알지 않는가. 무엇을 어떻게 먹고 사느냐, 누구를 아느냐 등. 하지만 진짜 그런가? 좀 더 기본적이고, 합리적이고, 일상적인 차원에서 '무엇이 진리인가?' '무엇이 실재인가?'라고 묻는 것은 정당하지 않은가. 이메일을 예로 들어보자. 요즘 인기 있는 어느 메일에 연결된 링크에는 그리스(아니면 어떤 이메일인지에 따라 사우디아라비아도 좋겠다)에서 발견되었다는 골리앗 같은 거인 뼈 사진이 파워포인트 화면에 뜬다. 이 메일은 다양한 방법으로 진실을 주장하지만, 사실은 가짜이다. 그 사진은 컴퓨터 조작 사진 대회에서 슬쩍 가져온 것이다. 아무런 사실적 근거가 없다. 사실을 가장한 인터넷 조작 사건은 얼마나 많은가?

인터넷 또는 〈매트릭스〉나 〈트루먼 쇼〉처럼 노골적으로 사실을 가장한 영화들 외에도, 리얼리티 텔레비전 쇼나 평범한 텔레비전 프로그램은 또 어떤가. 그 내용이 가짜라는 걸 알면서도, 거기에 묘사된 윤리는 받아들이지 않는가? 혼전 동거가 정상이라고 판단하지 않는가? 모든 문제가 일사천리로 발생하고 해결된다고 믿지 않는가? 이런 윤리는 진실이며 우리에게 유익한가?

영화나 텔레비전이 보여주는 가상 현실 외에도, 마케팅 세계에서는 물건을 아무 의제가 없는 단순한 실재로 제시할 때가 많다. 《넛지》(Nudge, 리더스북)는 사람들이 얼마나 자주 외형을 조작해서 타인의 행동을 조종하는지를 보여준다.[4] 예를 들어, 사람들은 뷔페식당의 음식 배열이 (샐러드를 먼저 먹는) 평소 식습관을 고려한 것이라고 믿는다. 하지만 다수의 연구에 따르면, 사람들은 앞쪽에 배치된 음식을 많이 담고, 뒤로 갈수록 적게 먹는 경향이 있다. 그렇기 때문에 식당에서는 이윤이 많이 남는 음식을 앞쪽에 배치하여, 사람들이 이 음식을 많이 담고, 수익성이 적은 음식은 조금만 먹게 하는 것이다. (소갈비를 맨 앞에 놓은 뷔페식당을

본 적 있는가?)

일상에서 마주치는 실재와 진리 문제 외에도, 현대 사상가들의 생각이 우리에게(스스로 별다른 의식이 없다고 생각하는 이들에게조차) 영향을 미친다. 그중 다수는 다음 세대를 가르치고 겨냥한다. 그들의 사상이 평범한 사람들에게 도달하려면 수십 년이 걸릴 수도 있지만, 반드시 그때는 온다. 진리를 정의하지 못하는 무능력한 사람들은 과학을 비롯하여 실재에 대한 객관적 설명들을 무시했다. 그래서 많은 사람들에게 '실재'란 주관적 체험이 되어 버렸다. 그들은 오로지 자신이 이해하는 세상에만 근거하여 실재와 진리를 정의하려 애쓴다.

결론적으로, 여기에는 많은 요소가 연관되어 있다. 우리에게는 실재와 진리에 대한 각자의 신념과, 우리가 인생에 적절하다고 생각하는 윤리가 있다. 종교적 신념 문제를 수용하거나 수용하지 않을 이유도 있다. 다른 사람들이 진리와 우리 행위를 조작하려 애쓰는 것을 눈치채기도 한다. 진리 규명에 사용하는 원칙에 대한 질문들도 있다. 이 모든 결정적 요소가 영향을 미치는 가운데, 실재에 대한 추구는 하나님과 무슨 관련이 있는 것일까?

실재와 하나님

무엇이 실재이고 진리인지 어떻게 결정할 수 있을까? 데카르트 이후 시대를 사는 우리에게도 그의 합리적 과정이 여전히 호소력을 발휘할까? 옳고 그름을 추론하는 데 수학적 논리를 적용할 수 있을까? 그게 아니라면, 그런 결정에는 '직감'을 활용하는 것이 유일한 답일까? 데카르트 이전 시대처럼 우리보다 앞선 사람들의 권위를 인정해야 할까? 어쩌면 이따위 질문은 다 집어치우고 그냥 열심히 살아야 하는지도 모르겠다.

데카르트에 대한 비판은 주로 가능성을 평가하고 옳은 답을 도출해내는 지성의 능력에 대한 철저한 확신에 초점이 맞춰져 있다. 데카르트는 옳고 그름과 진리의 궁극적 기초를 지성이 결정한다고 믿었지만, 대다수가 동의하듯이 인간의 지성은 논리 영역에서조차 오류를 일으키기 마련이다. 예를 들어, 데카르트의 합리주의를 따르는 다수는 신의 존재와 영혼 불멸에 대한 그의 증명에는 동의하지 않았다. 뿐만 아니라, 인간의 지성은 선입견 때문에 늘 제약을 받는다. 데카르트를 비롯한 많은 사람들이 그 선입견을 극복하려 애썼지만 말이다. 예를 들어, 데카르트에게는 컴퓨터라는 개념이 없었기 때문에 "나는 생각한다. 고로 나는 존재한다"라는 주장은 컴퓨터가 인간의 인식을 만들었을지도 모른다는 보스트롬의 사고 앞에 무너지고 만다. 데카르트의 합리적 접근법이 지닌 또 다른 약점은 알 수 없는 진리와 관련된 부분이다. 예를 들어, 자신의 뇌나 최신 과학 기술을 활용하여 우주에 있는 별의 숫자를 알 수 있는 사람은 아무도 없다. 아무리 똑똑하다 해도, 인간 지성의 한계는 분명하다.

이런 지성의 한계는 성경의 가르침과 일맥상통한다. 인간의 마음은 모든 지식의 근원으로나 옳고 그름의 결정권자로 신뢰하기 어렵다. 성경은 인간의 마음이 놀라운 목적과 가능성을 지닌 대단한 피조물이지만, 타락했기 때문에 때로는 속기 쉽다고 가르쳐준다. 하지만 하나님은 계시로 인간의 마음을 깨우치셔서 실재(특히 영적 실재)를 이해하게 하셨다. 뿐만 아니라, 신자들의 마음을 끊임없이 새롭게 하셔서 그분의 뜻에 따라 살아가게 하신다. 데카르트의 합리주의로는 모든 진리를 찾을 수 없다. 그렇다면 계시가 아니면 알 수 없는 진리를 깨닫기 위해서는 그 계시를 받아야 하지 않겠는가?

성경이 인간의 마음과 진리, 지식에 대해 어떻게 가르치는지 함께 살펴보자.

지성의 한계

성경의 창조 기사는 하나님이 그분의 형상을 따라 사람을 지으셨다고 가르쳐준다. 이 말은 곧 사람이 생각하는 존재, 창의적인 존재라는 뜻이다. 아담은 동물의 이름을 지어주고(창 2:19), 만물을 다스리고(창 1:28; 2:15), 의사소통을 하고 관계 맺는(창 2:18-24) 능력이 있었다. 아담과 하와는 모든 것을 알지는 못했지만 지식의 성장 가능성이 있었다(창 3:7-11). 다른 한편으로, 두 사람은 속임수에 넘어가거나, 하나님의 뜻을 거스르는 결정을 포함하여 독자적인 결정을 내릴 수도 있었다(창 3:1-13). 결국 그들은 하나님에게 반항하여 그분과의 직접적인 교제가 끊어져버렸다. 그 결과, 자신들의 제한적이고 타락한 지성을 의지할 수밖에 없었다(창 3:16-24).

인류의 타락한 지성은 죄로 어두워졌다. 바울은 하나님이
이 세상에 분명히 드러나 계시지만, 사람들은 그분을 인정하거
나 공경하지 못하여 하나님과 실재에 대한 헛된 추측에 빠져버
렸다고 말한다.

하나님의 진노가, 불의한 행동으로 진리를 가로막는 사람의 온갖
불경건함과 불의함을 겨냥하여, 하늘로부터 나타납니다. 하나님
을 알 만한 일이 사람에게 환히 드러나 있습니다. 하나님께서 그것
을 환히 드러내주셨습니다. 이 세상 창조 때로부터, 하나님의 보이
지 않는 속성, 곧 그분의 영원하신 능력과 신성은, 사람이 그 지으
신 만물을 보고서 깨닫게 되어 있습니다. 그러므로 사람들은 핑계
를 댈 수가 없습니다. 사람들은 하나님을 알면서도, 하나님을 하나
님으로 영화롭게 해드리거나 감사를 드리기는커녕, 오히려 생각이
허망해져서, 그들의 지각없는 마음이 어두워졌습니다. 사람들은 스
스로 지혜가 있다고 주장하지만, 실상은 어리석은 사람이 되었습니
다. … 그러므로 하나님께서는 사람들이 마음의 욕정대로 하도록
더러움에 그대로 내버려두시니, 서로의 몸을 욕되게 하였습니다.
사람들은 하나님의 진리를 거짓으로 바꾸고, 창조주 대신에 피조물
을 숭배하고 섬겼습니다. 하나님은 영원히 찬송을 받으실 분이십니
다. 아멘. 이런 까닭에, 하나님께서는 사람들을 부끄러운 정욕에 내
버려두셨습니다.… 사람들이 하나님을 인정하기를 싫어하므로, 하
나님께서는 사람들을 타락한 마음자리에 내버려두셔서, 해서는 안
될 일을 하도록 놓아두셨습니다(롬 1:18-28, 새번역).

하나님을 인정하지 않은 인류는 스스로 현명하고 박식하다고 주장하면서 진리와 옳고 그름을 왜곡하는 사고방식에 빠졌다. 바울은 고린도 교회에 보낸 편지에서, 동일한 주장을 다른 각도에서 접근했다. 그는 그리스도의 죽음과 부활을 이해하지 못하고 받아들이지 못하는 인간 지성의 무능력에 집중했다. 사람들은 스스로 그런 희생이나 약속된 영원한 소망의 필요성을 보지 못하는데, 그런 것들이 이 세상의 논리 체계에는 들어맞지 않기 때문이다.

십자가의 말씀이 멸망할 자들에게는 어리석은 것이지만, 구원을 받는 사람인 우리에게는 하나님의 능력입니다. 성경에 기록하기를 "내가 지혜로운 자들의 지혜를 멸하고, 총명한 자들의 총명을 폐할 것이다" 하였습니다. 현자가 어디에 있습니까? 학자가 어디에 있습니까? 이 세상의 변론가가 어디에 있습니까? 하나님께서는 이 세상의 지혜를 어리석게 하신 것이 아닙니까? 이 세상은 그 지혜로 하나님을 알지 못하였습니다. 하나님의 지혜가 그렇게 되도록 한 것입니다. 하나님께서는 어리석게 들리는 설교를 통하여 믿는 사람들을 구원하시기를 기뻐하신 것입니다. 유대 사람은 기적을 요구하고, 그리스 사람은 지혜를 찾으나, 우리는 십자가에 달리신 그리스도를 전합니다. 그리스도가 십자가에 달리셨다는 것은 유대 사람에게는 거리낌이고, 이방 사람에게는 어리석은 일입니다. 그러나 부르심을 받은 사람에게는, 유대 사람에게나 그리스 사람에게나, 이 그리스도는 하나님의 능력이요 하나님의 지혜입니다. 하나님의 어리석음이 사람의 지혜보다 더 지혜롭고, 하나님의 약함이 사람의 강함보다 더 강합니다(고전 1:18-25, 새번역).

어떤 사람들에게는 이 말씀이 꽤 일리 있겠지만, 그렇지 않은 사람들도 있을 것이다. 이 말씀이 설득력이 없다고 보는 사람들에게 역사의 교훈을 살펴보라고 제안한다. 세계사든 개인사든 역사를 슬쩍 훑어보기만 해도, 인간의 마음이 진리, 그중에서도 특히 옳고 그름의 결정권자로 적절하지 못하다는 성경의 가르침이 사실로 증명된다. 동시대인들의 죄와 과실을 지적했던 예레미야는 "만물보다 거짓되고 심히 부패한 것은 마음이라"(렘 17:9)라고 했다. 지독하게 병든 마음만이 대다수 독일인들을 설득할 수 있었을 것이다. 부족하거나 부적절한 사람들을 제거하여 지배 민족의 순수 혈통을 유지함으로써 자신들이 인류에 기여하고 있다고 말이다. 마찬가지로, 이렇게 병든 마음만이 스스로 만사의 옳고 그름을 판단할 수 있다고 사람들을 설득할 수 있다. 사실 우리는 우리의 선입견과 욕구를 충족해주는, 이메일과 인터넷에 떠도는 이야기들을 믿고 싶어 한다.

계시의 역할

성경은 인간이 계시의 도움 없이 스스로 실재를 구축할 수 없다고 가르친다. 바울은 하나님이 계시에서 적극적인 역할을 취하셔서 성령을 통해 신자들의 마음을 깨닫게 하신다고 설명한다. 바울의 설명대로, 하나님의 일하심은 결코 인간의 지성에 기초하지 않았다. 하나님은 그분을 받아들일 만큼 똑똑한 사람들을 찾아가지 않으신다. 오히려 하나님의 약속과 역사적 행동이라는 진리를 인정할 만큼 겸손한 사람들을 찾으신다.

그것은, 여러분의 믿음이 사람의 지혜에 바탕을 두지 않고 하나님의 능력에 바탕을 두게 하려는 것이었습니다. 그러나 우리는 성숙한 사람들 가운데서는 지혜를 말합니다. 그런데 이 지혜는, 이 세상의 지혜나 멸망하여 버릴 자들인 이 세상 통치자들의 지혜가 아닙니다. 우리는 비밀로 감추어져 있는 하나님의 지혜를 말합니다. 그것은, 하나님께서 우리를 영광스럽게 하시려고 영세 전에 미리 정하신 지혜입니다. 이 세상 통치자들 가운데는, 이 지혜를 아는 사람이 하나도 없습니다. 그들이 알았더라면 영광의 주님을 십자가에 못 박지 않았을 것입니다. 그러나 성경에 기록한 바 "눈으로 보지 못하고 귀로 듣지 못한 것들, 사람의 마음에 떠오르지 않은 것들을, 하나님께서는 자기를 사랑하는 사람들에게 마련해주셨다" 한 것과 같습니다. 하나님께서는 성령을 통하여 이런 일들을 우리에게 계시해주셨습니다.… 우리가 이 선물들을 말하되, 사람의 지혜에서 배운 말로 하지 아니하고, 성령께서 가르쳐주시는 말로 합니다. 다시 말하면, 신령한 것을 가지고 신령한 것을 설명하는 것입니다. 그러나 자연에 속한 사람은 하나님의 영에 속한 일들을 받아들이지 아니합니다. 그런 사람에게는 이런 일들이 어리석은 일이며, 그는 이런 일들을 이해할 수 없습니다. 이런 일들은 영적으로만 분별되기 때문입니다. 신령한 사람은 모든 것을 판단하나, 자기는 아무에게서도 판단을 받지 않습니다. "누가 주님의 마음을 알았습니까? 누가 그분을 가르치겠습니까?" 그러나 우리는 그리스도의 마음을 가지고 있습니다(고전 2:5-16, 새번역).

하나님은 사람들이 이 닫힌 우주에서 진리를 깨닫도록 먼저 손을 내미실 뿐 아니라, 어두워진 마음들이 하나님의 역사를 깨닫고 이 땅에서 그분의 뜻을 따르도록 계속해서 일하신다. 로마서 12장에서 바울은 하나님의 뜻을 분별하는 데 있어 마음을 새롭게 하는 것이 중요하다고 말한다. 새로워진 마음은 우리가 자신의 존재를 알고, 그에 합당하게 겸손하며, 진정으로 사랑하고, 다른 사람들을 선대하고, 선으로 악을 갚도록 도와준다.

성경 읽는 것을, 논리를 거부하거나 순환론에 빠지는 것으로 생각하는 사람들이 있다. 그것은 잘못된 비판이다. 인간의 지성이 신뢰할 만한 기준이 못 되고, 성경이 인간의 체험과 일관된 합리적이고 이성적인 설명을 제공한다면, 그런 가르침을 살피는 것이 이치에 맞다.

성경은 지성이 전혀 쓸모없다고 말하지 않는다. 오히려 마음을 다하여(지성으로) 하나님과 성경을 대해야 한다고 강조한다. 바울은 디모데에게 말씀을 "옳게 분별하는" 자로 자신을 하나님 앞에 드리기를 힘쓰라고 격려했다(딤후 2:15). 또한 로마 교회에는 마음을 새롭게 하여 하나님의 부르심에 대한 반응으로 그분 앞에서 조심스럽고도 옳게 생각해야 한다고 명령했다(롬 12:1-

2). 예수님도 성경의 적절한 사용과 이해를 놓고서 사탄과 언쟁을 벌이셨다(마 4:1-11). 사탄은 예수님을 유혹하려고 성경을 잘못 사용했지만, 예수님은 제대로 된 사용법을 보여주셨다.

하나님은 우리와 의사소통하길 원하시기 때문에 우리는 성경에서 연구와 묵상, 학습 자료를 찾는다. 하늘에 있는 별의 숫자를 아시는 분이라면, 작지만 대단하기도 한 인간 지성에 유용한 통찰을 가지셨으리라 기대하는 게 합리적일 것이다. 더군다나 바울이 쓴 것처럼, 하나님의 행동이 그 메시지가 진리임을 입증한다. 하나님의 메시지는 신의 논리와 영원 같은 복잡한 문제를 다룰 정도로 똑똑한 사람들 앞에 진리를 들이대는 것과 같은 논리적 설득이 아니다. 오히려 그 메시지는 누구라도 이해할 수 있는 사랑과 능력의 메시지이다. 삶의 가장 큰 장애물은 죽음이다. 죽음을 정복하신 하나님은 자신의 메시지가 가진 권위를 보여주셨다. (예수님의 부활에 관한 기록이 얼마나 정확한지는 10장에서 살펴볼 것이다.) 나는 닫힌 우주에서는 도저히 불가능한 사건들을 보여주신 하나님의 능력에서 그 메시지를 확인한다.

무엇이 진리인가

우리가 계시를 인간 지성이 실재를 이해하도록 돕는 도구로 받아들인다면, 다음과 같은 질문이 이어지기 마련이다. 성경은 진리가 무엇이라고 말하는가? 무엇이 실재인가?

성경의 핵심 가르침, 진리가 하나님 안에서 통일되어 뿌리내리고 있다는 것이다. 구약 성경에 나오는 사건들을 보면서 사람들은 이 일이 역사에서 실제로 벌어졌는지 궁금해한다. 진실[에메트(emet)]은 '확고함' 또는 '안정성'이라는 뜻이다. 즉 '믿을 만하다'라는 말이다. 이 말은 '믿음'을 뜻하는 히브리어 '에무나'(emunah)와 밀접한 연관이 있는데, 당신에게 실망을 주지 않고 의지할 만한 사람이나 사물을 가리킨다. 구약 성경 용례에서, 진리는 하나님에게 뿌리를 내리고 있다.

신약 성경에서도 개념은 비슷하지만, 요한은 이 개념을 한 단계 더 끌고 간다. 요한복음의 다른 부분에서처럼, 그는 히브리어와 헬라어 사용자들에게 매우 강력한 의미가 담긴 용어를 사용한다. '진리'라는 용어를 사용할 때도 무언가 확고하고 안정적인 것을 전달하고 있다. 요한은 헬라어의 개념들을 두드러지게 드러내는 방식으로 글을 쓸 줄 알았다. 요한이 진리[알레테이아(aletheia)]에 해당하는 헬라어를 사용한 것은 신약 성경 전체 사용빈도의 절반이 넘는다. 여기에 근접하는 저자는 그리스인들의 사도라 불린 바울이 유일하다.

요한은 예수님이 빌라도와 진리에 대해 나누는 말씀을 기록한다(이 장 앞부분을 보라). 이 이야기에 앞서, 요한은 빌라도 이야기의 중요성을 부각하는 다른 사건들을 배치했다. 예수님은 요한복음 14장에서 제자들의 거처를 마련하러 곧 떠나신다고 했다. 그러나 제자들은 예수님의 말뜻을 전혀 이해하지 못했다. 도마는 예수님이 어디로 가시는지 모르는데 어떻게 그 길을 알 수 있느냐고 물었다. 그러자 예수님은 다음과 같이 대담한 말씀을 남기셨다. "내가 곧 길이요, 진리요, 생명이니, 나로 말미암지 않고는 아버지께로 올 자가 없느니라. 너희가 나를 알았더라면 내 아버지도 알았으리로다"(요 14:6-7).

자신이 진리라는 예수님의 주장은 다른 곳에도 나온다. 이보다 앞서 예수님은 유대인들과 만난 자리에서, 자신을 따르는 참 제자는 진리를 알고 그 진리가 그들을 자유롭게 할 것이라고 말씀하셨다(요 8:31-32).

예수님은 "내가 곧 진리"라고 말씀하시면서 사람들이 그분을 의지할 수 있다고 선포하신 셈이다. 그분은 진정한 실재의 척도이시다. 그렇다면 누구도, 무엇도 의문을 회피할 수 없다. 예수님이 진리이시고 실재이시라면, 그분이 기준이라면, 우리 인간은 어떻게 되는 것인가? 예수님은 진리 추구의 개념을 뒤흔드신다. 진리는 사람의 머리나 체험이나 논리에서 찾을 수 있는 것이 아니다. 진리는 우리 밖에 있는데, 그 진리를 우리의 머리와 체험과 삶으로 만들 수 있는 기회가 있다. 사람을 찾아다녀서는 진리를 찾을 수 없다. 진리는 우리를 찾으시는 하나님에게서 온다.

결론

"은혜와 진리가 충만하신"(요 1:14) 예수님은 윤리와 삶과 죽음을 포함하여 모든 실재와 진리를 이해할 수 있는 토대이시다. 그분은 우리가 어떻게 살아야 하는지, 무엇을 의지해야 하는지 이해할 수 있는 기초를 제공하신다. 인간의 지성이나 역사, 직관으로 진리나 실재를 알 수 있다고 생각한다면 잘못이다. 혼자서는 아무리 노력해도 진리와 실재의 최종점이신 하나님을 알 수 없다. 데카르트 이전에, 베네딕트회 수도사요 캔터베리 주교인 안셀무스는 진리를 이해하기 위한 좀 더 성경적인 접근법을 제안했다. 그는 《프로슬로기온》(Proslogion, 한들)에 이렇게 썼다. "나는 믿기 위해서 이해하려고 노력하는 것이 아니라, 이해하기 위해서 믿는다. 왜냐하면 나는 '만일 내가 믿지 않는다면, 이해할 수 없으리라'는 것도 또한 믿기 때문이다." 안셀무스는 (심지어 하나님을 믿는 일에서도) 인간의 지성을 활용하는 데는 반대하지 않았지만, 계시에서 온 지식을 통찰과 사고의 촉매로 보았다. 이것은 요한복음 7:14-18 설교에 대한 아우구스티누스의 논평과도 비슷했다. "따라서 믿기 위해 이해하려 하지 말고, 이해한 것을 믿으라."[5]

우리는 계시와 지성을 함께 활용하여 진리를 안다. 하나님이 우리 마음을 새롭게 하심을 알기에, 인간의 지성으로 계시를 이해하고 해석하는 과정에서조차 계시에 의존한다. 이것은 우리가 지식을 터득하는 방식뿐 아니라, 우리가 알고자 하는 진리가 된다. 어떤 사람들에게는 그것이 "그래, 뭔지 알 것 같아" 하고 깨닫는 '아하' 순간이 되기도 한다.

이것은 다음과 같은 궁극적 질문들을 제기한다. 인생에는 과연 의미가 있는가? 인간은 특별한 존재인가? 인간은 단순한 컴퓨터 프로그램이나 꿈이 아닌가? 우리는 사물을 알 수 있고 그 사물들에 의미가 있는 현실 세계에 살고 있는가? 인간의 행위가 변화를 가져올 수 있는가?

이런 질문들에 접근하는 방법은 다양하지만, 방법에 따라 답은 달라진다. 혼자서 답을 찾으려 하면 막다른 길에 부딪힐 것이다. 그런데도 우리는 그런 결론에 맞서 싸운다. 우리는 세상이 진짜이고, 이 세상에 의미가 있다는 걸 직관적으로 안다. "닉 보스트롬 같은 사람들의 생각이 흥미롭긴 하지만, 아무도 그런 말은 믿지 않을걸!" 하고 생각한다.

모든 대안을 견주어볼 때, 성경의 대답이 훨씬 더 합리적이며, 우리가 보고 느끼고 체험하는 것에 일치한다. 일상의 핵심 문제들이 이치에 닿는다. 직장 동료나 친구를 대할 때 우리는 진짜 문제를 가진 진짜 사람과 함께하는 것이다. 모든 만남은 변화를 만들 수 있는 기회이다. 실재를 정의하고 그 중요성을 보게 해주는 무엇인가가 있다. 이 진리가 우리 정체성을 바꾼다. 이 진리가 사랑과 배려로 우리를 찾으시는 진짜 하나님과의 관계로 우리를 이끌기 때문이다.

8장

옳고 그름과 도덕적 하나님

사실 수많은 재판의 핵심은 무엇이 옳고 무엇이 그른지를 가리는 간단한 가치 판단이다.

텍사스 주 작은 마을에서 있을 재판을 위해 배심원단을 선정하는 중이었다. 배심원 후보 50명 중에는 그 동네에서 가장 큰 교회의 목사도 포함되어 있었다. 각 배심원 후보에 대한 정보는 미미한 수준이어서, 그의 직업을 묻는 항목에도 '목사'라는 한 단어밖에 없었다.

나는 처음부터 여러 질문을 던졌다. "목사님, 전에도 배심원 후보에 선정된 적이 있으신지요?"

"여러 번입니다"라는 대답이 돌아왔다.

"배심원으로 선정된 경우는 몇 번이나 되시나요?"

"한 번도 없습니다!" 그는 팔짱을 낀 채 빙그레 웃으며 답했다.

"이유를 아십니까?"

"나름대로 심증은 있습니다."

나는 변호사들이 목회자를 배심원단에 두기 껄끄러워하는 이유를 설명해주었다. 성공한 목회자들은 그 지역 지도자이기 때문이다. 그가 어느 편인지 알지 못할 경우, 변호사는 그를 배심원으로 뽑기 힘들다. 목사를 비롯한 배심원 후보자들은 모두 수긍하는 듯 고개를 주억거렸다.

내 다음 과제는 뻔했다. 그 목사가 소송에서 어느 편을 들지 결정해야 했다.

"옳고 그름이 있다고 믿으십니까?"

"물론입니다."

"거짓말은 어떻습니까? 거짓말은 옳습니까, 틀립니까?"

"잘못이지요."

나는 좀 더 밀어붙였다. "난관을 모면하기 위한 거짓말도요?"

"당연하죠."

그제야 나는 사람들을 보며 이렇게 말했다. "저는 목사님을 배심원으로 선정하겠습니다!"

나는 이 목사가 배심원단에 선정되지 못한다면, 그 이유는 상대측이 진실을 두려워해서라는 것을 배심원들이 알아주었으면 했다. 이 재판은 상대측이 책임을 회피하려고 거짓말을 하고 있다는 사실을 증명하는 데 초점이 맞춰져 있었기 때문이었다.

이 목사는 배심원단에 합류했고, 재판은 예상대로 진행되었다. 이 재판은 정직과 속임수의 대결, 즉 옳고 그름을 가리는 게 핵심이었다.

지금까지는 우주와 성경에 따르면 틀림없이 신이 존재하며 그 신이 인류와 의사소통하신다는 사실이 합리적이라는 것과, 그 의사소통으로 우리가 진리를 이해할 수 있다는 점을 살펴보았다. 이제 도덕성의 문제를 살펴볼 차례이다. 옳고 그름을 '직감'의 문제로 생각하는 사람들이 많은데, 그 신념의 근거를 설명해달라고 요구하면 논리적인 설명을 하지 못하는 경우가 대부분이다. 이 장에서는 이런 문제들을 자세히 검토해보려 한다.

증인 목록

오토 올렌도르프 Otto Ohlendorf, 1907~1951 제2차 세계대전 이후 뉘른베르크 재판에서 나치 전범으로 유죄가 인정되어 사형을 선고받았다.

헤르만 그레베 Hermann Graebe, 1900~1986 독일인 엔지니어인 그는 유대인 대량학살을 목격하고 뉘른베르크 재판에서 그 내용을 증언했다.

매튜 화이트 Matthew White 〈뉴욕 타임스〉는 버지니아 주 리치몬드 출신인 그를 '숫자광'으로 표현했다. 그는 잔혹 행위에 대한 통계 연구를 자평하여 '잔혹 행위 연구가'라고 불리기를 좋아한다. 이 책에서 인용한 《세계 100대 최악의 사건 연대기》(The Great Big Book of Horrible Things)라는 책으로 유명하다.

찰스 다윈 Charles Darwin, 1809~1882 《종의 기원》(On the Origin of the Species)으로 유명한 영국의 생물학자이다. 그 책에서 그는 진화의 근거로 자연 선택 이론을 주장했다.

허버트 스펜서 Herbert Spencer, 1820~1903 '적자생존'이라는 말을 처음 사용한 영국의 진화론자이다.

프리드리히 빌헬름 니체 Friedrich Wilhelm Nietzsche, 1844~1900 철학을 포함한 여러 분야에서 많은 저술을 남긴 독일의 학자이다. 신의 죽음과 초인(Übermensch)에 대한 글로 특히 유명하다.

아돌프 히틀러 Adolf Hitler, 1889~1945 따로 설명이 필요 없는 그는 1933~1945년에 독일의 수상을 지냈다. 그가 세운 나치 독일은 수많은 유대인과 소외된 자들에게 잔혹 행위를 가했으며 제2차 세계대전의 원인이 되었다.

에우튀프론 Euthyphron, c. 470~399 플라톤은 젊은 에우튀프론과 그리스 철학자 소크라테스가 나눈 대화를 기록했다. 대화의 핵심은 사람이 어떻게 옳고 그름을 알 수 있느냐 하는 것이었다.

C. S. 루이스 1898~1963 옥스퍼드와 케임브리지에서 가르친 그는 소설과 시를 비롯하여 기독교 신앙의 여러 측면에 대한 저술을 남겼다.

1935년 9월 15일, 독일은 유대인의 시민권을 박탈하고 그들을 '실험 대상'으로 규정하는 뉘른베르크 법을 통과시켰다. 이 법에 따르면, 유대인은 독일인과 결혼할 수 없고, 이후로 수년간 유대인이라는 사실만으로 온갖 차별을 감내해야 했다. 유대인은 공직에 나설 수 없고, 기자나 방송인, 농부, 교사, 배우도 할 수 없었다. 금융인이나 변호사, 의사로 일하는 것도 금지되었다. 아예 출입할 수 없는 마을이 태반이었고, 설령 거주를 허락한다고 해도 식료품이나 약 같은 생필품을 살 수 없었다.[1] 물론 이 법은 히틀러의 전초전에 불과했다. 얼마 뒤에는 독일 전역의 마을과 수용소에서 유대인들을 인간 실험 대상으로 삼아 본격적인 가혹 행위를 하기 시작했다. 유대인들은 비인간적인 환경에서 강제 노역에 시달려 죽음에 이르거나 대학살의 희생자가 되었다. 히틀러와 나치 독일은 히틀러가 내부적으로 '유대인 문제'에 대한 '최종적 해결'이라고 명명한 체계적인 대량 학살을 자행했다.

전쟁 후, 반유대인법이 탄생한 바로 그 뉘른베르크에서 나치 전범 재판이 열렸다. 재판 기록을 읽어보면, 무심한 말투로 아무렇지도 않은 듯 자기 죄를 조목조목 나열하는 나치 지도자들의 태연함을 엿볼 수 있다. 중앙보안본부 국장인 38세의 오토 올렌도르프는 나치가 얼마나 무덤덤하게 그런 소행을 저질렀는지를 상세히 밝혔다.

> '아인자츠그루펜'(einsatzgruppen, 유대인 몰살을 책임진 특수 임무 부대)은 마을에 들어가 유대인 주요 인사들에게 유대인들을 소집해서 '재배치'하라고 명령했다. 유대인들은 재산을 몰수당하고 처형 직전에는 겉옷까지 내놓아야 했다. 처형 장소까지는 대개 트럭에 실려 대전차용 수로로 이동했는데, 그 규모는 항상 즉시 처형이 가능한 정도였다. 이런 식으로 희생자들이 앞으로 닥칠 일을 깨닫는 순간부터 실제 처형 시간까지를 가능한 한 단축하려 했다.
>
> 사람들은 무릎을 꿇거나 선 채로 총살형을 당했고, 시신은 배수로에 버려졌다.[2]

독일인 엔지니어 헤르만 그레베가 우크라이나 두브노에서 있었던 아인자츠그루펜의 처형을 증언한 내용은 당시의 참상을 더 생생하게 묘사한다.

남녀노소 할 것 없이 트럭에서 내린 사람들은, 채찍을 손에 든 나치 친위대의 명령에 따라 옷을 벗어야 했다. 정해진 자리에 구두와 윗도리와 속옷을 정리해서 놓아두었다. 내가 본 신발더미만 해도 족히 800~1,000켤레는 되었다. … 이렇게 벌거벗은 사람들은 소리치거나 울지도 않고, 가족끼리 둘러서서 입을 맞추고 작별 인사를 나누며, 구덩이 근처에 서 있는 다른 나치 친위대의 명령을 기다렸다. … 백발이 성성한 어느 할머니가 어린 아기를 품에 안고 노래를 부르며 어르고 있었다. 아이는 좋아서 재잘거리고, 부모는 눈물을 글썽이며 그 모습을 지켜보고 있었다. 아버지는 열 살쯤으로 보이는 남자아이의 손을 잡고 차분하게 말을 건넸다. 소년은 억지로 눈물을 참고 있었다. 아버지는 손으로 하늘을 가리켰다가 아들의 머리를 만지면서 뭔가를 설명하는 듯했다.

바로 그때, 구덩이 근처에 있던 나치 친위대가 동료에게 뭐라고 소리를 쳤다. 그 말을 들은 사람은 스무 명을 세서 흙더미 뒤로 가라고 했다. … 깡마른 검은 머리 여자를 잊을 수가 없다. 그 아가씨는 내 옆을 지나가면서 손가락으로 자기를 가리키며 "스물세 살이에요."라고 말했다.

흙더미 뒤로 가보니 어마어마하게 큰 무덤이 있었다. 시신들이 빽빽하게 차곡차곡 쌓여 있어서 얼굴만 보였다. … 그중에는 아직 움직이는 사람도 있었다. … 나는 소리친 사람이 누군지 찾아보았다. 나치 친위대 한 사람이 구덩이 끝에 앉아 발을 달랑거리고 있었

다. 담배를 피우는 그의 무릎 위에는 총이 놓여 있었다.[3]

우리는 이런 끔찍한 사건이 인류 역사에서 유일한 비극이었다고 생각하고 싶지만, 실은 이와 비슷한 사건이 셀 수 없이 많았다. 유명 역사 통계학자 매튜 화이트는 21세기 초 아프리카의 콩고에서 일어난 대량 학살 사건 당시 천만 명이 사망하여 인구가 반 토막이 났다는 의견을 제시한다. 1970년대 후반 캄보디아의 인종 청소로 인구의 21퍼센트가 목숨을 잃었다. 화이트는 이런 자료를 모으면서 다음과 같은 질문을 던진다. "20세기의 가장 잔인무도한 독재자는 누구인가?" 그가 내놓은 대답은 "알 수 없다!"라는 것이다![4]

20세기의 가장 슬픈 현실은, 학자들이 히틀러와 마오쩌둥, 스탈린 중에서 가장 많은 학살을 자행한 사람이 누구인지 결정하기 힘들다는 점이다. 마오쩌둥 통치기에 가장 많은 사람이 죽었지만(4천만 명), 계획적인 살인과 경제 개혁과 기근으로 인한 죽음을 구분하기가 쉽지 않다. '계획적인 살인'으로 치자면 히틀러가 3,400만 명으로 최고이지만, 여기에는 전쟁 중 사망한 군인들도 포함된다. 비무장 민간인을 잔혹하게 살해한 숫자만 헤아리자면, 스탈린이 2천만 명으로 선두이다.

미국 국무부는 1999년 3월부터 6월 말까지 코소보에 세르비아 병력이 투입된 코소보 알바니아인 인종 청소를 분석했다. 당시 코소보 알바니아인의 90퍼센트가 강제 추방되었으며, 대략 만 명이 넉 달도 되지 않는 시간에 즉결 처형을 당했다. 제대로

보고가 되지 않았을 뿐, 강간을 비롯한 기타 가혹 행위도 광범위
하게 벌어졌다.[5]

이런 근현대사를 살펴보면서 도덕성과 관련하여 몇 가지
질문을 제기하고 싶다. 지면이 제한되어 있기에, 히틀러와 나치
독일을 중심으로 이 질문들을 적용해보려 한다. 첫째, 우리는 히
틀러가 이런 일을 저지른 이유를 알 수 있을까? 둘째, 우리는 히
틀러의 행동이 도덕적으로 잘못된 것이라고 확신할 수 있는가?
그렇다면, 어떻게 그 사실을 알 수 있는가?

도덕적으로 옳지 않은 일이라면 무엇이든 대입해 이런 식
으로 질문을 제기할 수 있겠지만, 여기에서는 특히 극악무도하
여 아무도 이의를 제기하기 힘든 행위를 의도적으로 선택했다.
흔히 이렇게들 말한다. "히틀러가 당연히 잘못했지! 그건 삼척
동자도 다 아는 사실인데, 굳이 이유를 따지는 건 시간과 정력
낭비라고!" 이런 반발에도 불구하고, 어쨌든 이 장에서는 이 질
문들을 살펴보려 한다. 도덕성을 검토하는 이 과정이 많은 사람
들에게 성경적 하나님에 대한 신앙의 증거를 보여주는 계기가
되기를 간절히 바란다.

히틀러는 왜 유대인을 학살했는가

먼저, 이 연구의 한계부터 지적하려 한다. 우리는 유대인 대
량 학살 사건 이후 히틀러를 인터뷰할 기회가 없었다. 그가 매
주 심리학자를 찾아 솔직하게 자신의 행동을 설명했다는 기록

도 없다. 이 글을 쓰는 나는 특별한 재능이 있는 분석가나 역사학자가 아니라, 변호사에 불과하다. 따라서 내가 자신 있게 대답할 수 있는 질문은, 만약 법정에서 히틀러를 변호한다면 어떤 변호를 할 수 있겠느냐는 것이다. 그런 가정 하에서라면, 나는 히틀러와 그의 심복들이 자신은 옳은 행동을 한다고 믿으며 그렇게 행동했으리라고 주장할 것이다.

이해를 돕기 위해서, 우리는 자신의 경험과 가치관을 잠시 내려놓고 역사적 상황으로 들어가, 우리가 만약 그들이라면 어땠을지 생각해보아야 한다. 1859년, 찰스 다윈은《종의 기원》을 발표하여 세상을 떠들썩하게 만들었다. 다윈은 '자연 선택'이 종의 진화를 일으킨다는 이론을 세상에 내놓았다. 자연 선택의 전제는, 종은 번식하지만 식량 공급에는 상대적으로 큰 변화가 없다는 것이다. 음식이 부족하면 숫자가 늘어나는 자손들은 생존 경쟁에 들어갈 수밖에 없다. 그렇게 해서 환경에 잘 적응한 개인은 살아남아 번성하고, 환경에 적응하지 못한 개인은 도태한다.

우리는 다윈이 쓴 책의 전체 제목, "자연 선택 방법에 의한 종의 기원, 또는 생존 경쟁에서 유리한 종족 보존에 대하여"에서 그가 말하려는 요지를 파악할 수 있다(자료 8-1을 보라).

영국의 철학자이자 생물학자인 허버트 스펜서는 다윈 전후로 진화에 대한 다작을 남겼다. 스펜서는 1864년에 출판한《생물학 원리》(*Principles of Biology*)에서 '적자생존'이라는 말을 처음 만든 사람으로 알려져 있다(자료 8-2를 보라). 생물학적 관점에서 '적자생존'이란 특정 환경에 적응하는 것을 가리키지만, 이 용어는

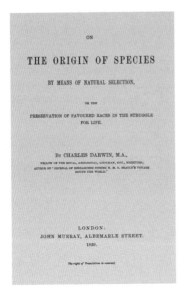

자료 8-1 《종의 기원》 속표지
(사진 출처: Wikimedia Commons)

자료 8-2 허버트 스펜서
(사진 출처: Wikimedia Commons)

생물학 이외의 분야에까지 확장되어 우월한 인종은 살아남고 그렇지 못한 인종은 도태한다는 개념을 내포하는 명칭으로 자리 잡았다. 이는 경제학을 비롯한 다양한 사회 영역에 손쉽게 적용되었다. 많은 사람들이 인류의 진보가 이 원칙에 뿌리를 내리고 있다고 믿기 시작하면서, 이 개념은 더욱 구체적인 형태를 띠게 되었다. 훌륭한 사람들은 재생산을 통해 계속해서 진화하고, 부적격한 사람들은 멸종되도록 내버려두라는 것이다.

이 무렵 독일 지식인 사회에 프리드리히 빌헬름 니체가 등장했다. 루터교 목사의 아들인 그는 현명한 작가요 꽤 독창적인 사상가였다(자료 8-3을 보라). 니체는 신학과 철학(언어학)을 공부했지만, 역사적 연구가 예수님과 복음서 이야기의 이면에 담긴 진리를 담보주지는 못한다고 믿고, 결국 스무 살에 신앙을 포기했다. 니체는 다윈의 연구는 물론, 철학과 과학 분야의 다양한 독서로 얻은 지식을 갖추고 있었다.

니체는 여러 주제에 대한 저술을 남겼다. 그의 후기 작품 중 《선악의 저편》(*Beyond Good and Evil: Prelude to a Philosophy of the Future*, 책세상)은 1886년에 처음 출판되었다. 이 책에는 당대의 관습을 맹비난하면서 철학자들을 경멸하는 내용이 들어 있었다. "그들은 모두 자신의 견해를… 발견하고 획득한 것처럼 굴지만, 근본적으로는… 대개 뒤늦게 찾은 근거에 의해 정당화한 것이다."[6] 다시 말해, 철학자들은 논리적인 단계를 거쳐 결론에 도달하는 것이 아니라 먼저 결론을 내려놓고 논리를 이용해 자신들이 믿고 싶은 것을 정당화한다는 것이다. 이러한 개념은 이 장 뒷부분에서 유용하게 쓰일 것이다.

니체의 주장에서 주요 관심사는 선악을 결정하는 철학자들의 접근법이다. 니체는 대다수 사람들이 절대적 또는 객관적인 옳고 그름이 존재한다고 생각한다는 데 경악을 금치 못했다. 그는 윤리적 관점(그는 '윤리적 편견'이라고 했다)을 견지하고 그것을 '진리'로 가장하는 사람들을 반복해서 비난했다. 니체는 그가 '인류의 전윤리기'(PRE-MORAL period of mankind)라고 명명한 오랜 옛날에는 "선악을 불문하고" 어떤 행동의 가치는 그 결과에 달려 있었다고 생각했다. 그러고 나서 행동의 결과보다는 근원(즉, 행위자의 의도가 무엇인가)이 선악을 결정하는 시기를 고발했다.

이렇게 절대적 도덕에 대한 반대는 인류 미래에 대한 그의 관점에 영향을 미쳤다. 1883년에 발표한 니체의 유명한 작품 《자라투스트라는 이렇게 말했다》(*Thus Spoke Zarathustra*)에는 흔히 '초인'으로 번역되는 '위버멘쉬'가 등장한다. 이 책은 자라투스트라라는 가상 인물의 가르침과 여행을 담고 있다. 책에서 자라투스트라는 "신이 죽었다"라고 선언하고, 그것을 좋은 징조로 여긴다! 신은 인간이 '초인'으로 발전하지 못하게 막는 인류의 "가장 큰 위험" 요소라는 것이다.

이 책은 미래의 '초인'에게 인류의 진정한 희망이 있다고 말한다. 니체는 주인공 자라투스트라를 통해 이렇게 선언하면서, 벌레에서 유인원을 거쳐 인간으로 발전한 인류의 진화를 나열한다. 그러면서 니체/자라투스트라는 오늘날의 인류가 유인원이 남긴 유산을 고통과 부끄러움으로 여기는 것과 마찬가지로, 미래의 초인은 오늘날의 인류를 부끄럽게 여길 것이라고 가르쳤다. 니체/자라투스트라에 따르면, 인류는 유인원과 초인 사이의 중간 진화 단계였다.

어떻게 인간은 이런 고차원의 진화 단계에 도달할 수 있을까? "인간은 더 발전하고 악해져야 한다." 니체는 악을 선으로 대체하면서 당대의 사고를 뒤흔들어놓았다. 니체의 주인공 자라투스트라는 이렇게 설명했다. "왜냐하면 악은 인간의 가장 훌륭한 힘이기 때문이다. '인간은 더 발전하고 악해져야 한다'라고 나는 가르친다. 초인의 최선을 위해서는 최악이 필요하다."[7]

니체가 세상을 떠났을 때 히틀러는 열한 살이었다. 1924년 말, 히틀러는 1년간의 복역을 마치고 출소했다. 그는 교도소에서 《나의 투쟁》(Mein Kampf, 다윈이 자주 사용한 문구 '생존 투쟁'을 떠올리게 하는 제목이다) 1권의 대부분을 구술했다. 자서전과 정치 공약, 선전문을 합쳐놓은 이 책에서 그는 독일과 인류의 원대한 미래를 약속한다. 히틀러는 독일이 과거에 어려움을 겪은 것을 유대인과 마르크스주의자들의 책임으로 돌렸다. 그는 유대인뿐 아니라 장애인과 정신 질환자, 동성애자, 폴란드인을 비롯한 '바람직하지 않은 사람들'을 제거하는 '인종 위생'을 주창했다.[8]

간단히 말해, 히틀러는 우생, 즉 벌레에서 초인으로 가는 다음 진화 단계를 마련하려 했다. 히틀러의 행동은, 인종은 동등하지 않고 생물학적으로 더 적합한 인종이 있다는 개념으로 사회 진화론을 해석한 이들과 일맥상통했다. 이는 또한, 인류는 더 좋은 방향으로 진화하고, 악은 절대적이지 않고 오히려 그 결과로 판단할 수 있다는 니체의 사상과도 통한다. 어떤 이들은 '악하다'라고 여길 수도 있는 수단으로 더 나은 사람이 되는 것은 사실상 인류 역사에 더 큰 유익이었다. 히틀러가 권력을 장악했을 때 니체는 이미 세상을 떠난 뒤였지만, 니체의 여동생 엘리자베트 니체(Elisabeth Förster-Nietzsche)가 니체의 저술을 계속해서 편집하고 출판하면서, 사후에도 그의 사상을 전파하고 있었다. 히틀러는 엘리자베트가 세운 '니체 아카이브'를 여러 차례 방문했고, 나치 정부도 이 아카이브를 재정적으로 후원했다. 히틀러는 엘리자베트와 꾸준히 교류했고, 그녀의 장례식에도 참석했다.

히틀러의 입장에 영향을 미친 몇 가지 근거를 살펴보았으니, 이제는 이런 행동들의 도덕성 여부와 이유를 파고드는 좀 더 중요한 질문들로 넘어가려 한다. 이 질문들은 인신매매와 성적 학대, 고문과 살인이 난무하는 히틀러 이후의 시대에도 여전히 유효하다.

히틀러의 악행

히틀러의 행동이 악하다는 데는 대다수 사람이 흔쾌히 동의할 것이다. 나는 사람들이 그의 행동이 악하다고 확신하는 이유를 면밀히 파헤쳐보려 한다. "그냥 알죠"라고 말하는 것만으로는 부족하다. 여기에 타당한 추론을 제시할 수 없다면, 옳고 그름의 문제는 질문을 받은 사람 개인의 느낌으로 정해지고 만다. "잘못이라고 생각해요"라고 말하는 사람도 있지만, 그 반대로 말하는 사람도 있기 때문이다. 옳고 그름의 기준을 제시하는 다양한 추론들은 대개 다음 다섯 가지로 나눠볼 수 있다.

1. 사회에 도움이 되느냐가 옳고 그름을 결정한다. 물론 니체를 비롯한 많은 사람들도 사회에 도움이 되느냐에 따라 옳고 그름이 결정된다고 믿었고, 이는 히틀러의 행동과 의제를 뒷받침하는 데도 쉽게 활용될 수 있었다. 사회에 '도움'이 된다는 말의

의미를 두고는 논란이 있을 수 있지만, 사람들이 인간의 진화를 촉진하는 것을 선으로 여긴다면, 나치의 만행을 정당화할 수 있는 입장에 서게 된다.

2. 개인에게 도움이 되느냐가 옳고 그름을 결정한다. 첫 번째 추론과 비슷하게, 개인에게 도움이 되느냐의 여부로 옳고 그름이 결정된다는 믿음이다. 다른 점이 있다면, 여기에서는 사회 전체보다는 개인의 유익에 집중한다는 것이다. 물론, 이 역시 첫 번째와 비슷한 이유로 왜 히틀러의 행동이 악한지를 설명해주지 못한다. 이것은 진화의 미래를 초인으로 발전시키려는 히틀러와 그의 의제를 도와주는 것처럼 보인다. 사람의 느낌이 옳고 그름을 결정한다는 것과 비슷한 개념이다. 이것은 옳고 그름의 개념에서 객관적 의미를 제거하기에, 우리는 히틀러의 행동이 절대적으로 잘못이라고 말할 수 없고, 단지 그 행동이 우리에게 잘못이라고만 말할 수 있다. 이런 옳고 그름의 개념이 적절하다면, 권력과 통찰이 있는 사람이나 집단이 사회를 조작하여 특정 윤리를 받아들이게 만들 수 있다. 이게 제3제국이 아니고 무엇인가? 선전, 영화, 연설, 사회적 압력, 권력의 유혹 등은 선택된 소수가 자신의 목적에 맞는 옳고 그름을 조작하여 대중이 분별없이 받아들이게 만드는 도구가 된다.

3. 특정인의 생각이 옳고 그름을 결정한다. 옳고 그름은 특정 사람들의 생각으로 정해진다는 이 민주적 접근법에는 몇 가지 변수가 있다. 예를 들면, 51퍼센트나 그 이상의 사람들(3분의 2 또는 4분의 3 등)이 동의하거나 생각하는 것으로 옳고 그름이 정해질

수 있다. 옳고 그름을 결정하는 사람은 사회의 특정 계층, 예를 들어 지식 계급이나 성숙한 사람들(18세 이상 또는 21세 이상 등)이어야 한다고 주장하는 사람도 있을 것이다. 어떤 사람들은 그보다 더 적은 엘리트 집단에서 옳고 그름을 정해야 한다고 주장하기도 한다. 어떤 변수를 고려하더라도 이런 접근법은 히틀러의 악행을 증명하기에는 역부족이다. 어쨌든 적법한 절차에 따라 히틀러를 독일 국회 내 연립 정부의 우두머리인 수상으로 선출한 사람은 독일 유권자들이기 때문이다. 거기에서부터 절대 권력에 오르기까지의 과정 역시 입법 절차를 벗어나지 않았다. 어떤 의미에서는 국민의 정부가 그를 인정한 셈이었다.

4. 옳고 그름은 인간이 결정하는 것이 아니라 수학처럼 진리로 존재한다. 또 다른 접근법은 옳고 그름을 우주 진리의 일부로 본다. 2 더하기 2는 늘 4이듯이, 어떤 것은 그냥 '틀렸다'는 주장이다. 이런 도덕 진리를 나열한 목록은 없지만, 우리는 수학 진리를 발견하듯이 옳고 그름도 발견할 수 있다. 시간이 흐르면서 우리는 사회와 인생의 체험을 통해 이 윤리적 진리를 배운다. 이 관점은 아주 매력적인데, 신의 존재 여부에 대한 주장은 피해가면서도, 객관적이고 절대적인 옳고 그름이 있다고 주장하기 때문이다. 이 관점의 난제는 사람이 '그냥 알 수 있는' 것에 호소하지 않고서는 특정한 진리가 다른 진리에 비해 타당함을 증명할 수 없다는 점이다. 니체가 다른 철학자들에게 불평한 내용이 바로 이것이었다.

그들은 모두 자신의 견해를… [논리]에 의해 발견하고 획득한 것처럼 군다. … 그러나 실상은, 어떤 전제된 명제, 개념이나 '제의', 즉 대개는 마음의 소망이 추상화되고 정제되어 표현된 그것들은 대개 뒤늦게 찾은 근거에 의해 정당화된 것이다.[9]

5. 하나님의 명령이 옳고 그름을 결정한다. 하나님의 명령이 옳고 그름을 결정한다는 믿음은 (특히 하나님에 대한 책에서는) 매우 간단해 보이지만, 사실상 그렇지가 않다. 옳고 그름에 대한 철학자들의 토론은 결국 플라톤이 그리스도보다 수백 년 전에 기록한 소크라테스와 에우튀프론의 대화로 귀결된다. 노년의 소크라테스는 아테네의 젊은이들을 망치고 있다는 고소를 당해서 법정으로 가던 중이었다. 법정 근처에서 노인(에우튀프론의 아버지)을 무너뜨리려고 법정으로 가던 에우튀프론과 마주쳤다. 두 사람 사이에 선악에 대한 열띤 토론이 시작되었고, 소크라테스는 "무엇이 선이냐?"라는 질문으로 에우튀프론을 압박했다. 에우튀프론은 결국 "모든 신이 미워하는 것은 불경이고, 모든 신이 사랑하는 것은 경건이다"라는 답을 내놓았다. 그러자 소크라테스는 경건한 것이 경건하기 때문에 신들에게 사랑을 받는지, 아니면 신들의 사랑을 받기 때문에 경건한지를 묻는 날카로운 질문을 던졌다. 이 내용은 흔히 '에우튀프론의 딜레마'로 불린다.

하나님은 도덕적으로 선한 행동이 도덕적으로 선한 행동이기에 명령하시는가, 아니면 하나님의 명령이기 때문에 그 행동이 '도덕적으로 선한' 상태가 되는 것인가? 이 추상적인 질문을 좀 더 구체적인 상황에 대입한다면, 이 차이를 이해하는 데 도움이 될 것 같다. 십계명을 생각해보자. 하나님은 십계명이 선하기 때문에 십계명을 명하셨는가, 아니면 하나님이 십계명을 주셨기 때문에 십계명이 선해진 것인가?

세상에는 독자적인 윤리적 기준('선')이 존재하며 하나님이 그것을 명하셨다는 첫 번째 입장을 받아들인다면, 우리는 하나님이 외부의 무언가에 매여계신다고 말하는 셈이다. 하나님은 이 윤리적 기준에 도달하기 때문에 '선한' 존재가 되신다. 루이스는 이를 '선'의 진정한 의미를 제거하는 것으로 보았다.

> 도덕법이 곧 하나님의 법이라고 하는 것은 궁극적인 해결책이 아닙니다. 이런 것들은 하나님이 명령하시기 때문에 옳은 것입니까, 아니면 이런 것들이 옳기 때문에 하나님이 명령하시는 것입니까? 전자의 경우라면, 즉 선이 하나님이 명령하시는 것으로 정의된다면, 하나님의 선함은 아무 의미가 없게 되고 전능한 마귀의 명령도 '의로운 주님'의 명령 못지않게 우리에게 똑같은 권한을 행사했을 것입니다.[10]

이와 반대로 '선'은 하나님이 그것을 명하셨기에 선하다는 두 번째 입장을 받아들인다면, 하나님은 더 이상 법을 제정하는 분이 아니라, 법을 전달하는 수단이 된다. 하나님은 법을 계시하는 분이다.

에우튀프론과 소크라테스는 하나님과 도덕성에 대한 딜레

마를 내포하는 선입견을 가지고 토론을 시작했다. 그리스인들의 신은 제약이 많았다. 실제로 대화 초반에 에우튀프론은 신들을 가리키면서 신이 사랑하는 것이 경건이요, 옳고 그름의 기준이라고 대답했다. 그러자 소크라테스는 신들도 의견이 다양해서 각자 사랑하고 경멸하는 것이 다르다고 지적했고, 에우튀프론은 대답을 조금 바꿔서 모든 신이 사랑하고 선하게 여기는 것, 즉 모든 신이 동의할 만한 것이 도덕성이라고 말했다. 이것은 에우튀프론의 딜레마에 내재한 문제가 무엇인지 단서를 제공해준다. 에우튀프론의 신들은 모두 무능했다.

하나님의 도덕성

소크라테스가 21세기 법정에서 에우튀프론에게 이 질문을 던진다면, 상대 변호사가 일어나 "소크라테스는 증거가 없는 사실을 전제하고 있습니다"라며 이의를 제기할지도 모르겠다. (이 반대 역시 논지를 피하려는 말도 안 되는 얘기라는 소리를 들을 수 있다.) 이 반대는 에우튀프론이 오로지 이 두 선택지 중에서 한 가지를 골라야만 한다는 생각에 근거한다. (A) 하나님은 선한 행동을 명하셨기 때문에 선하시다. (B) 하나님이 어떤 행동을 명하셨기 때문에 그 행동은 선하다. 에우튀프론은 반드시 A와 B 중에서 하나를 골라야 한다는 사실 때문에 딜레마에 빠졌다. 하지만 A와 B가 아닌 또 다른 가능성이 최소한 한 가지는 더 있다. C라는 대답도 있을 수 있다. 하나님에 대한 성경적 관점은 A와 B를 모두

넘어선다. 에우튀프론의 딜레마는 성경의 하나님과는 잘 들어맞지 않는다.[11]

세 번째 대안을 제시하기 전에, 먼저 그런 대안에 도달할 수밖에 없는 몇몇 성경 본문을 살펴보자. 우리가 살펴볼 본문은 '법'과 '의'('선'으로도 불린다)라는 두 단어를 중심으로 한다.

성경에 나타난 (율)법. '법'이라는 단어는 구약과 신약 성경 전반에 걸쳐 수백 구절에 나타난다. 이 단어는 다양한 배경에서 다양한 뜻을 전달할 수 있다. 때로 '법'은 하나님이 시내 산에서 모세에게 주신 여러 명령을 가리키기도 한다. 또 다른 예로는, 하나님이 여러 의식을 '법'으로 부르시는 경우도 있다(예를 들면 레 6:9, 14, 25; 7:1). 어떤 경우에는, 특별히 십계명을 가리켜 '율법'이라고 하기도 한다. 하나님은 모세에게 산 위로 올라와서 기다리면 "네가 그들을 가르치도록 내가 율법과 계명을 친히 기록한 돌판을 네게 주리라"라고 말씀하셨다(출 24:12). 그런가 하면, 모세의 율법과는 전혀 상관이 없는 때도 있다. 모세보다 수백 년 전에, 하나님은 아브라함이 그분의 명령과 계명과 법도를 지켰다고 말씀하셨다(창 26:5). 당시의 율법은 사람들이 지켜야 할 사회의 규율과 법규를 가리킨다(대하 19:10; 스 7:24, 26).

'법'은 성경에서 여러 의미가 있을 뿐 아니라, 사회에서 하는 역할도 다양했다. 성경에 나타난 법의 역할은 최소한 다음 세 가지로 생각해볼 수 있다.

1. 법은 불경한 행동을 확인해주는 역할을 했다. 바울은 이런 의미에서 (율)법이 "옳은 사람을 위하여 세운 것이 아니요, 오

직 불법한 자와, 복종하지 아니하는 자와, 경건하지 아니한 자와, 죄인과, 거룩하지 아니한 자와, 망령된 자와, 아버지를 죽이는 자와, 어머니를 죽이는 자와… 바른 교훈을 거스르는 자를 위함이니"라고 기록했다(딤전 1:9-11).

2. 법은 거룩한 사람들에게 옳고 거룩한 행동을 가르쳐주는 안내 역할을 하기도 했다.

3. 법은 십자가에 달리신 그리스도를 인간의 실수에 꼭 필요한 해결책으로 제시해주었다. 바울은 갈라디아서에서 그 부분을 다음과 같이 강조했다. "믿음이 오기 전에 우리는 율법 아래에 매인 바 되고, 계시될 믿음의 때까지 갇혔느니라. 이같이 율법이 우리를 그리스도께로 인도하는 초등 교사가 되어, 우리로 하여금 믿음으로 말미암아 의롭다 함을 얻게 하려 함이라"(갈 3:23-24).

이 같은 법의 다양한 정의와 역할은 한 가지 공통점에서 비롯되는데, 그것은 바로 하나님의 성품과 본성이다. 하나님의 성품과 본성은 거룩하고 올바른 행동을 표현하는 것이다. 확실히 하나님의 성품과 본성에 미치지 못하는 인간의 실패는, 이런 부족함을 처리해줄 어떤 개입의 필요성을 알려준다. 그래서 사람에게는 하나님의 선과 의가 필요하다.

성경에 나타난 의와 선. 소크라테스보다 3백 년 앞서, 구약 성경 선지자 아모스는 의와 선의 개념 그리고 그것들과 하나님의 관계를 정립했다. 세속 학자들은 이런 기록을 당시 시대상을 반영한 소설 정도로 인지한다. 그러나 노먼 스네이스(Norman

Snaith)는 아모스를 비롯한 당시 예언자들에 대해 "모든 사람이 그들의 메시지를 이전의 모든 사상을 상당 부분 발전시킨 것으로 인식한다"[12]라고 평가했다. 아모스와 선지자들에게 선과 의는 히브리어 '체덱'(*tzedek*)과 연관이 깊었다. 이 단어의 진수는 선이라는 추상 개념이 아니라, 우리가 선이라고 부를 수 있는 행위나 행동을 뜻한다. 히브리인들의 사고방식에서 선은 단순한 개념이 아니라, 하나님의 뜻을 이 땅에 실현하는 올바른 행동의 표현이다. 선은 전적으로 하나님의 본성에 의지하는 규범이다.

우리는 예수님과 바울의 신학에서 이 점이 구현된 것을 볼 수 있다. 마태복음 19:16-22에서 어느 부자 청년이 예수님에게 무슨 '선한' 일을 해야 영생을 얻을 수 있느냐고 묻는다. 예수님은 "어찌하여 선한 일을 내게 묻느냐? 선한 이는 오직 한 분이시니라. 네가 생명에 들어가려면 계명들을 지키라"라고 대답하신다. 바울은 같은 내용을 로마서에서 이렇게 표현한다. "의인은 없나니 하나도 없으며… 선을 행하는 자는 없나니 하나도 없도다"(롬 3:10-12). 두 본문은 모두 선이라는 개념과 율법의 긴밀한 연관성을 분명히 보여준다.

이런 사실은 에우튀프론의 딜레마와 확실히 구별되는 선의 성경적 개념을 제시해준다. 성경 계시는 하나님이 윤리적 존재라고 가르친다. 하나님은 일관되게 선행을 하도록 프로그램된 로봇이 아니라는 뜻이다. 하나님은 본질상 윤리성을 가진 분이다. 그분은 도덕적 본성을 갖고 계신다. 우리가 하나님의 행동과 행위를 검토해보면, 거기에 '선하다'는 표를 붙일 수 있다. 이는 하나님의 행동이 우리가 정한 선의 기준에 맞아서가 아니라, 그분의 본성에서 선의 개념을 끌어낼 수 있기 때문이다.

설명을 돕기 위해 한 가지 예를 들어보자. 친절이라는 본성을 타고난 희귀한 아이가 있다고 가정하자. 아주 어릴 때부터 이 아이는 모든 사건에 친절하고 온유하게 반응한다. 자, 이제 에우튀프론의 질문을 이 아이에게 적용해보자. "이 행동들은 친절한 아이가 한 행동이기 때문에 친절한가? 아니면, 친절한 행동을 하기 때문에 이 아이는 친절한 것인가?" 답은 둘 다 그렇기도 하고 아니기도 하다. 이 아이는 친절이 본성이기 때문에 친절한 행동을 한다. 우리가 그런 행동에 '친절'이란 이름표를 붙이기 때문에 '친절'이라고 말할 수도 있지만, 이 행동은 아이가 친절의 의미를 깨닫기 전부터 아이의 본성에서 비롯되고 있다.

조금은 모자란 듯한 이 예가 하나님에 대한 내 주장을 뒷받침하는 데 도움이 되지 않을까 싶다. 하나님은 도덕적 본성을 갖고 계시다. 그분의 본성에는 가치와 윤리가 내재되어 있다. 나는 이런 가치에 '악'이나 '나쁨'과는 구별되는 '선'이나 '옳음' 같은 인간의 단어를 부여했다. 하나님의 본성을 반영하는 이런 가치와 윤리는 선한 것들이다. 우리는 (1) 계시의 가르침, (2) 성육신하신 하나님의 삶, (3) 하나님의 형상대로 지음 받은 우리의 지각을 통해 이런 선한 가치들을 볼 수 있다.

계시의 가르침. 성경에 나오는 법 개념으로 다시 돌아가보자. 하나님은 율법을 통해 특정 시기와 특정 사회에 그분의 본성을 계시하신다. 이 율법은 사람들이 하나님의 성품을 닮지 못하고 있는 현실을 드러내는데, 하나님처럼 살 수 있는 사람은 아무도 없기 때문이다. 바울의 말대로, 정결하신 하나님의 관점에서 본다면 선한 사람이나 선을 행하는 사람이 하나도 없다. 예수님의 가르침이 이 사실을 증명해준다. 바리새인들이 예수님을 시험하려고 찾아와 "어떤 이유가 있으면" 이혼을 해도 괜찮냐고 묻자, 그분은 이렇게 대답하셨다. "하나님이 짝지어주신 것을 사람이 나누지 못할지니라." 그러자 바리새인들은 왜 하나님은 모세를 통해 이혼 증서를 주는 법을 허락하셨느냐고 물었다. 예수님은, 율법은 하나님의 성품을 온전히 표현하지 못하며, 불완전한 인간의 삶에서 어떻게든 최선을 유지하고자 그렇게 하신 것이라고 답하셨다. "모세가 너희 마음의 완악함 때문에 아내 버림을 허락하였거니와, 본래는 그렇지 아니하니라"(마 19:3-9).

성경은 하나님의 도덕적 본성이 속죄의 목적이라고 말한다. 구약 시대에는 1년에 한 번씩 돌아오는 속죄일에만 회개와 희생제사를 드릴 수 있었다. 속죄일의 희생 제사는 하나님이 도덕적인 존재임을 깨닫고, 백성의 죄를 속하기 위한 것이었다. 백성의 죄를 상징적으로 짊어진 염소는 하나님과 그 백성 가운데서 광야로 쫓겨났다(레 16장). 하나님이 정결하고 도덕적인 존재라는 사실은 죄를 짓고 동산에서 쫓겨나는 아담과 하와의 이야기에서부터 시작하여 성경 전반에 드러난다. 이들을 내쫓으신 사건은 하나님이 정결하지 못한 이들과 절대 교제하지 않으신다는 사실을 확인해준다.

바울은 자신이 쓴 글들에서 동일한 주제를 언급한다. 그는 로마 교회에 보낸 편지에서 하나님의 의와 인간의 불의를 구분한다. 사람이 하나님과 영원한 교제를 나누려면 칭의가 필요하다. 의롭게 되어야 한다. 그리스도의 희생은 구약 성경에 나오는 상징적 속죄와 달리, 진정한 속죄를 우리에게 허락하신다. 바울은 그리스도 이후는 물론, 이전에 죽은 사람들을 포함하여 모든 인류의 죄를 위해 속죄가 필요했다고 강조한다(롬 3:23-26). 속죄를 이해하려면 가장 먼저 하나님이 본질상 도덕적인 존재이심을 이해해야 한다. 그렇기 때문에 그분이 맺는 관계(원한과 반대인 연합)는 그분의 도덕적 성품에 부합해야 한다. 따라서 그분과 그 백성의 영원한 교제를 가능하게 할 정당한 방법이 필요했는데, 하나님은 속죄로 그 필요를 채우셨다. 하나님이 도덕적 존재가 아니라면 이 모두는 불필요한 일이다.

성육신하신 하나님의 삶. 예수님의 성육신에는 도덕적 함의가 있다. 예수님은 인간의 옷을 입은 하나님이시기에 그분의 행동에서 하나님의 행동을 엿볼 수 있다. 우리는 인간의 삶에 완벽하게 드러난 선과 의의 모범을 볼 수 있다. 예수님의 삶에서 하나님의 도덕성을 볼 수 있다. 예수님이 제자들에게 말씀하셨듯이, "나를 본 자는 아버지를 본" 것이다(요 14:9). 체포되어 십자가에 못 박히시기 전, 예수님은 임박한 시련을 두고 하나님에게 기도하셨다.

아버지여, 창세 전에 내가 아버지와 함께 가졌던 영화로써 지금도 아버지와 함께 나를 영화롭게 하옵소서. 세상 중에서 내게 주신 사

람들에게 내가 아버지의 이름을 나타내었나이다.··· 의로우신 아
버지여, 세상이 아버지를 알지 못하여도 나는 아버지를 알았사옵
고··· 내가 아버지의 이름을 그들에게 알게 하였고(요 17:5-6, 25-26).

우리는 예수님을 통해 하나님의 본성을 본다. 예수님의 행
동은 곧 하나님의 행동이다. 이런 의미에서, 우리는 에우튀프론
의 딜레마가 가진 한계를 볼 수 있다. 예수님은 선한 일을 행하
셨기 때문에 선하신 것이 아니다. 선한 행동을 하기로 작정하셔
서 그렇게 행동하신 것도 아니다. 예수님의 행동은 다름 아닌 하
나님의 본성에서 우러난 것이다. 그분의 행동이 '선하거나 의로
운' 이유는 하나님의 성품을 드러내기 때문이다.

하나님의 형상대로 지음 받은 사람들의 지각. 옳고 그름의 문
제와 관련된 성경의 또 다른 가르침은 하나님의 형상대로 지음
받은 사람들을 언급하는 대목에서 찾아볼 수 있다(창 1:26-27). 이
점은 인간과 동물을 구분하는 중요한 차이이다. 아담과 하와만
이 하나님의 형상대로 창조되었다. 인간에게는 하나님과 유사한
독특성이 있다. 창세기 2장은 아담이 하나님의 피조물 중에 적
절한 동반자를 찾는 내용에서 이 점을 더 상세히 묘사한다. 아담
의 짝으로 적절한 동물이 없어서 하나님은 그분의 형상을 따라
또 다른 인간인 하와를 만드셨다. 이 본문에서는 하나님의 형상
을 지닌 것이 어떤 의미인지 본격적으로 다루지는 않지만, 창세
기에 곧이어 등장하는 몇몇 이야기의 윤리와 자연스럽게 연결
이 된다. 하나님은 노아 이야기에서 인간이 하나님의 형상대로

지어졌기에 무고한 사람들을 죽이는 것은 잘못이라고 구체적으로 밝히셨다.

각 사람은 하나님의 도덕성을 닮아 몸에 깊이 밴 도덕성이 있다. 물론 그 하나님의 형상은 심하게 손상되고 왜곡되어 알아보기 힘들 정도이다. 하지만 설명하거나 규정하거나 해명하기는 힘들어도, 대다수 사람들에게는 옳고 그름에 대한 감각이 있다. 하나님의 형상대로 지음 받은 인간에게는 그분의 도덕성이 새겨져 있다.

도덕성은 (에우튀프론의 경우처럼) 하나님이 행하시거나 다른 사람들에게 명령하시는, 객관적인 옳고 그름이 아니다. 성경은 하나님을, 자신의 도덕적 성품과 일관된 선택을 하시는 도덕적 존재로 내세운다. 그분의 본질과 일관된 가치 및 행동을 우리는 '선' '의' '도덕'이라고 부르고, 그분의 본성과 반대되는 가치들은 '악' '그름' '불의'라고 부른다. 따라서 하나님은 도덕 질서를 만들지도 따르지도 않으신다. 오히려 그분의 본성 자체가 기준이다.

당연하게도, 전통적인 유대교와 기독교 사상가들은 에우튀프론의 딜레마를 하나님에게 적용할 수 없다고 일축했다. 유대교 학자 아비 사기(Avi Sagi)와 대니얼 스탯먼(Daniel Statman)은 구약의 관점에서 에우튀프론을 비판한다.[13] 캐서린 로저스(Katherine Rogers)는 기독교적 관점에서 다음과 같이 지적한다. "안셀무스는 그 이전의 아우구스티누스와 이후의 아퀴나스처럼 에우튀프론의 딜레마를 거부한다. 하나님은 도덕 질서를 만들지도 따르지도 않으신다. 오히려 그분의 본성 자체가 가치의 기준이다."[14]

"그래서요? 이게 그렇게 중요합니까?"라고 질문하는 사람들도 있을 것이다. 물론 중요하다. 모든 도덕적 선택과 가치에는 근거가 있다. 그 근거는 한 사람의 본능일 수도 있고, 한 사람을 행복하게 해주는 것, 많은 사람에게 최선인 것, 누가 가르쳐 준 것일 수도 있다. 그럼에도 우리가 옳거나 선하다고 생각하는 것을 설명하거나 해명해주는 최종 근거가 있는데, 그리스도인들은 그 근거가 하나님이라고 믿는다. 하나님의 성품 자체가 옳거나 선한 것을 요구하신다. 하나님이 아닌 다른 근거나 요인은 정말로 선하고 옳은 것을 유지해줄 수 없다.

히틀러의 악행과 도덕적 하나님

이 장을 시작하면서 히틀러의 행동이 선한지 악한지를 알 수 있느냐고 질문했다. 대다수 사람들은 죄 없는 사람을 죽인 것은 잘못이라고 대답한다. 하지만 어째서 그런지를 추궁하면, 다른 사람들도 무조건 수긍해야 한다는 양, 그건 그냥 잘못이라고 주장한다. 물론, 하나님의 형상대로 지음 받은 사람들이 보기에 히틀러가 저지른 잔인한 행위가 잘못되었다는 것은 자명하다. 하지만 흥미롭게도, 많은 사람들이 어떤 행위의 옳고 그름을 신의 영역으로 여기지 않는다. 히틀러의 행동이 사회에 유익이 되지 않거나 다수의 가치를 해쳤다는 이유로 잘못이라고 판단하는 사람들도 있다. 하지만 이런 주장이 부적절하다는 점은 앞에서 이미 살펴보았다. 옳고 그름을 결정하고 그것을 다른 사람에게 적용하는 문제는 최종 근거가 어디인지로 압축된다. 사람들은 스스로 옳고 그름을 결정하는가, 아니면 옳고 그름의 기준이 되는 외부의 고정점이 있는가?

결론

그리스도인들은 히틀러의 행동이 확실히 악하고 잘못되었다고 믿는다. 하나님의 형상대로 지음 받은 사람들을 살해한 히틀러는 그분의 성품과 본성을 거슬렀다. 하나님은 계시(성경)와 성육신(예수님)과 (그분의 형상을 담은 사람들의) 고유한 특성 가운데 자신의 성품을 드러내셨다. 이것들은 인간에게 내재된 도덕적 나침반에 의미와 방향을 부여하고, 우리가 쉽게 알아차릴 수 있는 옳고 그름의 근거가 된다. 수백 년간 파리에 보관되어 있는 미터원기는 우리가 현재 쓰는 1미터의 기준이다. 이 막대는 원래 극에서 적도까지 이르는 자오선 길이의 1만 분의 1을 표시한 것이다. 그러다가 미터법을 사용하는 국가들의 합의에 따라 이 길이가 '미터'가 되었다. 이 막대를 기준으로 다른 미터 측정법(밀리미터, 킬로미터 등)도 정의를 내리게 되었다. 이렇게 합의된 기준이 없다면, '미터'는 사람마다 다른 치수가 될 수밖에 없다. 이것이 인간 도덕률의 딜레마를 보여주는 좋은 예이다.

성경의 가르침은 핵심 윤리에서 상대주의를 제거한다. 미터원기는 파리가 아니라 하나님에게 있다. 우리는 이를 기준으로 인신매매의 도덕성을 비롯한 여러 질문들에 답할 수 있다.

지난주에는 '신사 클럽'이라는 스트립쇼 극장 사장의 증언을 녹취했다. 내가 이 사건을 맡은 이유는 분명하다. 이 사건에는 반드시 바로잡아야 할 잘못이 있기 때문이다.

존이라는 고객이 이 클럽에 들어선 시각은 밤 9시 15분. 모든 음료를 2달러에 마실 수 있는 '2달러 목요일' 행사가 있는 날이었다. 법에 따르면, 클럽에서는 취한 손님을 받아서는 안 되며, 취한 사람이 운전자 없이 클럽을 떠나게 해서도 안 된다(그럴 경우에는 꼭 택시를 불러야 한다). 여기에서 취했다는 법적 기준은 혈중 알코올 농도 0.08퍼센트이다.

이 클럽에는 내부의 모든 상황을 녹화하는 비디오카메라가 있어서 그날 발생한 일을 초 단위로 확인할 수 있다. 존은 클럽에 들어와 9시 21분에 첫 번째 맥주잔을 비웠다. 9시 28분에는 두 번째 맥주잔과 데킬라 한 잔을 비웠다. 이후로 세 시간 동안, 존은 최소한 맥주 열세 잔과 데킬라 여섯 잔을 마셨다. 녹화된 영상을 보면 그는 병을 쓰러뜨리고, 제대로 서지 못하고 휘청거렸다. 존이 가장 마지막에 들어온 랩 댄서에게 20달러를 지불하지 못하면서 문제가 터졌다. 댄서의 항의를 받은 지배인이 그에게 다가왔다.

존이 더 이상 술도 댄서도 주문할 수 없는 빈털터리임을 확인한 지배인은 그에게 마지막 맥주잔을 비우게 한 후 클럽 밖으로 내쫓았다.

비틀거리면서 밖으로 나온 존은 대리 주차인이 앉아 있는 의자 앞을 지나 자기 차에 탔다. 6분 후 그는 한밤중에 전조등도

켜지 않은 채 시속 2백 킬로미터로 고속도로를 내달리고 있었다. 그는 친구네 집에서 집으로 돌아가던 열여덟 살 에밀리의 차를 들이받았고, 에밀리는 현장에서 즉사했다. 놀랍게도 그는 목숨을 건졌다. 그가 실려간 병원에서는 클럽에서 마지막 잔을 비운 지 세 시간 후에 그의 혈중 알코올 농도를 측정했다. 결과는 0.29퍼센트. 법적 허용 수치의 3배 이상인 데다가 치명적인 수준인 0.25퍼센트를 넘어섰다.

클럽 사장의 증언을 들으면서 내가 첫 번째로 던진 질문은 "이 클럽에서 술을 마신 후 사망한 사람이 몇 명입니까?"였다. 그는 세 사람이라고 대답했지만, 나는 한 사람이 더 있다고 지적했다. 그의 머릿속에는 온통 사업 생각뿐이었다. 섹스와 알코올을 팔아 돈을 얼마나 벌 수 있는지만 중요하게 생각했다.

나는 배심원단에게 이 소송을 전달하여 우리 공동체의 기준으로 옳고 그른지를 판단할 것이다. 하지만 이것이 옳고 그른지를 판단하기 위해 굳이 배심원단까지 필요치 않다. 내게는 더 훌륭한 기준, 곧 하나님이 계신다.

소크라테스가 되어, 하나님이 선을 행하셔서 그분이 선한지, 아니면 하나님이 그것을 명령하시기에 선한 것인지 묻고자 하는 사람들이 있다면, 그리스도인들은 하나님의 본성이 선의 궁극적 기준이라고 자신 있게 답할 수 있다. 하나님이야말로 최종 판단 기준이시다.

자유 의지, 도덕적 책임, 무한하시고 정의로우신 하나님

나는 형사 소송 변호는 맡지 않는다. 범죄인 변호도 중요한 일이고, 죄 없이 고소당한 사람에게도 훌륭하고 유능한 변호인이 필요하지만, 나는 크게 마음이 가지 않는다.

지난 백 년간 미국에서 가장 유명한 형사 소송 변호사를 꼽으라면 단연 클래런스 대로우(Clarence Darrow)였다. 그는 자신이 변호한 유명인들 때문만이 아니라 소송을 다루는 솜씨로 유명세를 떨쳤다. 대로우가 변호를 맡은 살인범 네이선 레오폴드(Nathan Leopold)와 리처드 로엡(Richard Loeb)은 살인을 자백하고도 사형을 피했는데, 이때 그가 사용한 전술은 법조계에서 전설처럼 전해 내려온다.

대로우는 의뢰인들을 변호하지 않고 사회를 공격했다. 이들의 어린 시절에 대한 증거를 내세웠다. 자녀를 학대한 부모들,

해로운 동네 사람들, 끔찍한 환경 등 '이 사람들을 만들어낸' 주변인들을 보여주었다. 대로우는 이런 참혹한 환경과 의뢰인들의 지적 능력 같은 신체적 특징을 결합하여 운명과 결정론이라는 그림을 완성했다. 요즘 같으면 우리는 그가 인간의 선택보다는 유전학과 환경이 의뢰인들의 행위를 결정한다는 주장을 했다고 말할 수 있을 것이다.

이런 접근은 판사와 대중의 호응을 끌어냈다. 대로우는 열두 시간에 걸친 최후 진술에서 피고인들은 선택의 여지가 없었다고 주장했다. 자신에게 던져진 운명을 받아들였을 뿐이니 비난받을 이유가 없다고 했다.

재판을 마무리하면서 판사는 당국의 사형 요구를 거절했고, 이 판결은 이 장의 주제에 어울리는 적절한 배경을 마련해주었다.

하나님의 한계와 정체성, 계시와 의사소통, 실재, 하나님의 도덕적 본성이라는 주제를 살펴보았으니, 이제는 사람들에게 시선을 돌리려 한다. 인간은 진정한 도덕적 선택을 할 수 있는가? 자기 마음대로 결정할 자유가 있는가, 아니면 인간의 선택은 미리 결정된 것인가? 다음 증인들을 소환하여 이 주제를 함께 살펴보자.

증인 목록

B. F. 스키너 20세기 가장 영향력 있는 심리학자라고 할 만한 그는 하버드 대학교에서 박사 학위를 받고, 에드가 피어스 석좌 교수를 지냈다. 저자와

사회 철학자로 유명세를 떨쳤다.

노암 촘스키 이 장에서 다시 한 번 촘스키 교수를 증인석에 소환하려 한다. 그에 대한 설명은 6장을 참고하라.

사도 요한 이 장에서 다시 한 번 요한을 소환하려 한다. 그에 대한 설명은 5장을 참고하라.

바울 이 장에서 다시 한 번 바울을 소환하려 한다. 그에 대한 설명은 4장을 참고하라.

자유와 존엄을 넘어서

1971년, 하버드 대학교의 에드가 피어스 석좌 교수 스키너는 《자유와 존엄을 넘어서》(*Beyond Freedom and Dignity*, 부글북스)를 출판했다. 이 얇은 책에서 그는 자신이 오랫동안 고민한 '행동 공학'을 제시했다. 이 책은 인간의 행동을 바꾸는 법을 정당화하고 설명해줄 기본 원리들을 강조했다. 이 책을 조지 오웰(George Orwell)이 쓴 《1984》의 학문적 후속편으로 보는 사람들도 있었다. 《1984》는 선택된 소수가 대중의 행동을 형성하는 내용이다. 인간이 다른 인간의 행동을 조작하고 통제하는 모습을 보고 싶은 스키너의 욕구는 그 자체로 충격이다. 행동 수정에 대한 스키너의 신념 배후에 있는 전제들도 도발적이기는 마찬가지이다.

스키너는 결정론자였다. 그는 사람의 모든 행동은 미리 결정되어 있다고 믿었다. 드디어 과학이 그리고 유전학과 환경이 사람을 결정한다는 사실을 깨닫는 지점까지 진보했다고 생각했

다(자료 9-1을 보라). 스키너는 자유 의지나 자율적 존재에게서 모든 사고와 결정, 행동이 나온다고 생각하지 않는다. 오히려, 한 사람의 DNA가 환경 요인과 상호 작용하여 모든 정신적·신체적 변화나 행동을 유발한다고 본다. 신체 행동의 중심인 인간의 뇌에는 화학 법칙과 물리 법칙에 반응하는 각종 화학 물질이 모여 있다. 스키너는 이 법칙들이 뇌의 화학 물질과 분자의 행동과 상호 작용 방식을 관장한다고 믿었다. 또한 2+2의 정답은 4가 확실한 것처럼, 우주의 법칙이 한 사람의 결정과 행동을 관장한다고 생각했다.

이 점을 일상용어로 생각해보자. 당신은 왜 지금 이 책을 읽는가? 이 질문을 인과 관계 분석으로 표현해보면, 당신이 이 책을 읽는 것은 결과라고 할 수 있다. 그렇다면 당신이 이 책을 읽게 된 원인은 무엇인가? 스키너는 '내가 결정했기 때문에'라는 대답은 수용하지 않을 것이다. 스키너에게 선택은 환상에 불과하기 때문이다. 당신에게는 선택권(최소한, 이 단어의 일반적인 용도에 준한다면)이 없다. 그 대신, 책을 읽을 수 있게 해준 유전적 기질과, 읽는 법을 가르쳐준 환경이 있었고, 여기까지 책을 읽을 정도로 이 책이 당신의 흥미를 끌었기 때문에 가능한 일이었다. 당신에게 영향을 미친 기타 환경 요인이 이런 관심사를 유도했다.

이 각각의 효과 배후에 있는 원인들은 우리가 분석하거나 말로 표현하기가 어렵다. 스키너는 세상(당신을 포함한 환경, 즉 당신이 배운 가치관, 어떤 일이 있을 때 받은 긍정적 강화, 그 외 다른 일이 있을 때 받은 부정적 강화 등과 당신의 유전적 기질)을 있는 그대로 고려해볼 때, 그가 테이프를 되감을 수 있다면, 당신은 매번 이 책을 읽는 선택을 하리라고 믿었다. 당신은 절대로 선택을 할 수 없기 때문에 아무 차이가 없을 것이다. 화학 법칙과 물리 법칙은 불가침의 법칙이기에, 당신의 뇌가 환경 자극에 보이는 화학 작용과 분자 반응은 늘 동일한 결과를 가져올 것이다.

스키너는 사람이 어떤 것에 대해 태도나 책임 의식, 염려와 의지를 가질 수 있다는 신념을 시대착오적 발상이라고 여겼다. 과학 이전 시대로 거슬러 올라가는 구태의연한 사고와 다를 바가 없다고 판단한 것이다. 오늘날 우리는 뇌의 유전적 기질과 외부 자극(환경)이 뇌에 화학 연쇄 반응을 일으키는 것을 안다. 사고와 선택 같은 비물질적 요소는 2+2=4라는 법칙이라기보다는 (얼마든지 바뀔 수 있는) 미리 결정된 화학 작용이다. 스키너는 "목표, 숙고, 계획, 결정, 이론, 긴장, 가치 같은 비물질적 요소"가 어디에서 오는지 물었다. 그는 통찰력 있는 관점들이 "신들이나 신에게서" 왔음을 보여준다는 점에 주목했지만, 현재와 같은 과학 시대에는 그런 답변을 받아들이기 힘들다고 여겼다. 그의 대답은 두 가지 근거뿐이었다. "종의 진화에 따른 산물인 유전적 자질이 사람의 마음 작용 일부를 설명하고, 그 사람의 개인적 역사가 나머지 마음 작용을 설명한다고들 말한다."[1] 스키너는 인간이 자유 의지가 있는 자율적 존재라는 생각을 경멸했다. "자율적 인간은 우리가 아직 달리 설명할 길을 찾지 못한 문제들을 설명하는 데만 도움이 된다. 자율적 인간이라는 존재는 우리의 무지를 먹고 산다. 우리가 행동에 대해 더 많이 알게 되면 자율적 인간은 자연히 지위를 잃게 된다."[2]

스키너의 신념에는 눈에 쉽게 띄지만 충격적인 결과가 있다. 그럼에도 스키너는 이런 결과들을 회피하지 않고 오히려 떠안는다. 그는 사람들이 옳은 일을 할 때 그것을 그 사람의 공으로 인정해서는 안 된다고 선뜻 수긍한다. 마찬가지로, 진정한 책임이라는 의미에서는 아무도 "자신이 하는 행동에 책임"을 질 수도, "마땅한 처벌을 받을" 수도 없다.[3] 책 제목이 예측하는 바대로, 스키너는 과학이 인간 행동을 기계적 과정으로 이해하는 방향으로 움직였고 움직이고 있다고 믿었다. 그렇게 "과학이 동원되다 보면 자율적 인간이 인정을 받을 수 있는 것이 하나도 남지 않는다."[4] 과학은 모든 사람의 존엄과 자유라는 개념을 무너뜨리는 데 성공한 듯했다. 스키너가 보기에, 인간은 비록 생물체이기는 하나, 어쨌든 기계에 불과하다.

나는 앞 장에서 옳고 그름을 논의한 바 있는데, 도덕성에 대한 스키너의 접근 역시 기계적이어서 기존의 용어를 뒤흔들어 놓았다. "어떤 대상이 좋다거나 나쁘다고 하여 그 대상에 대한 가치 판단을 내리는 것은 강화의 결과를 기준으로 그 대상을 분류하는 것이나 다름없다."[5] 이로써 스키너는 자기 책의 궁극적 목표라는 측면에서 옳고 그름에 대한 객관적 관점을 제시했다.

스키너는 사람들이 그의 신념을 사용하여 인류에 유익을 끼치는 환경을 조성하기를 원했다. 바람직한 행동은 긍정적으로 강화하고(보상), 바람직하지 못한 행동은 부정적으로 강화하면(형벌부과) 세상은 스키너가 생각한 이상적인 모습으로 바뀔 수 있다. 인간의 행위는 얼마든지 좌지우지할 수 있다.

자유 의지를 열렬히 지지하는 사람들조차 스키너의 제안에 귀를 기울여야 한다. 스키너는 글재주와 좋은 출판사를 배경으로 손쉽게 돈을 벌려는 작자가 아니다. 2002년 한 조사에서 그는 21세기 가장 탁월한 심리학자로 선정되었는데, 같은 조사에서 지그문트 프로이트(Sigmund Freud)는 3위였다.[6]

스키너의 접근법이 새로운 것은 아니다. 철학자들은 인간에게 (자유 의지라는 게 있다면) 자유 의지가 얼마나 되는지를 놓고 지난 수천 년간 토론해왔다. 스키너는 철학적 토론 논점을 내세우지 않았다. 그에게는 철학보다 과학으로 습득한 지식이 더 중요했다. 철학자들은 자유 의지와 결정론을 주장한 사람들을 크게 다음 세 진영으로 나누었다(자료 9-2를 보라).

자유 의지 사상 스펙트럼

결정론	양립 가능주의 (결정론과 자유 의지는 공존할 수 있다)	비결정론

자료 9-2

자료 9-3 결정론

앞에서 지적했듯이, 스키너는 결정론자였다. 결정론자 진영은 강경 결정론자와 온건 결정론자로 다시 나뉘었는데, '결정론'에 대한 정확한 정의는 저자마다 다를 수 있다. 핵심은 세상의 이전 상태와 물리 법칙에 의해, 인류를 포함한 세상의 특정 시점 상태는 이미 결정되어 있다는 것이다. 간단히 말해, 과거와 물리 법칙이 결합하여 미래의 모든 진실을 제공한다는 주장이다(자료 9-3을 보라).

결정론의 반대 극단에는 결정론이 거짓이라고 믿는 사람들이 있다. 반드시 그런 것은 아니지만 대체적으로 이 사람들은 자유 의지를 믿는다. 일반적인 정의에 따르면, '자유 의지'는 다양한 대안 중에서 행동 방침을 선택할 수 있는 인간의 능력을 뜻한다. 이 정도면 충분하다고 생각할 수도 있겠지만, 이마저도 다양한 진영으로 갈라진다. 예를 들어, 플라톤은 인간의 영혼에는 행동을 책임지는 세 측면이 있다고 믿었다. 오로지 고차원의 '이성' 부분에만 자유 의지가 있다(예를 들어, 욕구와 좀 더 기본적인 욕구의 결정과는 반대이다). 이런 관점에서, A 상태에서 B 상태로의 변화는 물리 법칙뿐 아니라 인간이 내린 결정의 결과라고 할 수 있다.

철학자들 사이에서 가장 흥미로운 토론은 중간 진영인 '양립 가능주의'에서 나올 때가 많다. 이 관점은 결정론의 일부 교리를 인정하지만, 자유 의지 행사를 허용하기도 한다.

그러나 도덕적인 책임을 판단해야 할 경우에 결정론과 자유 의지가 정말로 양립할 수 있는지에 대한 우려가 생겨난다. 대로우가 레오폴드와 로엡의 재판에서 질문했듯이, 어떤 사람이 다른 행동을 선택할 수 있는 자유가 없는데도 그 사람에게 어떤 행동에 대한 도덕적 책임을 물을 수 있을까? 아래에 자유 의지가 중요한 이유를 몇 가지 꼽아봤다.

- 자유 의지가 없다면, 우리는 자신의 행동을 어떻게 책임질 수 있을까?
- 자유 의지가 없다면, 다른 사람의 노력이나 용기, 창의성을 칭찬하는 말에 진심이 담길 수 있을까? 상대방이 그저 화학적으로 반응했을 뿐 자신의 행동을 선택한 것이 아니라면, 그런 칭찬은 의미가 없다.
- 자유 의지가 없다면, 인간은 자연의 다른 요소보다 존엄성 측면에서 나을 바가 없다. 기계 톱니는 다 고만고만한 법이다.
- 자유 의지가 없다면, 다른 사람을 향한 사랑이나 우정에 무슨 가치가 있을까? 사랑은 타인의 화학 반응에 대한 한 가지 화학 반응에 불과하다.

이렇게 자유 의지와 결정론에 대한 스키너의 과학적 접근과 철학자들의 접근이 있다. 어느 쪽도 합의된 지지를 얻지는 못한 상태이다. 기존 관점에 대한 새로운 평가가 매년 등장한다. 스키너의 과학은 노암 촘스키의 비판을 포함하여 온갖 혹평을 받았다. "스키너는 1947년 윌리엄 제임스 강연 이후 이와 관련된 문제들과 씨름했지만, 아무 결과도 얻지 못했다. … 그는 스스로 중독되어버린 과장된 주장들을 입증할 수 있는 과학적 가설을 만들어내지 못했다."[7] 촘스키는 과학이 스키너의 주장을 증명하지 못한다고 지적한 후에, "행동 과학이 발전하면서, 반드시 이런 사실들을 좀 더 확실히 뒷받침하게 될 것이다"라는 스키너의 대비책을 인용한다. 이어서 촘스키는 그런 가설의 이면을 폭로한다. "지금 현재, 우리에게는 어떻게 인간의 행위가 결정되는지를 뒷받침하는 과학적 증거는커녕, 흥미로운 가설의 기미조차 보이지 않는다."[8]

스키너와 촘스키가 이런 글을 쓰고 수십 년이 흐르면서, 과학과 기술은 사람이 어떤 행동에 대한 동기 유발을 받고 나서 뇌가 그 결정을 진행하는지(대개 결정론과 일치하는 것으로 간주된다), 아니면 행동하려는 결정이 동기에 선행하는지를 결정하는 다양한 시험 방법을 개발했다. 이 시험의 결과와 해석은 천차만별이고, 견해도 매우 다양하다.

우리가 이 책의 앞부분에서 세운 전제들을 받아들인다면, 이 주제와 관련해서 매우 다른 입장에 서게 된다. 성경은 인간에게 하나님의 형상이 있다고 밝혔다. 하나님은 우리를 단순한 기계로 만들지 않으셨다. 우리에게는 선택할 수 있는 능력이 있고, 이 능력은 우리에게 도덕적 책임을 부여한다. 예술적 의미와 도덕적 의미에서, 성경은 우리가 창조주의 형상대로 지음 받은 창조자라고 주장한다. 성경은 하나님이 진정한 선택을 하신다고 가르친다. 그분의 성품 이외에는 아무것도 그분의 행동을 결정하지 않는다. 창세기는 하나님이 세상과 만물을 창조하기로 결정하셨다고 묘사한다. 창조는 하나님의 선택이었고, 그 실행은 그분이 하나님이심을 드러냈다. 창세기는 또한 사람이 하나님의 형상대로 지어졌다고 선포한다.

이 때문에 인간은 자유롭게 행동하고 선택할 수 있다. 집을 짓고 옷을 만드는 것은 물론이고, 윤리적 결정도 내릴 수 있다. 그러나 우리는 하나님처럼 무제한적이지는 않다. 예를 들어, 내게는 DNA가 있고, 이 DNA가 내 머리카락 색을 결정했다. 창의성을 발휘해서 머리카락을 염색하겠다고 선택할 수는 있지만, 한시적으로 머리카락 색깔을 고를 수 있을 뿐이다. 내 DNA는 바꿀 수 없기에, 시간이 지나면 원래 머리색으로 다시 돌아온다. 마찬가지로, 대학에서 성서 언어 전공을 선택할 수는 있었지만, 교육과 대학 진학을 최우선순위에 놓는 가족의 일원으로 태어난 것은 내 선택이 아니었다.

따라서 성경적 관점에 따르면, 인간은 제대로 된 결정을 할 수 있고 그 선택에 윤리적으로 책임을 져야 한다고 믿는 쪽으로 기울게 된다. 그렇다고 해서 유전과 환경의 영향력을 완전히 배제하지는 않지만, 모든 행동을 결정론의 입장에서만 보지는 않는다. 철학자들은 이런 입장을 '양립 가능주의'로 분류할 것이다.

성경의 설명은 상식에 들어맞는가? 법정에서는 두 가지 요소가 작동한다. 첫째, 어떤 증거가 있는가? DNA가 우리 인생에서 중요한 역할을 한다는, 의문의 여지가 없는 증거가 있다. DNA는 뇌의 특징과 기능을 비롯하여 우리의 신체적 특징에 영향을 미친다. 또한 모두가 알고 대다수가 흔쾌히 인정하는 것처럼, 환경이 우리의 행위와 태도, 행동을 형성한다. 이반 파블로프(Ivan Pavlov)는 개에게 먹이를 줄 때마다 반드시 종을 치는 실험을 했다. 그렇게 시간이 흐르자, 개는 종소리만 듣고도 침을 흘렸다(고전적 조건 형성). 그런데 과학은 거기에서 멈추지 않는다. 이 두 요소가 인간 행위의 유일한 결정 요인이 아니라고 지적한 촘스키 같은 사람들의 증언이 있다.

증거가 부족하면 상식을 떠올리게 된다. 우리는 인간에게 선택권이 없다는 말을 정말로 믿는가? 물론 스키너와 그의 추종자들로만 구성된 배심원단이라면 '그렇다'고 대답할 것이다. 하지만 대다수는 그렇게 대답하지 않으리라 생각한다. 거의 대부분은 직감적으로 사람이 선택을 한다는 데 동의할 것이다. 그들은 자신이 이 길이나 저 길을 선택할 수 있다는 걸 안다. 결정 사항을 고민하고 어떻게 할지 곰곰이 생각하려 할 것이다. 스

자료 9-4
(사진 출처: Wikimedia Commons)

키너의 책 표지에서도 이 점을 똑똑히 볼 수 있다.

〈뉴욕 타임스〉는 스키너의 책에 대해 칭찬을 아끼지 않았다. "올해에 책을 한 권만 읽을 계획이라면, 반드시 이 책을 선택하라!" 이 얼마나 역설적인 추천사인가(자료 9-4를 보라). 인간이 하나님이 세우신 한계 내에서 제대로 된 선택을 할 수 있다는 성경의 가르침은 과학뿐 아니라 경험과 상식에서 탄생한 진실이 틀림없다.

하나님은 이 논쟁과 무슨 상관이 있으신가

'인간에게 선택이 가능한가'라는 당면한 질문을 넘어서서, 이런 문제들에는 더 깊은 함의가 있다. 이 문제들은 우리를 인과관계라는 개념으로 이끈다.

우주와 인생을 관찰하면서 우리는 모든 사건에는 추적 가능한 원인이 있다는 사실을 직접 경험한다. 예를 들어, 아주 근본적 차원에서는 내가 이 단어들을 컴퓨터 키보드로 입력했기 때문에 독자들이 이 책을 읽을 수 있다. 거기에서부터 이 내용은 프린터나 다른 컴퓨터로 전송되었다. 프린터가 문서를 출력하면 유통을 거쳐 독자들 손에 들어간다. 물론, 이런 원인들은 훨씬 더 깊은 단계로 거슬러 올라갈 수도 있다. 예를 들어, 내가 사용한 키보드에 마이크로프로세서가 부착되어 있다는 사실을 덧붙일 수 있다. 이 처리 장치가, 내가 입력한 글자를 컴퓨터 언어로 변환했다. 각 단계는 또다시 더 낮은 차원으로 내려가서,

아주 작은 부분을 더 작은 부분으로 나누다 보면 끝없는 과정이 이어진다. 이 과정에는 반드시 출발점이 있겠지만, 우주의 시작에 도달해야 비로소 그 궁극의 출발점을 찾을 수 있다. 거기에서부터, 누가 또는 무엇이 우주를 시작했느냐는 토론을 시작할 수 있다.

이런 과정을 생각하다 보면, 인류가 수천 년간 인과 관계에 대해 생각하고 기록했다는 사실이 당연하게 다가올 것이다. 아리스토텔레스는 원인을 분류했다. 이후로 많은 사상가들이 원인을 유형과 발생 순서, 인식 방법에 따라 분류하는 일을 지속하고 다듬었다. 인과 관계는 우주라는 직물의 씨실과 날실이다. 인간은 한결같은 인과 관계의 우주를 체험한다. 중력 법칙에 따르면, 탁자 위에 있는 무거운 물건은 천장으로 떠오르지 않고 항상 바닥으로 떨어진다.

우리는 24시간 내내 인과 관계를 살고 체험하기 때문에, 만물에는 추적 가능한 이유가 늘 있기 마련이다. 주사위를 굴린다? 주사위는 우연에 따른 결과를 보여준다고 말하는 사람도 있겠지만, 사실 주사위가 서 있는 방식, 던지는 힘, 회전, 바람, 착지면 등이 원인으로 작용하여 그런 결과가 나온다.

왜 우리는 인과 관계를 경험할까? 더 중요하게는, 물리 법칙을 통해 우주의 시작점에 이르기까지의 모든 것을 추적할 수 있을 정도로 이 인과 관계가 널리 퍼져 있는가? 결정론자들은 옳은가? 인간은 세상이라는 인과 관계 기계의 톱니에 불과한가? 인간에게 진정한 선택은 불가능하기에 진정한 도덕적 책임도 없는 것인가?

성경의 대답은 확실히 '아니요'이다. 우리는 분명히 인과 관계의 세계에 살지만, 성경은 인간이 자신의 행동과 생각을 선택한다고 가르친다. 이런 선택이 인과 관계에 있어 하나의 원인이 된다. 사람은 비록 한계가 있기는 해도 자율적인 존재이다. 그렇기에 자신의 도덕적 선택에 책임을 진다.

자유 의지와 성경

성경에 자유 의지라는 말은 나오지 않는다. 이것은 철학자들이 사용하는 용어이다. 어떤 철학자들은 하나님에게도 자유 의지가 없다는 식으로 이 말을 정의하는 경우도 있다. 예를 들어, 하나님에게는 죄를 지을 자유가 없다는 것이다. 7장에서 토론했듯이, 하나님은 당연히 죄를 지을 수 없으시다. 흔히 자유 의지로 표현하는, 성경에 나오는 자율적 선택은 사람이 자신의 본성 내에서 자유로이 행동할 수 있다는 뜻이다. 누구든 자유에는 제약이 따른다. 내가 그렇게 결정했다고 해서 마음대로 개구리로 변할 수 있는 자유가 없듯이 말이다.

다음과 같은 점을 고려한다면, 우리가 인지하는 세상은 인식 가능하고 논리적 이치에 들어맞는다. (1) 우리는 유한한 인간이다. (2) 유한한 우주에 산다. (3) 이 우주에는 인과 관계에 의한 일관성의 법칙이 존재한다. 각 요소를 자세히 살펴보자.

우리는 유한한 인간이다. 인간은 물리적으로나 시간적으로

나 한계가 있다. 우리는 특정한 장소에 존재한다. 내가 여기 있으면, 동시에 다른 곳에는 있을 수 없다. 아내에게 "몸은 멀리 있지만, 마음만은 집에 있어요"라고 말할 수는 있지만, 아내가 보고 싶다는 말을 그렇게 표현한 것뿐이다. 또한 우리는 시간 속에 존재한다. 내가 오늘 여기 있으면, 백 년 전에는 여기 없었다는 뜻이다. 마찬가지로, 내가 지금 이 생각과, 제약을 가진 이 몸으로 여기 존재하듯이, 하나님의 기적 같은 간섭이 없다면 내가 존재하지 않는 시간이 올 것이다. 우리의 유한성은 시간과 공간에만 제한되지 않는다. 우리가 아는 것, 할 수 있는 일, 관계에도 제약이 있다. 어떤 의미에서 우리는 우리가 가진 한계로 정의된다고도 할 수 있다. 정체성과 사고의 한계가, 어디까지가 우리이고 어디에서부터 외부가 시작되는지를 규정한다.

우리는 유한한 우주에 산다. 우리 주변 사물에도 한계가 있다. 어디에서 이 경계가 시작되고 끝나는지 볼 수 있다. 밤하늘은 영원히 펼쳐져 있는 듯 보이지만, 사실은 그렇지 않다. 실제 체험에 따르면, 우리가 경험하고 만지는 모든 것, 우주에 형체가 있는 모든 것은 유한하다. 이쯤에서 이렇게 말하는 사람도 있을 것이다. "하지만 우주는 무에서 생겨나지 않았으니, 무한히 존재하겠죠." 하지만 이것은 관찰에서 나온 말이 아니라, 그렇게 주장하는 사람들의 예상에 불과하다. 어떤 사람들은 원인이나 시작 없이는 아무것도 상상하지 못하고 사물에 시작을 부여하는 것에 만족하는 반면, 다른 사람들은 어떤 사물이나 존재를 우주의 출발이나 창조자로 삼기를 원치 않는다.

인과 관계에 의한 일관성의 법칙이 존재한다. 우리가 사는 우주에는 일관성이 있어서 우리가 그것을 배움으로써 생존할 수 있다. 예를 들어, 날개 위로 흐르는 공기가 날개 아래쪽 공기보다 빨리 움직이기 때문에 날개 위쪽에 저기압이 형성되어 비행기가 날 수 있다. 날개(와 비행기)는 기압이 낮은 쪽으로 움직인다. 이것은 마술이 아니라, 가스와 유동체가 움직이는 일관된 원리이다. 즉, 일관성 있는 인과 관계라는 핵심 진리의 결과이다.

사람과 우주에 대한 우리의 생각과 하나님을 대조해보자. 하나님은 무한하시다는 점에서 인간과 다르다. 유한한 우주와 일관성 있는 인과 관계 법칙은 하나님의 본성에 내재된 중요한 측면을 반영한다. 하나님은 인간이 아니다. 무한한 하나님은 아무런 제약을 받지 않으신다. 그분은 초대형 인간이 아니다. 보통 사람보다 능력이 많아서 더 강하고 오래 사는 물질의 집합체가 아니다. 하나님은 하나님이다. 그 누가 생각할 수 있는 그 무엇보다도 형태와 본질과 능력 면에서 훨씬 더 크신 분이다.

타자의 형상을 품은 것과 그 타자와 같아지는 것은 다르다. 내 아들은 나를 닮아 내 형상이 있다. 우리 부자의 외모와 성격은 놀랄 만큼 비슷한 구석이 있다. 하지만 우리 두 사람은 각기 다른 한계와 특징을 지닌 다른 사람이다. 하나님의 형상대로 지음 받은 우리 역시 그분과 비슷하지만, 다른 점도 있다. 인간은 하나님의 도덕적 본성이라는 도덕적 가치관을 공유한다. 인간과 하나님이 눈에 띄게 다른 점은, 우리는 유한하고 하나님은 그렇지 않으시다는 것이다. 하나님은 무한하시다. 그분에게는 인간이 가진 한계가 없다. 하나님은 시간과 공간의 제약을 받지 않으신다. 하나님은 다른 장소는 제외하고 오로지 한 장소에만 있지 않으신다. 다른 시간은 제외하고 오로지 그 시간에만 존재하지 않으신다.

수천 년 전, 시편 기자는 이 심오함을 매우 개인적이고 실제적인 언어로 표현했다. 시편 139:7-12은 어느 곳에나 계신 하나님의 무한한 임재를 선포한다.

> 내가 주의 영을 떠나 어디로 가며
> 주의 앞에서 어디로 피하리이까.
> 내가 하늘에 올라갈지라도 거기 계시며
> 스올에 내 자리를 펼지라도 거기 계시니이다.
> 내가 새벽 날개를 치며
> 바다 끝에 가서 거주할지라도
> 거기서도 주의 손이 나를 인도하시며
> 주의 오른손이 나를 붙드시리이다.
> 내가 혹시 말하기를 흑암이 반드시 나를 덮고
> 나를 두른 빛은 밤이 되리라 할지라도
> 주에게서는 흑암이 숨기지 못하며
> 밤이 낮과 같이 비추이나니
> 주에게는 흑암과 빛이 같음이니이다.

같은 시편에서 어느 때나 계신 하나님의 영원하심도 노래하는데, 그분은 지금 여기에만 제한되지 않으신다.

> 여호와여, 내 혀의 말을 알지 못하시는 것이
> 하나도 없으시니이다.
> … 내 형질이 이루어지기 전에
> 주의 눈이 보셨으며
> 나를 위하여 정한 날이 하루도 되기 전에
> 주의 책에 다 기록이 되었나이다.
> 하나님이여, 주의 생각이 내게 어찌 그리 보배로우신지요.
> 그 수가 어찌 그리 많은지요.
> 내가 세려고 할지라도 그 수가 모래보다 많도소이다(시 139:4, 16-18).

하나님은 우주에 존재하실 뿐 아니라 우주 밖에도 계신다. 무한대를 넘어 존재하는 분이다.

이 점을 이해하면, 많은 사람들이 하나님을 궁극 원인으로 보기 시작한다. 여기에는 일면 진실이 있지만, 백 퍼센트 정확하지는 않다. 이 논쟁은, 그렇다면 하나님이 악의 근원이 아니냐는 토론으로 이어지기 쉽다. (이 토론과 관련된 두 질문으로, 하나님이 더 좋은 우주를 만들 수도 있지 않으셨느냐는 질문과 구원이 예정된 것이 아니냐는 질문이 있다.) 여기에서, 하나님과 우리를 연결하여 그림을 완성해 줄 고리가 필요하다. 하나님은 무한하신데 우리는 유한하다. 하나님은 도덕적으로 완벽하신데 우리는 불완전하다. 이 퍼즐 조각을 완성하려면 또 다른 조각이 필요하다. 이 퍼즐에 의미를 부여해줄 핵심 조각은, 인간의 선택할 수 있는 능력이다.

무엇이 관건인가? 나는 그 대답이 우리 내부 깊은 곳에 있다고 생각한다. 인간에게 선택할 수 있는 능력이 없다면, 우리가 저지른 잘못에 대한 책임을 얼마든지 피할 수 있다. 이런 식으로 머리를 굴리는 게 가능하다. "나도 화내면 안 된다는 건 알아. 하지만 내가 그렇게 생겨먹었는걸 뭐." "알아, 알아. 포르노그래피를 보면 안 되지. 그런데 내 본성 때문에 어쩔 수가 없는데 어떻게 해." 반대로, 인간에게 선택할 수 있는 능력이 있다면, 우리가 저지른 잘못은 새로운 차원을 띠게 된다. 그렇다고 DNA와 환경이 아무짝에도 소용없다는 말이 아니다. DNA와 환경도 나름의 역할이 확실히 있어서, 우리가 특정한 죄에 좀 더 취약하게 만들 수 있다. 그러나 선택이 매우 중요한 역할을 한다는 점을 염두에 두어야 한다.

성경은 모든 인간은 비록 유한하지만 그 안에 하나님의 형상이 있으며, 인간에게는 선택하고 변화를 가져올 수 있는 능력이 있다고 가르친다. 시공간의 제약이 있기는 해도, 하나님의 형상으로 지음 받은 우리도 창조자이다. 하나님은 악의 근원('근원'이라는 말을, 하나님이 악을 선택할 능력이 있는 인간의 근원이시라는 제한된 의미로 사용하지 않는 한)이 아니다. 우리는 인과 관계라는 사슬에서 실제 원인이다.

사도 요한은 밧모 섬에서 계시를 받았다. 그 계시에는 라오디게아라는 소아시아 지역을 포함해 총 일곱 교회에 보내는 편지도 들어 있었다. 이 편지는 해당 교회의 품행에 대해 이야기하는데, 이것은 미리 정해진 행동이 아니라 하나님의 뜻을 거스른 그 교회의 선택이었다. "내가 네 행위를 아노니, 네가 차지도 아니하고 뜨겁지도 아니하도다. 네가 차든지 뜨겁든지 하기를 원하노라"(계 3:15). 이런 선택은 의도적이고 선택적이었다. 이들은 얼마든지 선택할 수 있었다. "볼지어다, 내가 문 밖에 서서 두드리노니, 누구든지 내 음성을 듣고 문을 열면 내가 그에게로 들어가 그와 더불어 먹고, 그는 나와 더불어 먹으리라"(계 3:20).

우리는 어떻게 이런 선택을 하는가? 선택은 어디에서 오는가? 뇌의 화학 작용과 자연 법칙의 관점에서 선택을 어떻게 이해할 수 있을까? 어떤 사람들은 선택이 미리 정해지지 않은 것을 선택할 수 있는 능력을 키워주는 (과학이 아직 알아내지 못한) 물리적 과정일지도 모른다고 생각한다. 나는 앞에서 MIT의 노암 촘스키가 스키너를 비판한 내용을 인용했다. "실상은 인간의 뇌가 (아직은 알려지지 않은) 물리 원칙에 의해 작동한다고 가정해보라. 이 물리 원칙은 상황에 맞는 자유 선택을 허용하지만, 만일의 사태에는 거의 영향을 받지 않는다고 치자."[9]

학자들은 긍정적 확인으로 증명할 수 있는 것과 부정 증거로 알 수 있는 것이 있다는 사실을 오래전부터 알고 있었다. 다시 말해, 어떤 것이 아닌 것을 제거해가면서 그 대상을 이해하는 과정이 필요할 때도 있다. DNA와 환경이 인간 사고방식의 원인이라고 해서, 그것들이 유일한 원인이라는 뜻은 아니다. 더군다나 유전학과 환경이라는 원인 범위 내에서도 선택은 가능하다. 예를 들어, 내게는 생선 단백질을 소화할 수 있는 유전적 능력이 있고, 제대로 요리만 하면 생선이 얼마나 맛있는지를 경험으로 알고 있다. 그런 이유로 내가 생선을 먹기로 선택할 수는 있다. 그러나 이런 원인들이 내가 생선을 먹거나 먹지 않기로 선택하는 사실을 방해하지는 못한다. 이런 원인들이 한데 섞여 작용하는 것이다.

성경은 선택할 수 있는 능력뿐 아니라 그 선택에 걸맞은 도덕적 책임을 이야기한다. 라오디게아 교회에 보낸 편지로 돌아가보면, 그들은 하나님의 풍성한 뜻보다는 세상의 부를 좇았다. "네가 말하기를 나는 부자라, 부요하여 부족한 것이 없다 하나, 네 곤고한 것과, 가련한 것과, 가난한 것과, 눈먼 것과, 벌거벗은 것을 알지 못하는도다"(계 3:17). 요한은 그들에게 자기들의 선택을 곱씹어보고 다른 선택을 하라고 충고한다. "내가 너를 권하노니, 내게서 불로 연단한 금을 사서 부요하게 하고, 흰옷을 사서 입어 벌거벗은 수치를 보이지 않게 하고, 안약을 사서 눈에 발라 보게 하라"(계 3:18).

바울 역시 인간의 선택권을 언급했다. 사람들은 "성령을 따라" 행하거나 "육체의 욕심"을 이루는 것 중에서 선택할 수 있다. 그리스도인들은 자유로이 선택할 수 있다. "형제들아, 너희가 자유를 위하여 부르심을 입었으나, 그러나 그 자유로 육체의 기회를 삼지 말고, 오직 사랑으로 서로 종노릇하라. … 내가 이르노니 너희는 성령을 따라 행하라. 그리하면 육체의 욕심을 이루지 아니하리라"(갈 5:13, 16).

예수님도 인간의 선택과 하나님의 선택을 구분하면서 인간의 의지를 언급하셨다. 예수님은 예루살렘 성에 들어가 죽음을 마주하시기 전, 그 성을 내려다보며 이렇게 탄식하셨다. "예루살렘아, 예루살렘아, 선지자들을 죽이고 네게 파송된 자들을 돌로 치는 자여! 암탉이 그 새끼를 날개 아래에 모음같이 내가 네 자녀를 모으려 한 일이 몇 번이더냐. 그러나 너희가 원하지 아니하였도다"(마 23:37). 요한과 바울, 예수님은 진짜 사람이 내리는 진짜 선택을 말씀하셨다. 인간은 어떤 사안에서 독립적이거나 자율적인 선택 없이, 미리 정해진 길만 따라가는 기계가 아니다. 따라서 자신이 내린 선택에는 도덕적 책임이 따른다.

일관성 있는 인과 관계 법칙은 하나님의 본성에 있는 중요한 측면을 반영한다. 바울은 로마 교회에 보내는 편지에서 하나님의 성품이 피조물에 나타나 있다고 썼다. "창세로부터 그의 보이지 아니하는 것들, 곧 그의 영원하신 능력과 신성이 그가 만드신 만물에 분명히 보여 알려졌나니"(롬 1:20). 하나님이 만드신 만물은 일관성을 보이는데, 특히 인과 관계에서 그렇다. 히브리서는 예수 그리스도께서 "하나님의 영광의 광채시요, 그 본체의 형상"(히 1:3)이시며, "어제나 오늘이나 영원토록 동일하시니라"(히 13:8)라고 기록한다. 이런 일관성은 하나님의 본성에서도 드러난다. 하나님은 불순하거나 부도덕한 것을 견디지 못하신다. 로마서 1장에서 바울은, 많은 사람들이 하나님의 본성과 윤리와는 반대로 불경한 길을 택했다고 설명한다. 그는 이 불경한 행동의 결과를 확인해준다. 바울은 "하나님께서 그들을 마음의 정욕"과 부끄러운 욕심, 상실한 마음에 내버려두셨다고 말한다. 그들은

"스스로 지혜 있다 하나 어리석게 되었다". 하나님의 "공정한 법도"는 이와 같은 일을 하는 자들은 "죽어야 마땅하다"(새번역)라고 정하셨다(롬 1:18-31을 보라).

오늘날 많은 사람들이 하나님이 죄인들에게 책임을 묻는 이유를 이해하지 못한다는 사실은 주목할 만하다. 사람들은 세상에서는 행동에 늘 결과가 따른다는 것을 알면서도, 하나님의 신뢰성과 일관성이 얼마나 선하고 지혜로운지는 보지 못한다. 인과 관계가 존재한다면, 세상에 만연한 부도덕과 불순함에는 반드시 정죄와 죽음이 따라야 한다. 바울은 로마서 2:2에서 "이런 일을 행하는 자에게 하나님의 심판이 진리대로 되는 줄 우리가 아노라"라고 말한다. 인류가 맞닥뜨린 질문은 바로 이것이다. 바울이 로마서 8:2에서 "죄와 사망의 법"이라고 말한, 도덕적 죽음의 덫에서 벗어날 방법이 과연 있는가.

결론

우리 내면에서 '내가 선택할 수 있어'라는 부르짖음이 들린다. 우리가 나쁜 행동을 한 사람에게 본능적으로 책임을 묻는 이유도 그 때문이다. 스키너는 인간에게서 자유와 존엄성을 제거하려고 시도했지만, 노암 촘스키 같은 사상가들이 그의 과학적·논리적 결점과 증명할 수 없는 추정을 폭로했다. 우리는 어떤 행동을 하도록 이미 정해진 기계가 아니다. 진정한 선택을 할 수 있고, 거기에는 도덕적 책임이 따른다. 인간에게는 자율성과 자유가 있다. 따라서 우리가 내리는 선택에는 진정한 도덕적 책임이 있다. 진리와 일관성 있는 인과 관계는 하나님이 죄와 불의를 정의롭고 중대한 방식으로 다루셔야 한다는 성경의 계시를 확인해준다. 하나님이 어떻게 그렇게 하셨는지를 보여주는 것이 다음 장의 주제이다.

10장

부활의 대담성

"상식적으로 생각해보세요."

전국의 법정에서 날마다 들려오는 호소이다. 공정하고 똑똑한 사람들은 산더미 같은 증거를 꼼꼼히 추려서, 상식을 활용하여 판단하고 결정할 줄 안다. 나는 예수님이 몸으로 부활하신 것이 사실인지 소설인지를 탐색하는 이번 장에서 바로 이 상식을 활용해보려 한다.

하나님의 능력과 본성, 인간과의 의사소통, 죄의 도덕적 본성과 선택에 따른 인간의 책임에 대한 타당한 결론들을 받아들인다면, 어떻게 순결하신 하나님이 죄 많은 인간과 관계를 맺을 수 있으신지를 설명해야 마땅하다. 기독교는 그에 대해 예수 그리스도의 죽음과 부활이라는 답을 제시한다. 과연 합리적인 사람이 그런 뻔뻔한 주장을 받아들일 수 있을까?

증인 목록

마태 이 장에서 마태를 다시 증인석에 소환하려 한다. 마태에 대한 설명은 6장을 참고하라.

사도 요한 사도 요한도 다시 한 번 증인석에 소환하려 한다. 그에 대한 설명은 5장을 참고하라.

바울 바울도 다시 한 번 증인석에 소환하려 한다. 그에 대한 설명은 4장을 참고하라.

베드로 Peter. 주후 1세기 예수님이 배신당하시던 날 밤에 그분을 두둔했다가 얼마 지나지 않아 그분을 모른다고 부인한 일화로 유명하다. 그는 빈 무덤과 부활하신 예수님을 목격한 증인이었다.

마가 Mark. 주후 1세기 초기 기독교 선교사로, 바울과 바나바와 함께 사역했다. 초대 교회는 (요한 마가라고도 하는) 마가가 로마에 있는 동안 베드로에게서 들은 정보를 바탕으로 마가복음을 썼다고 기록했다.

누가 Luke. 주후 1세기 1세기 의사이자 바울의 선교 동역자였다. 그는 예수님의 삶과 죽음과 부활과 관련된 사건들은 물론, 초대 교회의 역사적 사건들을 직접 겪은 수많은 목격자들과 대화했다.

폴리캅 Polycarp. 주후 c.70~c.156 부활하신 그리스도를 믿는다는 이유로 죽음을 당한 초대 교회 순교자이며 서머나 교회(현재 터키 땅)의 감독이었다. 우리는 그가 주고받은 서신들과 (이레니우스와 초대 교회 역사가 유세비우스가 기록한) 초기 기록, 그의 죽음을 상세히 서술한 《폴리캅의 순교》(Martyrdom of Polycarp)를 통해 그에 대해 알 수 있다.

티투스 플라비우스 요세푸스 Titus Flavius Josephus. 주후 37~c.100 1세기에 유대 군

대를 지휘하여 로마군에 맞섰으나, 포로가 된 뒤 투항하여 로마 시민이 되었다. 유대 역사를 기록한 역사가로 유명하다.

푸블리우스 가이우스 **코넬리우스 타키투스** Publius (or Gaius) Cornelius Tacitus, 주후 56~117 로마의 정치인이자 역사가였다. 주로 당대 역사를 기록으로 남겼다.

가이우스 수에토니우스 트란퀼루스 Gaius Suetonius Tranquillus, 주후 c. 70~130 이후 로마 황제 트라야누스(98~117 통치) 시절에 공문서관 감독을 맡았다. 이 시기에 황제들의 전기를 기록하기 시작해서 119년 즈음에 완성했다. 119~121년에는 로마 황제 하드리아누스의 비서를 지내기도 했다.

소小 플리니우스 Plinius the Younger로 더 유명한 **가이우스 플리니우스 카이킬리우스 세쿤두스** Gaius Plinius Caecilius Secundus, 주후 61~c. 112 소 플리니우스는 로마 시대 법조인이자 문학가요 판사였다. 그가 정치 경력을 쌓으며 남긴 여러 편의 서신은 오늘날까지 중요한 자료로 남아 있다.

찰스 콜슨 Charles Colson, 1931~2012 리처드 닉슨(Richard Nixon) 대통령의 특별 고문이었던 그는 워터게이트 사건의 핵심 인물로 7개월 형을 선고받았다. 이후 기독교로 개종하여 기독교 지도자요 문화 평론가로 이름을 알렸다.

이 장에서는 배심원 제도의 엄격한 기준으로 그리스도의 부활을 판단해보고, 그 증거에서 끌어낼 수 있는 최선의 결론을 살펴보려 한다. 내가 최선을 다해 나사렛 예수에게 일어난 일을 판단할 수 있길 바란다. 그 전에 먼저, 배심원단의 결정을 좌우하는 중요한 법 개념과 규칙들을 살펴볼 것이다. 이 규칙들은 '팩트 파인더' 역할을 감당하는 배심원단의 실수를 최대한 배제하기 위한 것이다.

재판 규칙과 원리

배심원들은 증거에 기초해서 결정을 내릴 책임이 있다. 주로 증인과 문서에서 '직접 증거'를 얻고, 추가로 '정황 증거'를 살펴볼 수 있다. 정황 증거는 사실에서 합리적으로 추론할 수 있는 증거를 말한다. 배심원단과, 관련된 원리들과, 그들이 고려하는 증거를 살피려면, 책의 한 장 분량으로는 절대 부족하다. 그럼에도, 다음에 간추린 개요는 배심원 제도가 문명사회에서 역사적 사실을 가장 효과적으로 결정하는 방편이 될 수 있음을 핵심적으로 보여준다.

증인: 신뢰성. 증인의 첫 번째 부류는 '목격자', 즉 관련 사건을 직접 보거나 목격한 사람이다. 또 다른 증인으로는 어떤 사안에 대해 돈을 받고 전문가의 소견을 밝히는 '전문가' 집단이 있는데, 이들은 일반인들이 쉽게 알 수 없는 특별한 정보에 일가견이 있는 사람들이다. 이러한 증인의 신뢰성을 결정하는 책임은 배심원단에게 있다. 신뢰성 여부를 판단하려면 많은 요소가 필요하다.[1] 신뢰성을 가늠할 수 있는 중요한 잣대 중에서 몇 가지를 아래에 소개한다.

- **증인의 정신 상태.** 정신적으로 불안정하거나 문제가 있는 증인은 신뢰를 얻기 어렵다. 배심원들은 자신의 증언에 확신이 있는 증인, 배심원들의 눈을 똑바로 쳐다보는 증인, 사람들이 자신의 증언을 듣고 기록한다는 사실을 두려워하지 않고 자신 있게 증언할 준비가 된 증인을 찾는다. 정신적인 문제가 심한 증인의 경우, 증

언을 불허하는 경우도 종종 있다.

- **증인의 동기.** 법정에서 진실을 말하고 싶은 단순한 동기를 가진 증인이 있는 반면, (특히 전문가 증인의 경우) 경제적 대가를 노리는 사람들도 있다. 증언을 하고 돈을 받는 증인들은 전형적으로 신뢰를 떨어뜨리는 경우이다. 이와 비슷하게, 재판 결과에 따라 이해관계가 얽혀 있는 증인들도 있다(예를 들면, 교도소에 가야 하는 피고, 돈을 벌 수 있는 원고, 돈을 잃을 수 있는 피고).

- **다른 진술과의 비교.** 배심원들은 똑같은 사실을 두고서 각기 다른 진술을 하는 증인들을 만나기도 한다. 그런 경우에는, 부분적으로는 증언의 우열을 가려서 신뢰성을 판단할 때가 많다. 그럴 때 양쪽 증언을 따져보는 과정이 필요할 수도 있는데, 증인 네 사람이 어떤 사안을 두고 동의할 때는 다른 사람들의 증언으로 인해 각 사람의 신뢰성이 더욱 높아진다.

- **증인의 성품.** 증인의 성품은 배심원들의 신뢰성 판단에 매우 강한 영향을 미친다. 그 영향력이 얼마나 큰지, 증인에 대해 제시할 수 있는 성격 증거를 규정하는 매우 엄격한 규칙이 있을 정도이다. 예를 들어, 증인이 정직하지 못하다는 평판과 그에 따른 증거가 있다면, 언제, 어떻게 증언을 할 수 있는지에 대해 특정한 규칙을 적용한다. 그렇기 때문에 병적인 거짓말쟁이는 정직한 증인에 비해서 신뢰를 얻기 힘들다.

증인: 전문 증거. 일반적으로 목격자는 자신이 직접 목격한 사실만 증언할 수 있다. 증인이 "존이 ABC를 봤다고 말했어요"

라고 말한 것은, ABC가 실제로 벌어졌다는 증언으로 간주되지 않는다. 다른 사람이 그 사람이 ABC를 봤다고 말했다는 증언에 불과하다. 이를 법정 용어로는 전문(傳聞) 증거라고 하는데, 증인이 자신이 '전해들은 내용'이 특정 사실과 확실히 관련이 있다고 주장하는 경우를 말한다. 법원에서는 다른 사람들이 말한 내용까지 사실에 입각한 검토에 포함할 경우, 그 간접성이 진술의 강도에 영향을 미치는 것을 알게 되었다. 물론 전문 증거를 인정하는 예외도 많다. 그럴 경우, 대개는 최초의 화자(원고)가 직접 증언할 수 있는지의 여부에 달려 있다. 예를 들어, 최초의 화자가 증언할 수 없는 경우에는, 그 말이 다른 재판이나 소송에서 사용되었거나 원고가 그 내용과 관련되어 자신의 죽음이 임박했다고 생각할 경우 그 내용은 배심원단에게 인정받을 수 있다. 가장 중요하게는, 최초 화자의 발언 내용이 그 사람이 건강한 삶을 유지하는 데(그의 경제나 자유에 미치는 영향 등을 포함해서) 배치된다면, 그 전문 증거 내용은 인정받을 수 있다.

전문가 증인: 엉터리 과학. 대개 원고나 피고 한쪽에서 고용하여 소송에서 증언하고 돈을 받는 전문가들은 전문가의 특정한 지식, 기술, 경험, 훈련이나 교육에서 비롯된 견해를 증언할 수 있다. 이런 견해가 충분한 사실이나 자료에 근거하고, 그 견해를 정당화하기 위해 믿을 만한 원리와 방법을 사실들에 적용한 경우, 배심원단에 전달될 수 있다. 이것이 머리말에서 언급한 다우버트 기준이다. 법정은 배심원들에게 '엉터리 과학'을 전달하는 일이 없도록 계속해서 이 기준을 개선해왔다. 엉터리 과

학이란 실제로는 전혀 근거가 없는 원대한 견해를 가리킬 때 쓰는 용어이다. 재판에서 판사는 전문가의 증언이 적절하며 과학에 기초하는지 여부를 걸러주는 문지기이다. 법정은 이 점을 결정할 때 다양한 요인을 고려한다. 그중에서도 핵심은 이 전문가들의 배후에 경제적 동기가 있느냐는 것이다. 그럴 경우, 타당한 실재를 넘어서 추측으로 빠질 가능성이 적지 않다.

편향, 동정심, 편견. 배심원들은 편향이나 동정심, 편견에 근거해 결정을 내리지 않도록 교육을 받는다. 실제로, 편향이나 동정심, 편견이 있는 사람들은 한쪽으로 기울어진 사람으로 간주되어 배심원단 후보에서 제외된다.

입증 책임. 배심원들이 백 퍼센트 확신하는 사실에 근거해서 재판이 이루어지는 경우는 없다. 과거를 결정하는 것은, $A^2+B^2=C^2$이라는 피타고라스의 정리가 옳은지를 결정하는 것처럼 과학이나 수학의 문제가 아니다. 수학과 과학은 우주의 물리 법칙에서 비롯한 확실성이 있다. 이것은 역사적 사실을 결정하는 것과는 다른 문제이다. 앞에서 이미 지적했듯이, 우리가 보는 현실이 실재가 아닐 극소수의 확률은 늘 존재한다(예를 들어, 우리가 꿈을 꾸고 있다거나 컴퓨터 프로그램 속에 살고 있다는 식으로). 역사적 사실에 대한 수학적 증거를 찾는 것은 부피를 재는 단위로 거리를 재는 것이나 마찬가지이다. "가게에서 우리 집까지 3갤런이다" "나는 어제 물 2마일을 마셨다"라는 말은 의미가 없다. 마찬가지로, 수학이나 연구실 실험으로 역사적 사건을 증명한다는 것은 무의미하다.

법정에서는 '입증 책임'으로 역사적 사실을 결정한다. 소송에 참가한 양측은 어떤 사건의 사실 여부를 입증할 책임이 있다. 논란이 되는 사안에 따라 그 책임은 변화가 심하다. 판결에 따라 한 사람의 자유를 구속할 수도 있는 형사 소송이라면, 입증 책임은 '합리적 의심을 넘어서야' 한다. 배심원이 '합리적 의심을 넘어서서' 사건의 진실을 확신하지 않는 한, 한 사람의 삶이나 자유를 구속해서는 안 되기 때문이다.

민사 소송에서는(예를 들어, A라는 사람이 B라는 사람의 음주 운전으로 자기 차량이 망가지고 부상을 입었다고 주장한다면) '증거의 우세'로 사건을 증명해야 한다. 즉, 사실을 찾는 배심원단은 '어느 쪽이 더 가능성이 있느냐?'라는 질문을 던져야 한다. 이 책임은 배심 재판에서 매우 중요한 측면인데, 어느 재판도 백 퍼센트 확실성에 도달하기는 어렵기 때문이다. 입증 책임은 역사적 사실을 재구성할 때는 대안이 될 수 없다.

물론, 이 고려 대상에서 빠진 다른 요인들도 있다. 배심원들은 대개 역사적 상황에 정반대 의견을 제시하는 변호사들에게 귀를 기울인다. 예외가 있지만, 배심원들은 일반적으로 증인을 직접 신문할 수 없다. 증인들에게 무슨 할 말이 있는지 알아보고, 사실을 파헤치고, 문서를 검토하는 '준비 단계' 시간을 거쳐야 비로소 재판을 열 수 있다. 이 준비 단계에서 전문가 증인들과 긴밀한 관계를 유지하고, 발표 자료로 사용할 논거도 수집한다.

이 모든 요건을 갖추었으니, 이제 예수님의 부활에 초점을 맞추어 '실제로 무슨 일이 벌어졌는가?'라는 질문을 던질 수 있을 것 같다. 이제부터 우리는 역사상 가장 중요한 이 사건의 진상을 알아보려 한다. 자, 문명사회가 가진 최고의 도구로 이 질문을 탐색해보자.

예수님의 부활

그리스도의 죽음과 부활을 증언하는 사람들은 수없이 많다. 이제 그들이 밝히는 증언의 요점에 따라 그 사람들을 분류해보려 한다.

직접 목격자, 마태. 첫 번째 복음서의 저자는, 사도이자 예수님이 선택하신 열두 제자 중 한 사람이었다. 그의 원래 직업인 세리는 문장력과 함께, 세심하고 탁월한 문서 보존 기술이 필요했다. 그는 세관에 앉아 있다가 예수님의 부르심을 받았다. 당시의 자세한 상황은 마태복음에만 기록되어 있다(마 9:9). 마태복음은 예수님의 십자가형과 죽음, 아리마대 요셉의 묘에 장사되심, 무덤을 지킨 로마 군병들, 지진과 부활을 기록한다. 부활 기록에는 두 여성(막달라 마리아와 다른 마리아)이 목격한 장면과 무덤 안을 살펴보았다는 직접 증언이 실려 있다. 또한 예수님의 시신이 무덤에서 사라진 이유로 흔히 통용되는 설명도 나와 있다. 유대인 장로들이 군인들에게 돈을 주면서 예수님의 제자들이 시신을 훔쳐 갔다고 말하게 하는 내용이다(마 28:11-15).

요한. 요한은 형제인 야고보처럼 어부로 살다가 그물을 버리고 예수님을 따랐다(마 4:21-22). 그가 쓴 네 번째 복음서는 예수님이 제자들에게 하신 마지막 말씀을 자세히 다루는데, 예수님은 자신이 곧 떠나지만 다시 돌아올 것이라고 설명해주셨다. 요한은 예수님이 잡히시기 전에 겟세마네에서 하신 기도를 반복해서 기록하는데, 그 기도에서 예수님은 그분의 선재성과 이 땅에 오신 사명, 아버지 하나님과 하나이심을 확인해주셨다. 그런 다음 요한은 예수님이 배신당하고 체포되어 유대 당국에 끌려가신 이야기, 베드로의 부인, 빌라도의 재판과 십자가형을 자세히 다룬다. 요한은 예수님의 손과 발에 못이 박히고 그분에 옆구리가 창에 찔린 십자가 처형 장면을 아주 상세하게 묘사한다. 또한 아리마대 요셉의 무덤에 예수님을 장사할 때 요셉과 유대 지도자 니고데모가 어떤 역할을 했는지도 이야기해준다. 요한은 막달라 마리아가 빈 무덤을 목격하고, 이어서 베드로와 (대다수 학자들이 동의하는 대로) 요한이 직접 무덤 안을 살핀 이야기도 덧붙인다(요한은 스스로를 요한이라고 하지 않고 "예수께서 사랑하시던 그 다른 제자"라고 부른다). 베드로와 그 다른 제자는 세마포와 빈 무덤을 보았다. 요한은 부활하신 예수님이 막달라 마리아와 제자들을 찾아오신 사건도 기록한다. 또한 부활하신 예수님과 사도 도마의 만남도 기록한다. 도마는 처음에 예수님의 부활을 의심하면서 그분과 그분의 몸에 난 상처를 직접 보고 만져보길 원했다. 부활하신 예수님을 만나 그 기회를 얻자, 그의 의심은 곧 사라졌다. 요한의 기록에 따르면, 예수님은 부활 이후 계속해서 사람들에게 나타나셨는데, 한번은 갈릴리 바닷가에서 제자들을 위해 생선과 떡을 준비하여 함께 아침 식사를 하신 적도 있었다. 예수님은 베드로가 십자가에서 죽음을 맞고, 요한은 마지막까지 살아 남은 제자가 되리라고 예언하셨다.

바울. 지금까지와는 조금 다른 종류의 증인이라고 할 수 있 는 바울은, 열혈 유대 가정 출신의 유대인 엘리트로(최고 수준의 교 육을 받았다), 히브리어와 아람어와 헬라어에 두루 능통했다. 그리 스 시가에 통달했고, 로마법에 정통한 로마 시민이었으며, 열성 분자에다가 유대교 율법과 전통에 비춰 나무랄 데 없는 삶을 살 았다. 바울은 교회에 반대하여 폭력을 행사하는 유대 권력 기구 에 소속되어, 예수님을 부활하신 메시아로 알리는 사람들을 체 포하고 (필요한 경우) 죽이는 일에 앞장섰다. 기독교 역사의 첫 번 째 순교자이자 예수님의 제자인 스데반이 돌에 맞아 숨질 때도 바울은 그것을 승인했다(관련자들이 옷을 벗어 그의 발 앞에 두었다). 그 랬던 그가 교회를 공격하여 남녀를 막론하고 옥에 집어넣으려 고 길을 떠났다가, 다메섹 도상에서 부활하신 예수님을 만났다. 예수님은 바울에게 자신의 정체를 밝히시고, 시력을 잃은 바울 이 어떻게 해야 눈을 뜰 수 있는지 알려주셨다. 얼마 되지 않아, 바울은 부활하신 예수님과의 만남을 수없이 회고하면서, 그분이 메시아라고 가르치기 시작했다. 그는 지중해 지역을 돌면서 하 나님이 예수님을 죽은 자 가운데서 다시 살리셨다고 선포했다 (행 17:31). 바울은 고린도 교회에 보낸 편지에 구체적으로 이렇 게 기록한다. "이는 성경대로 그리스도께서 우리 죄를 위하여 죽 으시고 장사 지낸 바 되셨다가, 성경대로 사흘 만에 다시 살아나 사 게바[베드로]에게 보이시고 후에 열두 제자에게와"(고전 15:3-

5). 그는 부활하신 그리스도가 5백여 제자들에게 일시에 나타나셨는데, 그중 대다수가 지금까지 살아 있다고 덧붙인다. 마지막으로, 바울은 부활하신 예수님이 그분의 형제인 야고보와 바울에게 나타나셨다고 말했다.

베드로. 베드로도 요한처럼 어부로 살다가 예수님의 부르심을 받았다. 예수님이 체포되신 후, 신변의 안전을 두려워한 그는 연달아 세 번이나 그분을 모른다고 부인했다. 복음서 저자들에 따르면, 베드로는 빈 무덤을 보았을 뿐 아니라, 부활하신 예수님도 만났다. 베드로는 부활하신 예수님을 "오직 흠 없고 점 없는 어린양"이라고 기록하기도 했다. "그는 창세 전부터 미리 알린 바 되신 이나, 이 말세에 너희를 위하여 나타내신 바 되었으니, 너희는 그를 죽은 자 가운데서 살리시고 영광을 주신 하나님을 그리스도로 말미암아 믿는 자니, 너희 믿음과 소망이 하나님께 있게 하셨느니라"(벧전 1:19-21). 또한 부활하신 예수님이 새 하늘과 새 땅과 함께 돌아오시리라는 확신을 기록하기도 했다(벧후 3장).

간접 목격자, 마가. 교회 역사 기록에 따르면, 바울, 바나바, 베드로와 함께 사역한 선교사 마가는 두 번째 복음서(마가복음)의 저자였다. 초대 교회 역사 기록은 마가가 베드로에게 받은 정보를 기초로 저술했다고 전한다. 그래서 법 이론에서 마가복음은 전문 증거가 되어, 확실한 신뢰성이 뒷받침되지 않으면 법정에서 받아들여지지 않을 것이다. 증거 능력의 문제는 나중에 다루기로 하고, 지금은 마가의 진술이 예수님의 십자가형과 죽음을 확인해준다는 점만 지적하려 한다. 마가는 아리마대 요셉이 예수님을 장사 지낸 것과 이 일에 개입한 것도 자세히 기록한다. 마가는 십자가 처형 이후 일요일에 막달라 마리아와 야고보의 어머니 마리아가 빈 무덤을 발견한 내용도 기록했다. 천사가 두 여자에게 예수님이 부활하셨다고 알려주었다. 마가복음 고대 사본은 거기에서 끝나지만, 후기 사본에는 예수님이 마리아와 두 제자, 남은 열한 제자 모두에게 나타나신 사건이 포함되어 있다.

누가. 누가는 사도행전과 누가복음을 썼다. 그는 복음서 사건들을 직접 목격하지는 못했지만, "목격자"들이 "전하여준 그대로 내력"을 정리해서(눅 1:1-2) "차례대로 써 보냈다"(눅 1:3). 거기에는 사도행전에 나오는 교회 초기 역사도 포함된다. 사도행전에서 누가는 주기적으로 바울의 선교 여행에 동참하고, 그의 기록에는 직접 목격자들의 진술이 포함된다. 누가는 예수님을 죽이려는 음모와 함께, 십자가 처형까지 이어지는 일련의 사건들을 설명한다. 그는 예수님이 처형 장소까지 십자가를 힘겹게 짊어지고 가신 일화를 포함하여, 실제 십자가형 이전에 벌어진 드라마를 자세히 풀어낸다. 또한 예수님의 죽음에 이어 아리마대 요셉이 예수님을 장사 지낸 이야기를 덧붙이면서, 유대 공회 의원인 그의 역할과 그가 예수님의 처형에 반대한 사실을 자세히 설명한다. 무덤에 찾아왔다가 예수님의 시신이 사라진 것을 발견한 여자들의 이야기도 자세히 소개한다. 또한 베드로가 빈 무덤을 살피다가 예수님의 세마포를 발견한 이야기도 덧붙인다. 누가는 예수님이 부활 이후 나타나신 이야기를 다른 복음서 기자들보다 훨씬 더 상세히 밝힌다. 그분은 엠마오로 가는 두 제자를 만나시고, 예루살렘에 모인 제자들에게 상처를 보여주셨으며, 제자들과 구운 생선을 함께 드시기도 하셨다. 그 자리에서 예수님은 자신의 죽음과 부활에 대한 구약 성경의 가르침을 제자들에게 설명해주셨다. 그리고 제자들이 성령을 받을 것이라는 말씀으로 마치셨다. 누가복음은 예수님의 승천으로 막을 내린다 (눅 24장을 보라).

사건의 사실성 여부를 확인해주기 원하는 사람들을 위해 누가가 자기 글의 근거를 밝힌 것에 주목하라. 예를 들면, 누가는 마태처럼 두 여성 목격자를 밝히는 것에서 그치지 않고 "다른 여자들"을 덧붙인다. 마태는 두 여성을 막달라 마리아와 "다른 마리아"라고 밝힌 데 반해, 누가는 "막달라 마리아와 요안나와 야고보의 모친 마리아"라고 말한다.

초대 교회 순교자들. 예수님의 죽음과 부활과 관련된 수많은 목격자들 중에는 초대 교회 순교자들도 있다. 이 사람들은 부활하신 메시아 예수님이 하나님과 죄, 속죄, 영생이라는 실재를 확인해주셨다고 확신하고 기꺼이 자신의 생명을 바쳤다.

이들의 증언을 모아 따로 책 한 권을 쓸 수 있을 정도로 많은 증인들이 있지만, 그중에 한 사람만 골라서 그의 언행을 기록한 고대 문헌을 살펴보려 한다. 내가 선택한 증인은 바로 《폴리캅의 순교》의 주인공 폴리캅이다.[2]

교회 지도자요 믿음의 사람인 폴리캅을 체포하려고 당국이 온통 혈안이 되어 있었기에, 신자 공동체는 시골에 그를 숨겼다. 폴리캅을 찾던 이들은 노예 소년 둘을 발견했는데, 소년들은 고문 끝에 폴리캅의 은신처를 당국에 알려주고 말았다(6.1). 곧 말을 탄 경찰과 기병이 출동하여 이 노인을 체포했다. 폴리캅은 피신하라는 주변의 경고에도, "하나님의 뜻대로 되리라"라고 말하면서 남기로 했다(7.1).

경찰이 도착했다는 소리에 폴리캅은 그들을 영접했다. 현장에 있던 사람들은 그가 생각보다 노구인 데 놀라고, 체포가 임박했음에도 그토록 평정심을 유지할 수 있다는 데 또 놀랐다. 폴리캅은 자신을 체포하러 온 사람들이 끼니를 놓쳤을 테니 저녁 식사를 대접하라고 부탁했다. 그리고 떠나기 전에 한 시간만 기도할 수 있게 허락해달라고 했다. 경찰의 동의를 얻은 그는 놀랍게도 두 시간 동안이나 서서 "그와 만났던" 모든 사람을 위해 소리 내어 기도했다(7.2-8.1).

폴리캅을 잡으러 온 사람들은 "그렇게 경건한 노인"을 체포하려 한 것을 후회했지만, 할 수 없이 그를 도시로 끌고 갔다. 경찰 지휘관과 그의 아버지는 "황제가 주님"이라고 고백하라며 그를 회유하려 했다. 그들은 폴리캅이 아주 사소한 일 두 가지만 해준다면, 일상으로 돌아갈 수 있다고 설명해주었다. 폴리캅은 "당신들이 제안한 일을 하지 않을 것이오"라고 대답했다. 그러고 나서 그는 경기장으로 들어갔는데, 군중 소리가 하늘을 찔러 "그 누구의 소리도 들을 수 없을 정도였다"(8.1-3).

폴리캅과 그를 따르는 그리스도인들은 그가 경기장으로 들어설 때 하늘에서 나는 소리를 들었다. "폴리캅, 강하고 남자답게 담대하여라." 지방 총독은 폴리캅에게 그의 신분을 확인하는 질문을 던졌고, 폴리캅은 그의 말이 맞다고 확인해주었다. 총독은 그에게 "황제의 이름으로 맹세하라"라고 종용하면서, 그리스도를 부인하라고 설득하려 했다. 그리스도인들을 (황제의 신성과 로마 만신전의 다른 신들을 믿지 않는다는 이유로) 무신론자로 생각한 총독은 폴리캅에게 "무신론자들은 물러가라!"라고 외치라고 했다. 그러자 폴리캅은 "경기장에 운집한 무법 상태의 이방인 군중을 엄숙하게 응시하더니, 손으로 그들을 가리키며 '무신론자들은 물러가라!'라고 외쳤다." 총독의 예상과는 전혀 다른 반응이었다!

총독은 "맹세하면 그대를 풀어주겠소. 그리스도를 욕하시오"라고 말했지만, 폴리캅은 "86년 동안 그분을 섬겼지만, 한 번도 내게 잘못하신 적이 없소. 그런데 내가 어떻게 나의 왕이요 구주이신 그분을 욕할 수 있겠소?"라고 답했다(9.1-3).

총독은 폴리캅에게 믿음을 포기하면 목숨은 구해주겠다고 계속해서 설득하고 회유했지만, 그는 조금도 요동하지 않고 오히려 이렇게 대꾸했다. "당신이 내가 어떤 사람인지 모르는 체하면서 내게 황제의 이름으로 맹세하라고 자꾸 재촉하는데, 내가 똑똑히 이야기할 테니 잘 들으시오. 나는 그리스도인이오. 기독교 교리를 배우고 싶으면 날을 하루 정하시오. 잘 가르쳐드릴 테니"(10.1-2).

총독의 협박이 절정에 달할수록, 폴리캅은 오히려 용기와 기쁨이 넘쳤고 그의 얼굴에는 "은혜가 가득했다". 총독조차 놀랄 지경이었다. 그러는 사이, 폴리캅의 죽음을 요구하는 군중의 함성 소리는 더욱 커져갔고, 그 외침은 결국 그를 화형에 처하라는 요구로 바뀌었다(12.1-3).

그는 자신을 장작더미 위에 못 박으려는 사람들을 제지했다. "날 그대로 두시오. 여러분이 굳이 못으로 고정하지 않더라도, 내게 불을 견딜 수 있게 하실 분이 내가 움직이지 않고 장작더미 위에 있게 하실 것이오"(13.1-3). 그래서 사람들은 폴리캅을 못 박는 대신 묶어 세웠다. 그는 하늘을 우러러보며 예수님을 통한 하나님의 사랑을 간증하고, 하나님을 찬양하는 기도를 드렸다. 그가 "아멘!" 하고 기도를 마치자 화형대에 불이 붙었다(15.1).

"이것이 폴리캅의 순교 이야기이다"(19.1). 어딜 가나 "이방인을 포함한" 수많은 사람들이 그의 죽음을 이야기했다(19.1). 200년대 초반, 기독교 작가 테르툴리아누스(Tertullianus)는 순교자들의 피가 교회의 씨앗이 되었다고 했다. 신자를 죽인 이방인들보다도 기꺼이 목숨을 바친 이들의 신앙에 감화를 받고 확신을 얻는 사람들이 점점 더 많아졌다.

다른 목격자들. 초대 교회 기록 이외에도, 로마인들을 위해 유대 역사를 기록한 요세푸스 같은 역사 저술가들도 있었다. 주후 93~94년경, 요세푸스는 "메시아[그리스도]라 하는 예수의 형제" 순교자 야고보 이야기를 기록했다. 그는 빌라도가 그리스도를 십자가형에 처했다고도 말했다. 요세푸스는 부활하신 예수님에 대해 할 말이 많았던 것 같다.

이 당시 예수라는 현자가 있었다. 그는 품행이 반듯하고 고결한 성품으로 유명했다. 유대인과 이방인을 물론, 많은 이들이 그의 제자가 되었다. 빌라도는 그에게 십자가형을 선고했다. 그러나 예수의 제자들은 제자의 신분을 내팽개치지 않았다. 제자들은 예수가 십자가에서 죽고 나서 사흘 후에 다시 살아나 자신들 앞에 나타났다고 이야기했다. 그런 이유로, 어쩌면 그는 예언자들이 말한 메시아일지도 모른다. 그의 이름을 따라 그리스도인들이라고 불리는 이들은 오늘날까지 명맥을 유지하고 있다.[3]

요세푸스 이외에도 다른 로마 역사가들이 그리스도인들이 예수를 예배한다는 글을 남겼다. 타키투스는 주후 116년경에 기록한 《연대기》(Annals)에서 64년 7월 네로 황제의 대량 학살을 언급했다(자료 10-1을 보라). 타키투스는 로마의 화재에 쏠린 대중의 관심을 분산하려는 네로의 노력을 설명하는 과정에서 그리스도가 빌라도의 명령으로 십자가형(극형)을 받았음을 확인해주었다.

자료 10-1 가이우스 코넬리우스 타키투스
(사진 출처: Wikimedia Commons)

네로는 이 세간의 소문을 수습하려고 희생양을 만들고, 대단히 공이 많이 든 치밀한 벌을 가했다. 그것은 평소부터 꺼림칙한 행위 때문에 세상 사람들이 증오하며 '크리스투스 신봉자'라 부르는 자들이었다. 이 일파의 명칭의 유래가 된 크리스투스라는 자는 티베리우스 치세 하에 황제 속리 폰티우스 필라투스에 의해 처형되었다. 그 당장은 이 해롭기 짝이 없는 미신이 일시 잠잠해졌지만, 최근에 이르러 다시 이 해악의 발상지인 유대에서뿐만이 아니라, 세계에서 마음에 안 드는 파렴치한 것들이 모두 흘러들어오는 이 수도에서조차 극도로 창궐하고 있었다.[4]

타키투스 이전에도 예수와 그리스도인들에 대한 기록을 남긴 로마인은 또 있었다. 흔히 소 플리니우스라고 불리는 이 법조인 겸 문학가는 로마 황제 트라야누스 시대에 잠시 총독을 지내기도 했다. 플리니우스는 총독이라는 지위를 이용하여 제국 내에 있는 그리스도인들을 불법으로 신문하도록 추궁했다. 그는 '정해진 날'(학자들은 이 날이 예수님이 부활하신 일요일이라는 데 대부분 동의한다)에 모이는 그리스도인들의 풍습과 공동 식사(성찬식)를 설명한다. 또한 제국의 방침을 따라 신앙을 버리지 않는 사람들은 반드시 처형했다고 덧붙인다.[5]

로마 제국 공문서관 감독 수에토니우스는 《열두 명의 카이사르》(Lives of the Caesars, 다른세상)에서 황제들의 주요 사건을 기록하는 데 이 공문서관을 활용했다. 수에토니우스의 기록에 따르면, 클라우디우스(Claudius) 통치기(41~54)에 로마에 있었던 유대인들은 그리스도를 두고 끊임없이 논쟁을 벌였다. 그들의 논쟁이 심각한 수위에 이르자 클라우디우스 황제는 한동안 로마에서 유대인을 추방하기도 했다.[6] 이 사건은 신약 성경에도 기록되어 있다(행 18:2).

증인: 신뢰성. 우리는 눈을 쳐다본다거나 태도를 살피는 식으로 이 증인들의 신뢰성을 판단할 수 없다. 하지만 그들의 기록과 다른 사람들이 그들에 대해 기록한 내용을 살펴볼 수는 있다. 어떤 의미에서는 이 기록이 두 시간짜리 신문보다 신뢰성과 관련하여 더 적절한 정보를 줄 수도 있다고 본다. 이 기록들은 지난 2천 년간 철저한 분석을 견뎌내고 오늘날까지 살아남았기 때문이다.

증인의 정신 상태. 이 증인들이 정신적으로 문제가 있다거나 정상이 아니라고 믿을 만한 주장을 펼칠 수 있는 학자는 아무도 없었다. 예를 들어, 바울의 저술은 명쾌하고, 논리 정연하며, 유창한 언어 구사력을 보여준다. 역사에서 가장 감동적인 산문(고전 13장), 심오한 신학(빌 2:5-11), 해박한 지식을 기반으로 반대파의 주장을 반박(갈 2:11-14) 등이 망라된 그의 글에는 정신적 안정과 능력이 배어난다.

증인의 동기. 여기 나열한 수많은 증인 중에 경제적 동기로 부활하신 그리스도를 지지한 것처럼 보이는 사람은 아무도 없다. 오히려 그 반대가 맞다. 기독교는 유대 지역에서 환영받지 못했다. 예수님의 부활을 믿은 초기 신자들은 박해를 받고 유대인들 손에 목숨을 잃었다. 개종 이전의 바울을 포함하여 신실한 유대인들은, 자신들의 선조가 모세의 하나님 이외의 다른 신들을 용인했기에 포로 생활을 감내해야 했다고 믿었다. 하나님이요 구원자인 부활하신 예수님을 믿으면, 오히려 진짜 하나님의 심판을 받아 유대 지역에 분란만 더할 뿐이었다(라고 당시 사람들은 생각했다). 그리스도의 사도와 제자들이 확신이 없었다면, 맨 정신으로 유대교 신앙을 버리고 부활한 예수님을 믿는 배교 행위를 택했을 리 없다. 더군다나, 그들이 부활 사건을 조작한 사기꾼이었다면, 베드로는 위기를 모면하려고 세 번씩이나 주님을 부인하지도 않았을 테고, 그 때문에 투옥과 죽음이 닥쳤을 때 사실을 토로했을 것이다. 스데반이 돌에 맞아 죽은 사건 하나만 보더라도 부활 사건이 조작되었다는 말은 쏙 들어갈 것이다.

바울의 동기를 자세히 살펴보면 더 놀라운 사실이 드러난다. 바울은 유대인 인명사전에 등재될 법한 인물이었다. 오늘날까지 그가 한 명언이 전해질 정도로 유명한 율법학자였던 유대 가말리엘 하에서 수학한 바울은, 유대인들의 지도자였다. 그는 스데반의 처형에 찬성표를 던졌다(행 7:58; 26:9-10). 바울은 유대 율법을 열렬히 신봉했다. 그랬던 그가 회심하면서 재산과 지위, 삶의 기준, 가족까지 잃어버렸다. 그는 예수님에게 정말 놀라운 일이 벌어졌다고 확신한 게 틀림없었다.

바울은 자신이 맞바꾼 것이 무엇인지 잘 알았다. 그는 고린도 교인들에게 편지를 쓰면서, 그리스도가 부활하시지 않았다면 기독교는 잔인한 농담에 불과하다고 했다(고전 15:19).

역사는 바울, 베드로, 도마를 비롯한 대다수 사도가 예수님이 무덤에서 부활하셨다는 깊은 확신 때문에 순교했다고 기록한다. 모든 사도는 삶의 방향이 180도 바뀌어, 남은 생애 동안 살아계신 그리스도에 대한 믿음을 잃지 않았다. 그 유일한 동기는 부활에 대한 확고한 믿음이었다.

이 증인들이 물질적 이익이나 명예 때문에 부활을 믿었다고 보여주는 역사적 사실이 있는가? 바울과 베드로, 야고보, 스데반을 비롯한 그 누구도 예수님 때문에 금전적 이익을 얻은 사람은 없었다. (최소한 살아 있는 동안에는) 명예를 얻은 이도 없었다. 오히려 그 반대로, 이들은 부활 신앙 때문에 쫓겨나고 지위를 박탈당했다. 바울은 자기 입으로 "매도 수없이 맞고, 여러 번 죽을 뻔"했다고 고백했다. 유대인들에게 사십에서 하나 감한 매를 다섯 번 맞았다. 세 번 태장으로 맞고, 한 번 돌로 맞고, 세 번 파선했다. 그는 스스로 이런 인생을 택했다. "강의 위험과, 강도의 위험과, 동족의 위험과, 이방인의 위험과, 시내의 위험과, 광야의 위험과, 바다의 위험과, 거짓 형제 중의 위험을 당하고, 또 수고하며 애쓰고, 여러 번 자지 못하고, 주리며 목마르고, 여러 번 굶고, 춥고, 헐벗었노라"(고후 11:26-28). 바울은 "값없이" 복음을 전하고(고후 11:7), 천막을 만들며 자비량으로 사역했다. 역사 기록에 따르면, 결국 그는 부활하신 예수님이라는 진리를 끝까지 타협하지 않고 네로 황제의 손에 죽는 순교자의 길을 택했다.

스데반은 부활의 진실성을 부인하지 않았다는 이유로 주후 34년경 순교했다(행 6-7장). 사도 야고보(신약 성경에 나오는 "요한의 형제")는 부활의 진실성을 부인하지 않았다는 이유로 주후 44년경 순교했다(행 12장). 알렉산드리아의 클레멘스 손에 야고보가 죽고 125년이 지나 기록된 후대 역사는 야고보를 고소한 사람이 그의 신앙 고백을 듣고 감동하여 신자가 되었고, 그도 순교했다고 언급한다.[7] 신약 성경에 나오는 또 다른 야고보, "예수의 형제"(막 6:3) 야고보는 예수님이 사역하시는 동안에는 그분을 믿지 않았다(요 7:1-5). 하지만 예수님의 부활 후에 신자가 되었다(갈 1:19). 예수님의 형제 야고보는 부활하신 예수님을 부인하지 않았다는 이유로 성전 꼭대기에서 떨어져 죽을 때까지 매질을 당했다. 주후 170년에 글을 쓴 헤게시푸스(Hegesippus)는 야고보를 지켜보던 유대인들이 그의 증언에 감동을 받자, 사람들이 야고보를 난간에서 떨어뜨렸다고 기록한다.[8] 사도 안드레는 나흘간 십자가에 달려 죽음을 맞았다. 그 역시 부활의 진실성을 부인하지 않고, 고통과 임박한 죽음을 택했다.

그렇다면 사도들은 예수 운동을 시작했다는 명성을 얻으려고 목숨을 내놓았을까? 이 동기도 어불성설이기는 마찬가지이다. 이들 모두가 예수님이 곧 돌아와서 그들을 데려갈 것이라고 믿었다는 증언에서 확실히 엿볼 수 있는 부분이다. 그리스도를 믿은 신자들은 그들이 생각하는 나라가 머지않았다고 생각했기에 전 재산을 팔아 공동선을 도모했다(행 2:44).

다른 진술과의 비교. 내 경험으로 볼 때, 두 이야기가 완벽하게 일치할 때는 공모 가능성이 짙다. 사실 목격자들은 각자 다른 부분에 주목한다. 두 차량이 급히 교차로를 통과하는 장면을 보는 사람이 있는가 하면, 녹색 차량만 보는 사람도 있다. 그렇다고 해서 한 사람은 맞고 한 사람은 틀렸다는 뜻이 아니다. 진실을 재구성하려면 여러 이야기를 조합해야 한다.

성경에 나오는 증언들의 일관성 여부를 놓고 그동안 논란이 분분했다. 핵심 사안에서는 확실한 일관성이 있다. 다른 사실을 증언하는 경우는 사소한 부분에 한정되는데, 그마저도 전반적인 맥락의 일관성을 훼손하지 않는다. 모든 이야기에 (1) 예수님의 십자가 처형 (2) 십자가에서 죽으심 (3) 유력 시민의 무덤에 장사되심 (4) 셋째 날 부활하심 (5) 빈 무덤을 목격한 증인들이 등장한다. 마태, 누가, 요한도 몸으로 부활하신 예수님을 만난 증인들의 이름을 기록한다.

증인의 성품. 정직은 미덕이지만, 정직 여부를 판단하기가 늘 쉽지만은 않다. 자신의 확신을 증명하려면 "입으로 한 말을 행동으로 보여줘야" 한다는 표현이 있다. 행동이 정직을 증명한다. 그런데 여기 나온 증인들은 말을 행동으로 보여주는 것 이상의 일을 했다. 부활하신 예수님에 대한 확신 때문에 자신이 가진 모든 것을 내려놓았다.

증인의 성품을 고려할 수 있는 또 다른 방법은 정황 증거를 살피는 것이다(1장 '모두 진술'을 보라). 각 증인은 충만한 인생을 살았다. 그들이 진실을 추구하는지 아닌지를 아는 가족과 친구들이 주변에 있었다. 이 증인들이 예수님의 부활을 얼마나 훌륭하게 선포했던지, 기독교는 20년 만에 로마 제국 전체에 퍼졌고, 313년에 공인을 받고, 380년에는 제국의 국교가 되기에 이르렀다.

증인: 전문 증거. 마태와 요한, 바울과 베드로의 증언은 전문 증거가 아니다. 그들은 직접 목격한 내용을 기록하고 전했다. 현대 법원에서는 마가와 누가의 기록을 전문 증거로 볼 것이다.[9] 이들은 직접 목격자는 아니지만, 타인에게서 받은 정보를 기록했다. 법정에서 이들 증언이 채택되려면, 전문 증거의 예외 조항

에 부합해야 할 것이다. 그렇지만 증언 일부는 법정에서 받아들여질 것이다. 예를 들어, 바울은 아그립바 왕 앞에서 증언하면서 "아그립바 왕이여, 유대인이 고발하는 모든 일을 오늘 당신 앞에서 변명하게 된 것을 다행히 여기나이다"라고 말문을 열었다(행 26:2). 그의 증언에는 우리가 이 장 앞부분에서 살펴본 "나사렛 예수의 이름을 대적하여 [행한] 많은 일"도 포함되었다(행 26:9). 누가의 이 증언은 소송 절차로 인정받을 수 있다.

물론, 직접 목격자가 아닌 이들의 모든 진술은 "이익에 반하는(불리한)" 전문 증거여야 한다. 당시에는, 예수님을 부활하신 주로 선포하는 사람들은 투옥이나 죽음을 각오해야 했다. 돌에 맞아 순교한 스데반이 그 증거이다.

따라서 마가와 누가가 전한 예수님의 부활에 대한 증거에서 전문 증거는 전혀 문제가 되지 않고, 문제가 되는 부분에서는 증언을 신뢰성의 영역으로 밀어 넣는 예외에 해당한다.

전문가 증인: 엉터리 과학. 돈을 받고 부활을 증언하는, 고용된 전문가나 일반인은 없다. 하지만 이렇게 말할 사람들을 고려한다면, 과학은 중요한 고려 대상이다. "맞아요. 증인들의 증언에 근거한다면 부활한 예수님을 믿어야 할 증거는 충분하죠. 하지만 과학적으로 불가능한 일이잖아요. 그러니 다른 설명이 더 필요하다고요."

나는 이 토론을 시작하면서, 물리 법칙에 개입하는 하나님이 없다면 부활을 믿는 것은 2+2=10을 믿어야 하는 것과 마찬가지로 타당성이 없다고 인정했다. 하지만 2+2=4를 만드는 동일한 원칙이 부활을 확실한 논리적 토대 위에 올려놓는다. 과학자들은 이 우주의 법칙으로는 부활이 존재할 수 없다고 말한다. 우주의 법칙 밖에서 작용하는 어떤 존재가 있을 때에만 부활은 가능하다. 하나님도 마찬가지이다. 하나님은 분자로 구성된 물질이 아니다. 그렇게 작은 분이 아니다. 그분은 우주를 초월하여, 우주 만물을 바꿀 수 있는 분이다. 과학이 부활을 감안할 수 있는 방법은 그것뿐이다. 이 모든 증인이 단체로 속았거나 엉터리가 아닌 한, 과학은 하나님이 개입하실 필요성을 인정할 수밖에 없다.

편향, 동정심, 편견. 누가 부활 소송의 배심원이 될까? 모든 사람이 될 수 있다. 누구나 이 문제, 즉 그리스도의 삶과 죽음과 부활에서 하나님의 손을 볼 수 있는지 없는지의 문제를 직면해야 한다. 누구나 배심원이 될 수는 있지만, 그래도 편향, 동정심, 편견의 문제는 짚고 넘어가야 할 것 같다. 부활 사건이 법정에서 벌어지는 실제 소송이라면, 배심원석에 앉을 자격이 없는 사람들이 있기 때문이다.

배심원으로 뽑히기 힘들 법한 두 집단을 생각해보자. 먼저, 이렇게 말하는 사람들이 있을 수 있다. "난 무조건 믿어요! 증거는 상관없어요. 예수님이 부활하셨다는 편견과 편향이 있어요. 태어날 때부터 그리 알았으니, 유전 탓을 해야죠. 부활 같은 틀림없는 사실을 진지하게 검토한다니, 말도 안 돼요." 이 사람은 편향성 때문에 배심원으로 부적절하다. 이 사람이 틀렸다는 말이 아니다. 많은 사람들이 옳은 견해를 갖고 있으면서도 배심원으로 부적절하다는 판단을 받을 수 있다.

두 번째 집단은 이렇게 말한다. "저는 자연 법칙에 대한 편견을 포기하기 어렵습니다. 부활은 불가능한 일이에요. 설령 목격자가 5만 명이라고 해도 달라지는 건 없어요. 그 5만 명이 다 속임수에 넘어갔을 테니까요." 이 사람의 마음은 굳게 닫혀 있어서, 하나님이 사람과 사물에게는 불가능한 일을 하실 수 있다는 생각조차 하지 못한다. 이들도 어쨌든 결정은 내려야 하겠지만, 자신이 증거에 기초해 이성적 결정을 내리고 있다고 생각한다면 큰 오산이다. 그들은 자신의 편향과 편견에 기초해 결론을 낸다. 증거는 (그들의 입장에서) 듣거나 검토해볼 가치가 없기 때문에 불필요해진다.

입증 책임. 마지막으로 입증 책임을 살펴보자. 앞서 법률 용어를 설명하면서 지적했듯이, 역사상 어떤 발견이라도(특히 오래전 사건일수록) 백 퍼센트 확신할 수 있는 사람은 아무도 없다. 그렇다면 예수님이 정말로 본디오 빌라도에게 고난을 받으시고 십자가에 죽으셨다가 장사 지낸 바 되시고 사흘째 되던 날에 다시 살아나셨다는 결론을 믿으려면 어떤 입증 기준이 필요하겠는가? 민사 소송에서처럼 개연성이 더 높은 쪽을 택하면 되는가, 아니면 사형의 경우처럼 합리적 의심을 넘어서야 하는가?

어느 쪽이든 부활의 증거는 매우 강력하다. 앞에서 직접 목격자와 간접 목격자들이 제시하는 증거는 이미 살펴보았지만, 나는 가장 중요한 논거를 일부러 남겨두었다. 이 책에서 예수님의 죽음과 부활은 잃어버린 퍼즐 조각과 같다. 그리스도가 우리를 위해 죽으셨기에 정의로우신 하나님이 인류의 악행과 불의에도 불구하고 부활을 통해 우리를 온전하게 하실 수 있었다.

이것이 그리스도의 사역이 완성되는 정점이다. "다 이루었다"라는 예수님의 마지막 말씀은 하나님의 본성이 요구하시는 속죄 사역이 완성되었음을 나타낸다. 여기에서 우리는 부활하신 그리스도에 대한 기록과 증언뿐 아니라, 그 배후에 자리한 논리와 의미를 볼 수 있다. 부활 사건은 어부 두어 명과 세리와 풋내기 랍비가 작당하여 지어낸 허무맹랑한 이야기가 아니다. 이 엉터리 종교가 문서로도 남은 끔찍한 박해 가운데에서 불타올랐다가 3백여 년 후에 공인을 받았다는 게 말이 되는가. 부활은 역사적 사실, 그 이상도 그 이하도 아니다. 성경에서 수백 년간 예언한 부활 사건은 마침내 역사 가운데 성취되었다.

예수님의 사라진 시신과 잇따른 증언은 거대한 음모였을까

워터게이트 사건으로 유죄 선고를 받은, 리처드 닉슨 대통령의 특별 고문 찰스 콜슨이 쓴 글의 일부를 소개한다.

워터게이트 사건은 미국 대통령의 최측근 보좌관들(대통령에게 충성을 바친 미국 최고 유력자들)이 꾸민 음모였다. 그중 한 사람인 존 딘(John Dean)이 (그의 표현에 따르자면) "자기만 살겠다고" 공범자 닉슨 대통령에게 불리한 증언을 했다. 그것도 대통령에게 현재 상황을 알린 지 2주 만에, 단 2주 만에 말이다. 은폐나 거짓말로 입을 맞출 수 있는 시간은 2주밖에 없었고, 나머지 사람들은 다들 살고 싶은 마음에 배를 버렸다. 이제 대통령의 모든 측근은 곤란한 상황을 겪게 생겼다. 어쩌면 교도소에 가게 될지도 몰랐다. 하지만 그 누구의 목숨이 달린 사안은 아니었다.

그러나 제자들은 어땠는가? 사실상 무지렁이에 불과한 힘없는 열두 남자는 당혹스럽고 망신스러운 정도가 아니라, 매를 맞고, 돌을 맞고, 목숨을 잃을 지경에 처했다. 그런데도 그들은 숨이 끊어질 때까지, 부활하신 예수님을 직접 보았다는 주장을 꺾지 않았다. 목이 베이거나 돌에 맞기 전에 미쳐 버린 제자는 없었을까? 당국과 거래를 한 제자는 없었을까? 한 사람도 없었다. 제자들은 자신이 믿는 사실에 기꺼이 목숨을 바쳤다. 거짓이라고 생각하는 것에 생명까지 내놓았을 리 만무하다.

워터게이트 은폐 공작은 인간의 본성을 드러낸다. 정치 권력의 정점에 있는 열혈 정치인이더라도 위급할 때는 자기 목숨 챙기기에 급급한 나머지, 충직하게 모시던 윗사람들까지 내팽개치기 마련이다. 그런데 사도들은 예수님을 부인하지 않았다. 예수님의 얼굴을 직접 보았고, 그분이 죽음에서 부활하신 사실을 알았기 때문이다.[10]

성경과 예수님의 삶에 계시된 하나님의 명령이나 그분의 도덕적 순수성이라는 기준에 도달할 수 있는 사람은 아무도 없다. 예수님의 사역에 나타난 하나님의 공급과 계획이 아니었다면, 우리 각 사람의 이야기는 죄에서 끝났을 것이다. 바울은 에베소 교인들에게, 하나님이 그리스도를 통해 "그 뜻의 비밀을" 교회에 "알리셨다"라고 가르쳤다.

하나님은 때가 무르익었을 때 "하늘에 있는 것이나 땅에 있는 것이 다 그리스도 안에서 통일되게" 계획하셨다(엡 1:10). 이것은 하나님의 차선책이 아니었다. 시간의 제한을 받지 않는 하나님이 세상의 기초가 놓이기 전에 계획하신 일이다. 이것은 사랑의 행위였다. 온전한 사람으로 육신을 입고 이 땅에 오셔서, 저주를 받고, 죄인의 죽음을 감당하셨다. 이것은 변덕스러운 대응이 아니라, 인류의 부정한 선택에 대한 단 하나의 해결책이었다. 예수님의 삶과 죽음, 부활을 통해 모든 사람이 자기 죄로 인한 죽음의 저주에서 해방될 수 있었다. 그리스도는 시간을 초월하여 모든 사람을 위해 돌아가셨다. 내가 '시간을 초월했다'는 표현을 사용한 것은, 그것이 하나님의 방식이기 때문이다.

하나님은 우주에서 일하신다. 그런 의미에서 시간 가운데 일하신다고 말할 수 있다. 그러나 그분은 우주와 시간을 초월한, 무한하고 영원한 존재이시다. 그렇기에 하나님은 그리스도의 속죄 죽음 이전에 죽은 아브라함을 비롯한 다른 사람들의 죄까지 처리하여 그들에게 그리스도를 통한 용서를 허락할 수 있으셨다. 바울은 로마인들에게 그리스도의 성육신 이전에 사람들이 지은 죄 때문에 그분의 죽음이 꼭 필요했다고 설명했다. 이렇게 해서 그리스도의 죽음은 "하나님께서 길이 참으시는 중에 전에 지은 죄를 간과하심으로 자기[하나님]의 의로우심"을 보여주시는 사건이었다(롬 3:25).

어떻게 이런 일이 가능한가? 어떻게 그리스도의 죽음이 한 사람에게 적용되는가? 그래서 부활이 대담한 것이다. 하나님은 자연 외부에서, 시공간 밖에서 활동하셔서 예수 그리스도를 죽음에서 일으키셨다. 하나님은 신의 간섭이 아니면 불가능한 기적을 행하셨다. 죄인으로 죽으신 그리스도는 영원 전부터 계신 능력의 하나님으로 부활하셨다. 무덤은 이 완벽한 사람을 가둬둘 수 없었다. 예수님은 아버지께 순종함으로, 파괴되지 않는 생명의 능력을 소유하게 되셨다. 생명이신 그분 앞에서는 죽음도 무력했다. 이것이 곧 그때나 지금이나 인류가 소망을 품을 수 있는 열쇠이다. 죄를 지은 인간은 죽을 수밖에 없지만, 우리에게는 그 죽음에 맞설 수 있는 대안이 있다. 하나님의 정결하심으로 들어갈 수 있는 길이 있다.

바울은 에베소 교인들에게 하나님이 "허물로 죽은 우리를 그리스도와 함께 살리셨고 (너희는 은혜로 구원을 받은 것이라) 또 함께 일으키사 그리스도 예수 안에서 함께 하늘에 앉히시니"(엡 2:5-6)라고 설명해주었다. 그리스도의 부활이 핵심이다. 우리는 그분과 함께 살도록 창조되었다. 하나님은 그 크신 사랑으로 그렇게 행하셨다(엡 2:4). 노력이나 업적으로 그 사랑을 얻을 수 있는 사람은 아무도 없다. 우리는 믿음과 신뢰로, 하나님이 거저 주신 선물, 그리스도의 십자가와 빈 무덤으로 가능해진 이 선물을 받을 수 있다(엡 2:8-10).

이것이 곧 전능하신 하나님이 하신 일이다.

11장

죽음과 영생

미국 법정에서 흔히 들을 수 있는 불평은 '소송이 복권'이라는 인식이 높다는 것이다. 밑져야 본전인 사람들이 복권 같은 평결을 노리고 가짜 소송을 걸어 배심원을 구슬리거나, 부당한 합의금을 받아내는 협박 수단으로 법정을 이용한다.

앞에서도 보았듯 배심원들이 속을 수도 있지만, 그런 경우는 매우 드물다. 혹여 배심원단이 속아 넘어가도, 그런 판결은 상고 법원에서 쉽게 뒤집힌다. 법조계에 몸담고 있는 우리 같은 사람들은, '복권 소송'에서 이길 확률보다 진짜 복권에 당첨될 확률이 더 높다고 확실히 말해줄 수 있다.

많은 사람들이 천국과 사후 세계 개념도 복권과 비슷하게 생각하는 경향이 있다. 실제로 당첨되리라고는 생각하지 않지만, 그런 바람은 있다. 이 장에서는 사후 세계와 영생의 타당성을 살펴보려 한다.

증인 목록

나사렛 예수 십자가에서 죽으시고 부활하신, 곧 성육신하신 하나님인 예수 그리스도는 오늘이나 영원이나 기독교 신앙의 토대이시다.

바울 이 장에서 다시 한 번 바울을 증인석에 소환하려 한다. 바울에 대한 자세한 설명은 4장을 참고하라.

성경과 상식은 하늘이 복권이 아니라 인간의 목적지라고 말한다

기대하지만 실제로 일어날 가능성이 없는 일은 한두 가지가 아니다. 복권 한 장의 당첨 확률은 일반적으로 1,800만 분의 1로 알려져 있다. 이 수치가 어느 정도의 가능성인지 이해를 돕자면, 한 해 동안 미국에서 살인을 당할 확률이 18,000분의 1 정도라고 한다. 올해에 복권을 한 장 산다면, 그 복권이 당첨될 확률보다 살인 사건에 연루될 확률이 천 배나 높다. 만약 미국 파워볼 게임(Powerball game, 59개 번호 중 5개를 선택하고, 35개 파워볼 중 1개를 선택하는 미국 최대 연합 복권—옮긴이) 복권을 구입한다면, 당첨 확률은 8,000만 분의 1을 조금 상회한다. 파워볼 복권에 당첨될 확률보다 욕조에서 익사할 확률이 백 배 더 높고, 곰의 공격을 받을 확률이 세 배 높다. 차를 몰고 복권을 사러 가는 길에 교통사고로 사망할 확률을 생각하면, 무서워서 걸어가야 할 정도이다 (물론, 걷다가 차에 칠 확률은 또 다른 문제이다).[1]

이런 확률에도, 미국인 두 사람 중 한 사람은 복권을 산 경험이 있다. 말도 안 되는 가능성인데도, 사람들은 당첨을 기대하며 복권을 구입한다. 어쨌든 신문에는 당첨된 사람들의 사연이 소개되니 말이다. 누구라도 '복권에 당첨하면 뭘 할까?'라는 게임에 빠질 수 있다. 이런 생각이 기대와 욕망을 부추겨서 많은 사람들이 복권에 돈을 쓴다. 낙관주의자들은 행운을 믿는 반면, 염세주의자나 현실주의자들은 복권의 유혹을 느끼지 않는다. 이 사람들은, 파워볼 당첨 확률을 높이려면 인생을 백만 번 살면서 80년간 매해 복권을 사야 한다는 걸 안다. 당첨까지 기다려야 할 시간이 너무 길다.

많은 사람들이 천국과 사후 세계도 복권과 다를 바 없다고 생각한다. 자신이 보고 소유한 것이 인생의 전부라고 믿는 이들은, 이생이라는 게 있다면 좋다고 말한다. 하지만 천국은 기껏해야 그림의 떡 같은 꿈에 불과해서, 있어도 좋고 없어도 그만이다. 믿음은 영생을 보장해주는 복권의 계약금으로 이 세상에서는 유용할지도 모른다. 그렇지만 천국은 이생의 액세서리 같아서, 사후에 확실히 기대할 수 있는 것은 아니다. 이런 관점을 지닌 사람들은 대개 자신이 입증할 수 없는 사실에 회의적인 이들이다. 하지만 하나님을 이용하고 싶지 않다는 겸손한 마음에서 천국을 믿지 않는 이들도 있다.

나는 천국이나 영생을 기대하지 않는 사람들에게 다음과

같은 명언을 들려주고 싶다. "이생과 당신 인생에서만 당신을 보살펴주는 하나님은 상식에 어긋난다."

지금까지 다룬 내용

이 장을 책 맨 앞에 배치하지 않은 나름의 이유가 있다. 영생을 이야기하기 전에, 인간과 의사소통하시는 인격적이고, 윤리적이며, 무한하신 하나님을 믿는 믿음의 타당성을 먼저 살펴보려고 했기 때문이다. 뿐만 아니라, 인간이 스스로 선택할 수 있다는 점도 이해할 필요가 있었다. 그런데 인간은 불의를 선택할 때가 많다. 그렇기에 예수님의 죽음이 죄에 대한 해결책이 된다. 그래서 그분은 부활하셨고 승천하셨다.

인류를 사랑하셔서 이런 일들을 계획하고 이루신 하나님은 얼마나 큰 분인가. 하지만 거기에서 끝인가? 이 땅의 삶이 전부인가? 우리에게 어떤 구체적인 미래가 있다고 확신할 수 있을까? 바울은 이에 대해 할 말이 많다. 그는 에베소 교인들에게 하나님이 우리를 이 땅에 사는 동안 더 좋은 사람으로 만들기 위해서만 이 일을 행하신 것은 아니라고 설명했다. 그분은 우리를 그리스도와 함께 일으키사 "그리스도 예수 안에서 함께 하늘에 앉히시니 이는 그리스도 예수 안에서 우리에게 자비하심으로써 그 은혜의 지극히 풍성함을 오는 여러 세대에 나타내려 하심이라"(엡 2:6-7).

복권이 미래를 결정해주지 않는다. 그리스도 안에 있는 운명이 우리 미래이다.

미래는 어떤 모습일까

'하늘'(heaven)에는 다양한 뜻이 있는데, 특히 성경에서 여러 가지 뜻으로 나타난다. '하늘'이 하늘(sky)과 우주를 뜻할 때가 있다. 창세기 1장의 '궁창'이 바로 이 뜻인데, 별이 뜨고 새가 나는 곳을 가리킨다. '하늘'은 하나님이 거하시는 장소를 의미하기도 한다. 이곳은 "뭇별 위"(사 14:13)의 하늘이다. 예수님은 제자들에게 "하늘에 계신 우리 아버지"(마 6:9) 하나님에게 기도하라고 가르치셨다. 성경에서 하나님은 하늘에 계신 존재로나 "하늘 아버지"로 반복해서 등장하신다(마 6:26, 32; 7:11, 21). 하늘은 하나님의 뜻이 이루어지는 곳(마 6:10)이자, 그분의 영원한 나라를 가리키는 용어이다(마 7:21; 10:7).

이 단어가 시공간을 초월하여 하나님이 임재하신 장소를 가리킬 때는 구원받은 이들이 이생을 떠나 머무는 곳을 가리키기도 한다. "아브라함과 이삭과 야곱과 함께 천국에 앉으려니와"(마 8:11). 또한 예수님이 제자들에게 가르치셨듯이, 우리의 노력은 하늘을 향해야 한다. "너희를 위하여 보물을 땅에 쌓아두지 말라. 거기는 좀과 동록이 해하며, 도둑이 구멍을 뚫고 도둑질하느니라. 오직 너희를 위하여 보물을 하늘에 쌓아두라. 거기는 좀이나 동록이 해하지 못하며, 도둑이 구멍을 뚫지도 못하고, 도둑질도 못하느니라"(마 6:19-20).

하나님의 자녀들은 죽으면 '천국에 가는가?' 우리의 미래는 어떻게 될까? 바울은 고린도서에서 이 부분을 언급한다. 먼저, 그는 그리스도의 부활을 목격한 많은 증인을 나열한 후에, 그리스도인들에게 부활이 어떤 의미인지 논한다. 그리고 나서, 죽은 자들이 부활하면 무슨 일이 벌어지는지 자세히 이야기한다. 여기에서 나도 이 두 가지를 살펴보려 한다.

부활의 의미. 바울이 고린도 교회에 편지를 쓴 이유는, 일부 그리스도인들이 죽은 자들의 부활을 부인했기 때문이다(고전 15:12). 바울의 메시지는 분명하고 직설적이다. 그는 그들의 믿음을 시험하려고, "만일 죽은 자의 부활이 없으면"이라는 가정으로 말문을 열었다(고전 15:13). 그런 다음, 이 가정에 대한 여러 가지 반응으로 문장을 완성한다. 부활이 없다는 것은 바울에게 이런 의미였다.

- 예수님도 살아나지 못하셨다(13절).
- 바울의 가르침도 헛것이다(14절).
- 신자들의 믿음도 헛것이다(14절).
- 바울이 하나님을 잘못 전한 것이다(15절).
- 그리스도인들의 믿음도 헛되다(17절).
- 모든 사람은 여전히 죄 가운데 있다(17절).
- 죽은 사람들은 망했다(18절).

바울은 "만일 그리스도 안에서 우리가 바라는 것이 다만 이 세상의 삶뿐이면 모든 사람 가운데 우리가 더욱 불쌍한 자이리라"(고전 15:19)라고 결론을 맺는다. 신약학자 고든 피(Gordon Fee)는 바울의 우려를 오늘날에 적용한다.

그리스도의 부활을 부인하는 것은 그리스도의 존재를 전부 부인하는 것과 마찬가지이다. 그런데도 많은 사람들은 부활이 '현대인'의 구미에 맞는 신앙을 만들려는 의도라고들 말한다. 하지만 절대 그렇지가 않다. 그렇게 해서 현대인이 받아들이는 것은 진정한 기독교 신앙, 그리스도의 죽음과 부활을 통한 하나님의 용서에 입각한 기독교 신앙이 아니다. 그리스도의 부활을 거부하는 사람들은 그런 선택의 결과를 받아들여야 한다. 그들은 하나님에게 반대하는 거짓 증인 역할을 감당하고 있다. 그들은 고린도 사람들처럼 헛된 믿음을 갖게 될 것이다. 그리스도인의 믿음은 결국 부활과 관련된 바울의 주장이 옳으냐 그르냐에 달려 있기 때문이다.[2]

다음으로 바울은 그리스도의 부활을 확증하는 것이 어떤 의미인지를 다룬다. 부활은 다음과 같은 내용을 뜻한다.

- 예수님이 살아나셨다(20절).
- 부활은 그리스도 안에 있는 모든 사람에게 해당한다(22절).
- 그리스도께서 다시 오셔서 죽음까지 멸망시키실 것이다(24-26절).

고든 피는 이렇게 설명한다.

그리스도의 부활이 우리의 영원한 존재를 결정했다. 우리는 이 땅에서 연수를 누릴 뿐 아니라, 부활 소망을 부록으로 갖게 되었다. 바울이 이 본문에서 분명히 밝히듯이, 그리스도의 부활은 우리의

현재와 미래를 확실히 결정하는 가차 없는 일련의 사건들의 출발 점이었다.[3]

부활은 바울에게 결코 복권 문제가 아니었다. 부활의 함의는 심오하고 의무적이다. 부활은 하나님이 그리스도 안에서 하신 사역 중 매우 결정적인 부분이다.

바울은 그의 가르침이 죽은 자들의 부활을 의심하는 반대파 사람들에게 답이 되지 않으리라는 것을 알았다. 그는 부활의 신학적 중요성을 검토한 뒤, 부활을 부인하는 사람들의 반대 이유에 관심을 집중한다. 고린도전서 15장 전체의 논조를 볼 때, 그가 시신에 생명이 돌아온다는 개념에 정면으로 맞서고 있다는 점은 분명하다. 죽으면 끝이었다. 그들은 부활이 어떻게 일어날지 상상하기 힘들었다. 바울은 고린도 사람들이 스스로를 얼마나 영적인 존재로 보는지와 상관없이, 그들의 하나님상은 전적으로 잘못되었다고 설명한다.

어떻게 부활이 가능할까 그리고 부활은 어떤 모습일까

바울은 부활에 대한 그의 가르침에 반대하는 이들이 어떤 식으로 나올지를 예상한다. "누가 묻기를, 죽은 자들이 어떻게 다시 살아나며, 어떠한 몸으로 오느냐 하리니"(고전 15:35). 그들은 시신은 부패한다는 명백한 현실을 이해하지 못했다. 시신이 되살아나지는 않는다.

바울은 이들을 어리석다고 심하게 나무란다. 그들이 어리석은 이유는 하나님을 생각하지 못했기 때문이다(시 14:1을 보라). 그런 다음, 바울은 일상의 예를 들어 자신의 주장을 뒷받침한다. 그는 시신처럼 땅에 묻혀 썩는 씨를 예로 든다. 씨가 죽는 것은 끝이 아니라, 새로운 형태의 새로운 식물로 태어날 가능성을 열어주는 길이다(고전 15:36-38). 그런 의미에서, 죽음은 하나님의 계획에서 걸림돌이 아니라, 오히려 핵심적인 부분이라 할 수 있다.

바울의 설명에 따르면, 씨앗의 형체가 식물의 형체로 변하듯이, 애벌레의 몸이 나비의 몸으로 변하듯이, 부활한 몸도 그리될 것이다. 부활한 몸이 어떤 상태일지 과학 용어로는 설명하기 어렵다. 구체적인 형태도 모른다. 부활체가 이 세상에서 살 동안의 몸과 다를 것이라는 사실 외에는 아는 바가 없다(자료 11-1을 보라).

자료 11-1 자연체와 부활체 비교

이생의 몸	부활한 몸
썩는다 (부패한다)	썩지 않는다
욕되다 (수치스럽다)	영광스럽다
약하다	강하다
육의 몸 (자연적이다)	신령한 몸 (초자연적이다)

바울은 부활한 몸과 자연의 몸을 위와 같이 비교한다. 부활체는 이생의 약함에 휘둘리지 않는다. 영원한 하나님 나라에 적합한 몸이다(고전 15:42-49). 바울은 이 우주의 혈과 육은 영원한

하나님 나라에 존재할 수 없다고 덧붙인다. 썩지 않는 나라에 들어가려면 썩지 않는 몸이 되어야 한다(고전 15:50).

부활의 진실에는 놀라운 함의가 숨어 있다. 그리스도 안에서 우리보다 먼저 죽은 자들은 영원히 죽은 것이 아니다. 영광스러운 재회가 기다리고 있다. 뿐만 아니라, 부활은 우리의 현재 삶에서 기쁨과 고통을 달리 보게 해준다. 다섯 자녀를 둔 나는 가족과 영원히 함께할 수 있다는 사실을 알기에 기쁨이 넘친다. 우리는 사랑과 배려가 크신 영원한 아버지와 함께 온 가족이 늘 함께할 것이다!

부활체가 어떤 모습인지 설명한 바울은 이제 '어떻게 부활이 일어나는가' 하는 문제로 넘어간다. 그 변화는 점진적이지 않고, 홀연히, 눈 깜짝할 사이에 벌어질 것이다(고전 15:51). 마지막 날에 그 변화가 일어날 텐데, 썩을 것이 썩지 아니할 것을 입고, 죽을 것이 죽지 아니함을 입을 것이다(고전 15:53). 부활은 죽음의 세력을 완전히 무너뜨릴 것이다. 부활이 사망을 삼키고 이길 것이다 (고전 15:54-55).

죽음은 피할 수 없지만, 그 이후에는 죽음만큼이나 피할 수 없는 영생이 있다. 이것이 그리스도 안에서 발견된 모든 이들을 기다리는 참된 운명이다. 바울은 에베소서에 이렇게 기록한다.

내가 기도할 때에 기억하며, 너희로 말미암아 감사하기를 그치지 아니하고, 우리 주 예수 그리스도의 하나님 영광의 아버지께서 지혜와 계시의 영을 너희에게 주사 하나님을 알게 하시고, 너희 마음

의 눈을 밝히사 그의 부르심의 소망이 무엇이며, 성도 안에서 그 기
업의 영광의 풍성함이 무엇이며, 그의 힘의 위력으로 역사하심을
따라 믿는 우리에게 베푸신 능력의 지극히 크심이 어떠한 것을 너
희로 알게 하시기를 구하노라. 그의 능력이 그리스도 안에서 역사
하사 죽은 자들 가운데서 다시 살리시고, 하늘에서 자기의 오른편
에 앉히사 모든 통치와 권세와 능력과 주권과 이 세상뿐 아니라 오
는 세상에 일컫는 모든 이름 위에 뛰어나게 하시고, 또 만물을 그의
발아래에 복종하게 하시고, 그를 만물 위에 교회의 머리로 삼으셨
느니라. 교회는 그의 몸이니, 만물 안에서 만물을 충만하게 하시는
이의 충만함이니라(엡 1:16-23).

바울의 생각에는, 편지의 독자들이 부활에 반대하는 것은
하나님에게 반대하는 것이나 마찬가지였다. 하나님은 인류를 영
원으로 인도하고자 우리를 찾아오셨다. 예수 그리스도의 죽음과
부활로 이 일이 성취되었다. 하나님이 우리의 부활 때까지 우리
삶을 변화시키시는 동안, 우리 모두가 하나님과 그분의 구속 사
역 가운데 온전히 쉴 수 있기를 기도한다.

12장

최후 진술

그 유명한 O. J. 심슨(Simpson) 소송(1994~1995)에서 피고 측
변호사 조니 코크란(Johnny Cochran)은, 이제는 유명해진 장갑을
들고 배심원단 앞에 섰다. 니콜 브라운 심슨(Nicole Brown Simpson)
과 론 골드먼(Ron Goldman)을 살해한 사람이 끼고 있었다고 검찰
측에서 주장하는 장갑이었다. 검찰은 심슨에게 배심원단 앞에서
그 장갑을 껴보라고 했다. 피고 측 변호사는 법정에서 심슨이 살
인자가 꼈던 장갑을 낄 필요는 없다고 주장했지만 받아들여지
지 않았고, 심슨은 먼저 손에 딱 달라붙는 라텍스 장갑을 낀 다
음, 그 위에 살인과 관련된 가죽 장갑을 꼈다.

심슨은 가죽 장갑에 손을 넣었지만, 맞지 않았다. 코크란은
최후 진술에서 자기 손에 장갑을 끼기 시작했다. 그러면서 이 재
판에서 가장 기억에 남을 만한 대사를 내뱉었다. "장갑이 맞지

않으면, 무죄를 선고해야 합니다!"

제대로 된 판결인지는 모르겠으나, 배심원단의 판결도 같았다.

이 재판은 내가 최후 진술에서 이야기하려는 두 가지 핵심을 잘 보여준다. 한 가지는 배심원인 당신, 나머지 한 가지는 증거이다. 30년간 변호사로 일한 경험을 바탕으로, 나는 심슨의 재판 결과가 그렇게 나온 이유를 확실하게 말해줄 수 있다. 배심원단은 심슨의 무죄 쪽으로 기우는 주장이 있는 한, 심슨에게 유죄 판결을 내릴 수 없었을 것이다. 더 큰 증거가 있다면 유죄 선고가 가능했겠지만, 배심원단은 '배심원 무효 판결'이라는 미명 아래 증거를 묵살했다. 배심원 무효 판결이란 배심원단의 평결을 이끌어낸 또 다른 의제 때문에 법이나 증거를 무시하는 경우이다.

역사를 돌아보면, 심슨 재판은 로스앤젤레스에 (특히 아프리카계 미국인들과 로스앤젤레스 경찰 사이에) 극단적 인종 차별과 불안이 만연한 시기에 발생했다. 경찰은 로드니 킹(Rodney King) 구타 사건(1991), 인종 프로파일링(피부색이나 인종을 분석해 범죄자를 추적하는 수사 기법—옮긴이), 증거 조작 등에 연루되었다. 따라서 배심원단의 평결은 단순히 심슨 사건을 넘어서 여러 가지 사회적 정황을 담고 있었다.

이 책에서 주장하는 종교 문제와 관련해서도 비슷한 우려가 발생한다. 우리의 선입견을 제쳐두기란 쉽지 않다. 기독교 하면 추악함, 증오, 가혹한 판단주의, 편협함을 떠올리는 사람들이 많다. 어떤 사람들은 기독교를 21세기의 확장된 지식과는 동떨어진 구닥다리 종교로 생각하기도 한다. 기독교를 꽤 괜찮은 생활 수준을 대표하는 도덕률로 보는 사람들도 있다. 기독교를 여러 종교의 하나로 생각하는 사람들도 있다. 이들은 모든 종교는 인생과 (어쩌면) 사후에(도) 의미를 부여해준다고 믿는다. 마지막으로, 기독교의 타당성 여부와는 상관없이, 맹목적으로 신앙을 따르는 사람들도 있다.

최후 진술을 시작하기 전에, 이런 태도들을 점검해보아야 한다. 이런 태도에는 하나같이 편향성이 있어서, 이 책에서 제시한 증거를 공정하게 검토하는 데 걸림돌이 된다. 이런 편향은 배심원 제도를 망가뜨려, 때로는 진실이 아닌 결과를 내놓게 만들기도 한다.

내 바람은 이 책에 나오는 증거를 자세히 살펴서, 우리가 받아들일 수 있는 상식적인 결론이 있는지를 확인해보았으면 하는 것이다. 선입견과 편견을 내려놓고 상식에 근거해서 이 책의 내용을 진지하게 고려해보기를 부탁한다. 이제 심슨의 재판에서 내가 주장하려는 두 번째 요점으로 이어진다.

"장갑이 맞지 않으면, 무죄를 선고해야 합니다!"라는 코크란의 말은 일리가 있다. 이 경우에는 심슨이 그 장갑을 한 번도 껴본 적이 없다는 반박에 대응할 논거가 부족하다. 심슨은 라텍스 장갑 위에 가죽 장갑을 끼려 했다. 다른 장갑을 끼고도 가죽 장갑이 맞았다면, 마땅히 무죄를 선고해야 한다. 가죽 장갑이 너무 크다는 뜻이기 때문이다. 그러나 코크란은 누구나 마땅히 생각할 수 있는 상식적인 논거를 댔다. 우리의 경험에 비추어 이 증거는 어떻게 들어맞는가? 이 책에서 다룬 사건을 다시 살펴보자.

우리는 하나님에 대한 믿음의 타당성을 검토하는 것에서부터 시작했다. 하나님의 존재는 우리가 사는 세상에 의미를 부여한다. 인간이 옳고 그름을 인식하는 이유를 설명해준다. 인간이 불의에 괴로워하는 이유도 설명해준다. 하나님의 존재에 대한 정황 증거는 믿음의 손을 들어준다.

거기에서부터 우리는 하나님에 대한 성경적 관점을 점검하고, 현실에 근거해 판단해보았다. 우리는 성경이 하나님을 무한하고 인격적이며 윤리적인 존재로 묘사하는 것을 보았다. 하나님의 무한성은 그분이 우리가 쉽게 이해할 수 있는 수준을 능가하신다는 뜻이다. 하나님의 손에 거대한 우주가 있다(비유)는 개념은 하나님에 대한 우리의 생각을 깨뜨린다. 하나님이 스스로를 우리에게 계시하지 않으시는 한, 우리가 그런 하나님을 이해할 수 있는 방법은 없다.

성경의 하나님은 또한 인격적인 존재이시다. 하나님은 슈퍼컴퓨터나 어떤 세력이 아니다. 그분은 인간과 관계를 맺기 원하신다. 하나님은 사람과 교제하시려고 우리를 만드셨다. 예수님의 구속 사역은 하나님과 사람들의 관계를 회복하는 데 초점이 맞춰져 있다.

하나님은 윤리적인 존재이시다. 하나님에게 진리, 사랑, 정의라는 도덕적 특징이 있다는 사실은, 이런 가치들이 인간의 영혼뿐 아니라, 우주 전체에 울려 퍼지고 있는 이유를 설명해준다. 인간은 천성적으로 불의를 호소하고, 정직을 소중하게 여기며, 사랑하고 사랑받기를 원한다. 우리 삶에 깃든 진리는 창조주 하나님의 도덕성을 향하고 있다.

또한 우리는 인간이 여러 대안 가운데서 하나를 선택할 수 있는 존재라는 것을 경험으로 안다. 우리의 선택이 늘 도덕적으로 올바르지는 않다. 인간의 잘못된 선택 때문에 하나님의 도덕적 기준과 우리 사이가 틀어졌다. 이 어그러진 관계를 극복하고 하나님과 교제를 회복하기 위해서는 도움이 필요하다. 이 대목에서 예수님의 사역이 들어온다. 예수님의 성육신, 죽음과 부활은 무한한 사랑의 하나님이 인간을 깊이 돌보신다는 사실을 드러내준다. 즉, 우리가 중요한 존재라는 뜻이다. 인간의 이해를 초월하는 분이 우리를 그분의 사랑을 받을 만한 존재로 여겨주셨다. 자기 자신을 희생하고 포기하는 대가를 치르면서까지 우리를 인격적으로 돌보셨다는 증거이다.

우리는 어떻게 이런 사실을 알 수 있는가? 혼자 힘으로는 어림없다. 하나님이 우리에게 그 사실을 계시해주셨다. 그분은 우리가 이해할 수 있는 매체(언어)로 이 진리를 보여주셨다. 성경은 역사와 시, 편지와 이야기를 통해 인간이 이해할 수 있는 진리를 제시한다. 이 진리가 우리가 소유한 가치, 우리가 맞닥뜨린 싸움, 우리가 바라보고 기대하는 아름다움을 설명해준다.

이 이야기를 이해하면 죽음 앞에서도 희망을 품을 수 있는 이유를 알 수 있다. 우리는 이생을 위해서만 창조되지 않았다. 다른 운명이 우리를 기다리고 있다. 이 운명이 우리를 다시 최후 진술의 첫 번째 요점으로 이끈다. 우리는 단순히 배심원에 그치지 않는다. 재판과 연루된 사람들이다. 이 재판은 우리 각자에 대한 것이다. 이 재판의 배후에 있는 진짜 질문은 '이 하나님을 우리는 어찌해야 하는가?' 하는 것이다.

내 대답은? 나는 이 하나님을 인정한다. 그분은 내 존재와 내가 하는 일의 이유이다. 내게 목적의식을 주셨다. 나는 날마다 이 무한하신 인격적 하나님의 음성을 간절히 바란다. 기도 응답으로 주시는 그분의 축복과 특권을 누린다. 하나님이 먼저 내게 말씀하셨고, 내 인생을 향한 그분의 뜻을 찾으면서 함께 대화를 나눈다. 그 대화는 내가 내 결점과 죄를 보는 방식을 바꿔놓는다. 그에 대한 변명을 늘어놓지도 않고, 죄책감의 무게가 내 삶을 방해하지도 않는다. 오히려 나는 그리스도의 삶과 죽음이 허락하신 용서를 찬양하면서, 실패에도 불구하고 앞으로 나아간다. 그분이 나를 용서하셨듯이, 내게 잘못한 다른 사람들을 용서하려 애쓴다. 또한 이렇게 놀라우신 하나님이 알려주고 보장하신 기회를 받아들인 사람들에게 허락된 영생을 확신하며 기쁘게 살아간다.

이것이 내가 도달한 판결이다. 나는 이 판결이 가장 타당하다고 생각하고, 당신도 그렇게 생각하기를 기도한다.

2장 신(들)은 과연 존재하는가

1 Gilbert Keith Chesterton, *Tremendous Trifles* (Chester Springs, PA: Dufour, 1968), p. 55.

2 Jean-Noel Biraben, "An Essay Concerning Mankind's Evolution", *Population:Selected Papers*, vol. 4 (Paris: National Institute for Population Studies, 1980).

3 "Epic of Creation (Enuma Elish)", trans. Benjamin R. Foster, in *The Context of Scripture: Canonical Compositions from the Biblical World*, ed. William Hallo (London: Brill, 1996), 1:400.

4 "Atra-Hasis", in Hallo, *Context of Scripture*, pp. 450-451.

5 "The Wrath of Telipinu", trans. Gary Beckman, in Hallo, *Context of Scripture*, p. 151.

6 C. S. Lewis, *The Weight of Glory and Other Addresses* (New York: Harper, 1949), p. 224.《영광의 무게》(홍성사).

3장 하나님은 이런 분이 아니다

1 J. B. Phillips, *Your God Is Too Small* (New York: Touchstone, 2004).《당신의 하나님은 누구인가?》(아바서원).

2 같은 책, p. 7.

3 Roman Kriotor, quoted in Steve Silberman, "Life After Darth", *Wired*, May 2005, p. 141.

4 George Lucas, quote in Silberman, "Life After Darth", p. 141.

5 Phillips, *Your God Is Too Small*, p. 35.《당신의 하나님은 누구인가?》(아바서원).

6 같은 책, p. 37.

7 같은 책, p. 50.

8 Bart Ehrman, *Forged: Writing in the Name of God—Why the Bible's Authors Are Not Who We Think They Are* (New York: Harper, 2011), p. 4.

4장 하나님은 누구인가1

1 Alan Baddeley, *Your Memory: A User's Guide* (Buffalo, NY: Firefly, 2004).《당신의 기억》(예담).

2 Eric Chiasson and Steve McMillan, *Astronomy Today*, 7th ed. (Boston: Addison-Wesley, 2011), p. 8.

3 Albert Einstein, quoted in Antonina Vallentin, *Einstein: A Biography* (London: Weidenfeld & Nicolson, 1954), p. 24.

4 John Polkinghorne, *Quarks, Chaos and Christianity* (New York: Crossroad, 2005), pp. 35-36.《쿼크, 카오스 그리고 기독교》(SFC).

5장 하나님은 누구인가2

1 John Polkinghorne, *Quarks, Chaos and Christianity* (New York: Crossroad, 2005), p. 10.《쿼크, 카오스 그리고 기독교》(SFC).

2 Naveena Kottoor, "IBM Supercomputer Overtakes Fujitsu as World's Fastest", *BBC News*, June 18, 2012, www.bbc.co.uk/news/

technology-18457716.

3 Frank Close, *Particle Physics: A Very Short Introduction* (Oxford: Oxford University Press, 2004), pp. 1-6.

4 Diogenes Laertius, *Lives of the Philosophers* 9.

5 Heracleitos, *On the Universe* 57, trans. W. H. S. Jones, Loeb Classical Library (London: William Heineman, 1931).

6 같은 책, p.52.

7 같은 책, p.67.

8 같은 책, pp.1-2.

9 Aristotles, *Metaphysics* 987.a.32. 《형이상학》.

10 Pseudo-Platon, *Hippias Major,* in *The Art and Thought of Heraclitus,* trans. Charles H. Kahn (Cambridge: Cambridge University Press, 1981), p. 55.

6장 생물 언어학 그리고 하나님과 대화하기

1 Peter MacNeilage, *The Origin of Speech* (New York: Oxford University Press, 2010), p. 4.

2 T. H. Huxley, *Man's Place in Nature* (1863). 이 책과 이 책이 인용하는 내용에 대한 흥미로운 서평으로는 다음을 보라. *Anthropological Review*, May 1863, 107면부터 시작하는 내용.

3 이 발언은 1976년 미국 과학진흥협회에서 실시된 어느 강연에서 나온 말이다. 이 강연 전문은 다음 웹사이트에서 볼 수 있다. National Library of Medicine's "Profiles in Science" website: http://profiles.nlm.nih.gov/ps/access/QLBBHR.ocr.

4 Cicero, *De Divinatione* 2.55.115.

5 같은 책.

6 *Didache*, 8장. Different scholars date the *Didache* as early as A.D. 50 to 125.

7 이 장 3번 주를 보라.

7장 진리의 하나님과 실재

1 Platon, *The Republic*, 7권.《국가론》.

2 Burton Watson, *The Complete Works of Chuang Tzu* (New York: Columbia University Press, 1968), 2장.

3 Nick Bostrom, "Are You Living in a Computer Simulation?" *Philosophical Quarterly* 53, no. 211 (2003): 243-255.

4 Richard Thaler and Cass Sunstein, *Nudge: Improving Decisions About Health, Wealth, and Happiness* (New York: Penguin, 2009).《넛지》(리더스북).

5 Augustinus, *Tractates on the Gospel of John* 29.6.

8장 옳고 그름과 도덕적 하나님

1 윌리엄 샤이러(William Shirer)는 이 일화를 비롯하여 나치 독일의 역사를 상세히 기록한다. *The Rise and Fall of the Third Reich* (New York: Fawcett, 1981), p. 233.《제3제국의 흥망》(에디터).

2 "Nazi Conspiracy and Aggression" (Nuremberg Documents), V, pp. 341 이하 (N.D. 2620-PS).

3 같은 책, V, pp. 696-699 (N.D. 2992-PS).

4 Matthew White, *Atrocities: The 100 Deadliest Episodes in Human History* (New York: W. W. Norton, 2011), pp. 393-394, 495.

5 미국 국무부의 종합 보고서를 참고하라. "Ethnic Cleansing in Kosovo: An Accounting", U.S. State Department, December 1999, www.state. gov/www/global/human_rights/kosovoii/homepage.html.

6 Friedrich Nietzsche, *Beyond Good and Evil*, trans. Marion Faber (Oxford: Oxford University Press, 2008), p. 8.《선악의 저편》(책세상).

7 Friedrich Nietzsche, *Thus Spoke Zarathustra*, trans. Graham Parkes (Oxford: Oxford University Press, 2005), pp. 250-251.《자라투스트라는 이렇게 말했다》.

8 다윈과 니체에 공평하려면, 두 사람 모두 히틀러의 선택을 승인하지는 않았으리라는 점에 유의해야 한다. 다윈의 이론은 종의 변형을 근거로

하는데, 대량 학살은 그런 접근법에 들어맞지 않을 것이다. 니체는 반유대주의자가 아니었다. 대다수 학자들은 그의 저술에 드러난 반유대주의는 니체 여동생의 작품이라는 데 동의한다. 니체의 여동생 부부는 열혈 반유대주의자였다.

9 Friedrich Nietzsche, B*eyond Good and Evil: Prelude to a Philosphy of the Future*, trans. Helen Zimmern (New York: Macmillan, 1907), pp. 9-10.

10 C. S. Lewis, *Christian Reflections* (Grand Rapids: Eerdmans, 1994), p. 79. 《기독교적 숙고》(홍성사).

11 플라톤의 이야기에서 이 대화는 지나치게 경건한 사람들의 행동에 숨은 아이러니컬한 반전을 보여준다. 에우튀프론은 '종교 전문가'인데도 그리스인들이 불경건하게 여겼을 만한 태도로 아버지를 법정에 데려온다. 에우튀프론은 자신의 행동이 전통 이야기에 등장하는 신의 행동을 흉내낸 것이라고 주장하면서 합리화하려 애쓴다. 에우튀프론(eu=선한, thy=신, phro=판단하다)이라는 이름 자체가 그의 행동을 조롱한다. 에우튀프론은 신들에게 선한 것이 무엇인지를 판단하는 사람이지만, 적어도 플라톤이 하는 이야기에서는 전혀 갈피를 잡지 못하고 있다.

12 Norman Snaith, *The Distinctive Ideas of the Old Testament* (Peterborough, UK: Epworth, 1983), p. 59.

13 Avi Sagi and Daniel Statman, *Religion and Morality* (Atlanta: Rodopi, 1995), p. 62.

14 Katherine Rogers, *Anselm on Freedom* (Oxford: Oxford University Press, 2008), p. 8.

9장 자유 의지, 도덕적 책임, 무한하시고 정의로우신 하나님

1 B. F. Skinner, *Beyond Freedom and Dignity* (New York: Knopf, 1971), p. 11. 《자유와 존엄을 넘어서》(부글북스).

2 같은 책, p. 13.

3 같은 책, p. 19.

4 같은 책, p. 58.

5 같은 책, p. 104.

6 Steven J. Haggbloom et al., "The 100 Most Eminent Psychologists of the 20th Century", *Review of General Psychology* 6, no. 2 (June 2002): 139-152.

7 Noam Chomsky, "The Case Against B. F. Skinner", *New York Review of Books*, December 30, 1971, www.chomsky.info/articles/19711230.htm.

8 같은 책.

9 같은 책.

10장 부활의 대담성

1 배심원 행위에 대한 다음 내용은 배심 재판을 관장하는 법률과 규칙뿐 아니라, 노련한 변호사인 저자의 경험에 근거한 것이다.

2 *The Martyrdom of Polycarp*, in *The Apostolic Fathers*, trans. J. B. Lightfoot and J. R. Harmer, ed. Michael W. Holmes, 2nd ed. (Grand Rapids: Baker, 1989).

3 Josephus, *Antiquities of the Jews* 18.3.3, in Paul L. Maier, *Josephus: The Essential Works* (Grand Rapids: Kregel, 1994), p. 269. 학자들은 요세푸스의 저술이 기독교 신앙과 조화를 이루도록 그리스도인들이 추후에 내용을 추가했는지 여부를 놓고 백 년 넘게 논쟁을 벌였다. 1971년, 히브리 대학교의 유대교 학자 실로모 파인즈(Shlomo Pines)는 요세푸스의 10세기 아랍어 판본을 발견하여 출판했다. 나는 흔히 사용되는 기독교 판본이 아니라 이 수정본을 사용했다. 자세한 내용은 같은 책, 282면의 8번 주를 참고하라. 보다 풍성한 내용은 다음을 보라. Shlomo Pines, *An Arabic Version of the Testimonium Flavianum and Its Implications* (Jerusalem: Jerusalem Academic Press, 1971).

4 Tacitus, *Annals* 15.44, trans. John E. Jackson, Loeb Classical Library 322 (Cambridge, MA: Harvard University Press, 1937), p. 283. 《타키투스의 연대기》(종합출판범우).

5 Plinius the Younger, *Epistles* 10.96.

6 수에토니우스는 다음 문장에서 그리스도를 'Chrest'(라틴어로 'Chresto')
로 잘못 표기했다. "Iudaeos impulsore Chresto assidue tumultuantis
Roma expulit." 이 문장은 "그는 그리스도를 두고 끊임없이 소요를 만드
는 유대인들을 추방했다"라고 해석할 수 있다. 대다수 학자들은 'Chrest'
를 그리스도로 선뜻 인정하는데, 그 이유는 유대 이름의 특이성 때문이
다. 'Chrestus'는 평범한 이름이 아니다. 헬라어나 라틴어에서도 흔한 이
름은 아니다. 이 이름은 히브리어가 아니라, 나중에 *Mashiach*가 되는
"기름 부음을 받은 자"(*Christos*)라는 헬라어의 라틴어 어원이다. 그래서
'Christus'(그리스도)의 다른 표기로 보는 편이 좋을 듯하다. 현대의 통일
된 철자법이 르네상스 이후 출현한 사전과 인쇄물의 탄생에서 비롯했다
는 점을 고려하면 더욱 그렇다. 고대의 철자법은 발음에 기초했는데,
그리스도를 'Chrest'로 잘못 발음하는 경우가 많았다. 이후로 백 년이 채
못 되어 기독교 신앙을 변호하는 글을 쓴 아프리카 변호사 테르툴리아
누스(Quintus Septimus Florens Tertullianus, c. 160~c. 225)의 다음 인
용문에서 그 내용을 확인할 수 있다. "'그리스도인'(Christianus)은 '기름
부음'이라는 단어에서 유래한다. 그 단어를 'Chrestian'(Chrestianus)라
고 잘못 발음할 때도 마찬가지이다. (왜냐하면 한낱 이름에 대해서도 확
실한 것은 전혀 모르기 때문이다)." Tertullianus, *Apology* 3.5, trans T. R.
Glover, Loeb Classical Library 250 (Cambridge, MA: Harvard University
Press, 1997).

7 Clemens of Alexandria, quoted in Eusebius, *Ecclesiastical History* 2.9.2.

8 Hegesippus, quoted in Eusebius, *Ecclesiastical History* 2.23.

9 마가가 직접 목격자라고 주장하는 고대 기록이 있고, 학자들도 그런 주
장을 뒷받침한다고 해석할 수 있는, 마가복음에 나타난 미묘한 단서들
을 지적하기도 한다. 그러나 마가복음은 그 글이 직접 목격담이라고 확
실하게 주장하지 않는다. 따라서 현대 법정이나 나라면 마가복음을 전문
증거로 채택할 것이다. 그렇다고 해서 마가복음이 신뢰하기 어렵다거나,
사실이 아니라는 말은 아니다. 법정에서 직접 증거로 받아들여지지 않을
가능성이 높다는 뜻에 불과하다.

10 Charles Colson, *Breakpoint Online Commentary*, April 29, 2002, www.breakpoint.org/commentaries/4187-an-unholy-hoax.

11장 죽음과 영생

1 David Ropeik and George Gray, *Risk:A Practical Guide for Deciding What's Really Safe and What's Really Dangerous in the World Around You* (New York: Houghton Mifflin, 2002), pp. 421–425.

2 Gordon Fee, *The First Epistle to the Corinthians*, New International Commentary on the New Testament (Grand Rapids: Eerdmans, 1987), p. 741.

3 같은 책, p. 760.

옮긴이 **이지혜**

연세대학교 영문학과를 졸업하고 한국기독학생회출판부(IVP) 편집부에서 일했다. 이후 영국
옥스퍼드 브룩스 대학교에서 출판학을 공부한 뒤 현재는 프리랜서 번역가와 출판 기획자로
활동 중이다. 옮긴 책으로《난파》《최고의 설교》《뜻밖의 손님》등이 있다.

법정에 선 기독교

초판 1쇄 인쇄 2015년 9월 4일
초판 1쇄 발행 2015년 9월 11일

지은이 마크 러니어
옮긴이 이지혜

펴낸이 박주성
펴낸곳 국제제자훈련원
등록번호 제2013-000170호(2013년 9월 25일)
주소 서울시 서초구 효령로68길 98(서초동)
전화 02)3489-4300　**팩스** 02)3489-4329
이메일 dmipress@sarang.org

ISBN 978-89-5731-698-6　03230

※ **책값은 뒤표지에 있습니다. 잘못된 책은 구입하신 곳에서 교환해드립니다.**

국제제자훈련원은 건강한 교회를 꿈꾸는 목회의 동반자로서 제자 삼는 사역을 중심으로
성경적 목회 모델을 제시함으로 세계 교회를 섬기는 전문 사역 기관입니다.